위대한 신비
잉 쾌

위대한 신비 _ **잉쾌**

1판 1쇄 인쇄 | 2017년 12월 15일
1판 1쇄 발행 | 2017년 12월 20일

지은이 | 文 曲
고 문 | 김학민
펴낸이 | 양기원
펴낸곳 | 학민사

등록번호 | 제10-142호
등록일자 | 1978년 3월 22일

주소 | 서울시 마포구 토정로 222 한국출판콘텐츠센터 314호(☏04091)
전화 | 02-3143-3326~7
팩스 | 02-3143-3328

홈페이지 | http : //www.hakminsa.co.kr
이메일 | hakminsa@hakminsa.co.kr

ISBN 978-89-7193-246-9(13180), Printed in Korea

- 잘못 만들어진 책은 구입하신 서점에서 바꿔드립니다.
- 저자와 출판사의 허락없이 내용의 일부를 인용하거나 발췌하는 것을 금합니다.
- 책값은 표지 뒷면에 있습니다.

이 도서의 국립중앙도서관 출판사도서목록(CIP)은 e-CIP홈페이지(http://www.no.go.kr/ecip)와
국가자료공동목록시스템(http://nl.go.kr/kolisnet)에서 이용하실 수 있습니다.
(CIP제어번호 : CIP201700028720)

위대한 신비
잉 쾌

文 曲

학민사

머 리 말

현대사회는 질풍노도의 회오리에 휩쓸려 돌아가고 있다.

'어제의 생활과 오늘의 생활'이 다르고, '오늘의 내가 내일의 나'여서는 무한경쟁의 생존투쟁에서 살아남을 수 없다. 잠시라도 한 눈을 팔다가는 도태되어 낙오하고 만다. 엄혹한 쟁탈의 장에서 현대인은 메마르고 강퍅한 현실을 온몸으로 부딪치며 살아가고 있는 것이다.

혹시라도 남에게 뒤지면 그 이후의 삶은 장담할 수 없다. 어떻게든 살아남아야 한다. 온갖 방법을 동원하여 자기를 방어하며 남보다 한 발짝이라도 앞서나가야 한다. 그렇다고 쫓기 듯, 세상의 흐름에 휩쓸려 불안과 초조 속에서 몽롱한 상태로 무작정 내달려서는 안 된다. '하면 된다.' '나는 할 수 있다.'는 막연한 자기도취는 일시적 최면의 효과는 있을지언정 자기극복의 신념으로 승화되기 어렵다. 불확실성으로 인한 스트레스가 쌓이면 허둥지둥, 갈팡질팡 호들갑만 떨며 중구난방의 의사결정으로 스스로를 궁지에 몰아넣는 결과만 초래한다.

사람은 살아가면서 누구나 좌고우면의 흔들림에 처한다. 아무리 현명한 사람이라도 문제에 봉착하여 우왕좌왕할 때가 있다. 학문이나 지식으로 풀수 없는 일들도 많다. 마땅히 조언을 받거나 길을 밝혀줄 선지자가 항상 대

위대한 신비_잉쾌 | INGQUETAINMENT

기하고 있지도 않다. 이럴 때 사람들은 자기위안과 운신영역의 확장을 위한 뭔가 특별하면서 신비한 영매를 필요로 한다. 마음을 안정시키고 최선의 행동방향과 의사결정의 단초를 끌어내고자 내면의 암묵적 동조 속에서 초월적 영감을 제시받고자하는 마음이 바로 그 것이다.

필승카드는 따로 없지만 속수무책으로 세상의 급류에 떠밀려 발버둥하다 의미 없이 스러져 갈 수는 없지 않는가? 자기 확신을 얻어 재무장함으로써 돌파구를 마련할 수 있다면 그것이 생활의 선(善)이며 삶에 대한 예(禮)이다. 그러나 안타깝게도 인간의 이성과 지성에는 한계가 있다.

인간의 의지나 능력으로 범접할 수 없는 신비의 세계가 존재한다.
인간의 명운을 판단하고 운세나, 다가올 미래나, 조짐을 예단하는 비술들을 단순히 과학이나 이성으로 재단해서는 안 되는 이유다. 동서양을 가릴 것 없이 유구한 세월을 거쳐 인류생활을 풍요롭게 한 정신적 유산이자 생활의 길잡이로 활용되어 온 사실을 부정할 수는 없지 않은가.
그러나 동양의 기존 점술은 괘(卦)나 음양오행을 교집하여 그 형태와 방

법만 조금씩 바꿔가며 시대적 상황을 반영하지 못한 채 무비판적으로 이어져 왔다. 특히 고답적 천명사상, 교훈적 훈시, 지나친 넘겨짚기, 위협적 점사로 주술적 미혹을 조장하는 경향이 많았다. 반면 서양의 타로나 점성술 등은 실체적 현상을 중심으로 풀어내는 듯 보이지만 자기들의 사고 틀에 고착된 단순하고 직선적인 추리방법을 구사한다. 동양적 사고로는 온전히 동의할 수 없는 문화적, 정신적 차이가 현저하다. 그럼에도 그저 서양 것이라면 무조건 좋은 것이라는 경도된 자세가 그 진가(眞假)를 구별하는 안목마저 가려왔던 실정이다.

이에 동서양을 막론하고 모든 사람들이 두루 활용하며 실생활에서 원하는 해법을 무시로 찾아 삶의 질을 높일 수 있는 새로운 방술의 필요성을 절감하게 되었다. 세상은 빛의 속도로 변하고 있는데 낡은 무기와 재래식 전략만으로 현대인이 안고 있는 문제점들을 속속들이 파헤칠 수 없다고 판단한 것이다.

신 개념의 방술은 삶에서 마주치는 여러 일들에 대해 평온과 안정의 참신한 비전을 제시하며, 신비스런 영험함을 품어 언제 어디서든 쉽게 전개하고 답을 얻을 수 있어야 했다. 그리하여 동도서기(東道西技)의 정수를 응축한 독창적인 생활점술을 구상하기에 이르렀다. 동양의 우주관인

위대한 신비_잉쾌 | INGQUETAINMENT

도(道) 중심의 정신사상과 물질주의적인 서양의 기술(技術)의 편의성을 조화시켜 모든 사람들이 공감하여 쉽게 호응을 불러일으키고자 한 것이다. 서로의 문화적 차이를 존중하고 보완하여 잘 승화시키면 지금까지 경험하지 못한 합리적이고 실용적인 점술비기를 만들 수 있다고 확신하였다.

오랜 연구 끝에 동양전통의 역학중심개념인 음양오행과 육십갑자를 바탕으로 서양의 편리성과 효용성을 반영시킨 새로운 생활법술이 그렇게 창안된 것이다. 종합하면 음양오행의 원리를 투영한 동양 역학사상에 서양 실용주의적 카드식 오락성을 융합하였다. 사람들에게 위안과 희망을 불어넣는 공감과 공명의 문화상품이자 현대인의 생활패턴에 적합한 점술 및 오락의 도구 '잉쾌'가 그렇게 탄생하게 된 것이다.

'잉쾌'는 음양오행과 육십갑자로 꾸민 언어적 추론과 시각적 전통상징물을 조합하여 신묘한 은유의 세계를 펼친다. 영적인 우연과 필연의 신호를 이미지화하고 스토리텔링하여 원하는 여러 세상사를 직관적 해법으로 연상되게 한다.

  전통을 창의적으로 혁신한 예지와 비술의 환상세계 '잉쾌테인먼트(Ingquetainment)'로 알고자하는 일의 감춰지고 가닿지 못한 부분을 환히 밝히는 영험의 횃불에 불을 댕긴다.
  그 위대한 신비로 인해 불안하고 답답한 마음을 걷어내고, 안정과 행복을 누리며 참 자유를 만끽하기를 기대한다.

솔 개 재(率 芥 齋)에서

文　曲

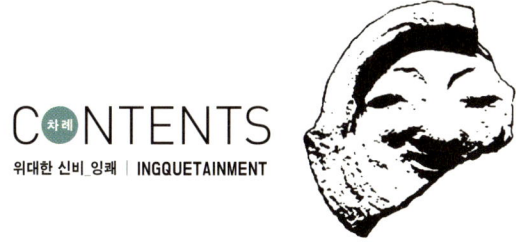

CONTENTS
위대한 신비_잉쾌 | INGQUETAINMENT

머리말 _____ 4

PART I 동양역학의 이해
01. 음양오행 _____ 17
    - 음양사상 _____ 17
    - 오행론 _____ 19
02. 천간과 지지 - 하늘과 땅의 숨결 _____ 26
    - 천간 _____ 27
    - 지지 _____ 31
03. 육십갑자 - 풍운의 궤적 _____ 33
04. 24절기 - 전통적 때의 마디 _____ 39

PART II 잉쾌의 원리
01. 탄생 배경 _____ 45
02. 구성과 속성 _____ 49
    - 개발의 기본정신 _____ 50
    - 얼개 _____ 51
    - 패의 구성 _____ 52
    - 이미지의 설정 _____ 58
03. 잉쾌 용어 _____ 62

PART III 잉쾌의 상징
01. 상징 이미지 _____ 73
02. 수(數) - 수비학적 접근 _____ 78
03. 현기(玄機) - 잠재적 추동력 _____ 85
    - 상서(祥瑞) - 오복(五福) _____ 87
    - 증강(增强) - 창성(暢) : (�ьы) _____ 91
    - 근신(謹愼) - 사기(邪氣) : (☣) _____ 93

PART IV 잉쾌의 일반적 활용
01. 수비학적 운기추리 _____ 102
    - 잉기수의 응용 _____ 103
    - 신수보기[대운, 생애운세 등] _____ 104

위대한 신비_잉쾌 | INGQUETAINMENT

02. 잉명신을 이용한 운세판단 _____ 110
- 궁합 _____ 110
- 선택과 결정 _____ 120

03. 이름 짓기 _____ 125
- 사람의 이름 _____ 128
- 사물의 이름 _____ 135

04. 게임과 오락 _____ 140
- 게임과 오락의 참고사항 _____ 141
- 혼자서 즐기는 놀이 _____ 142
- 여럿이 즐기는 놀이 _____ 146

05. 심신의 정화 _____ 123
- 명상 – 마음자리 찾기 _____ 150
- 심리치유 – 각성과 정서적 변화 _____ 155

06. 기타 – 여러 가지 활용 _____ 160
- 부적 – 수호와 분발의 촉진 _____ 160
- 꿈의 해석 _____ 162
- 잉기수 변용 _____ 165
- 인지능력 향상 – 시각적 훈련 _____ 166
- 상상력과 창의력 향상 _____ 167

PART V 잉쾌의 전개

01. 잉쾌의 펼쳐〔쾌반, 배열법〕_____ 177
- 한패펼쳐 – 즉통반(卽通盤), 한패보기 _____ 178
- 두패펼쳐 – 건곤반(乾坤盤), 두패보기 _____ 181
- 세패펼쳐 – 삼원반(三元盤), 세패보기 _____ 188
- 넉패펼쳐 – 사섭반(四攝盤), 넉패보기 _____ 203
- 닷패펼쳐 – 오엽반(五葉盤), 닷패보기 _____ 206
- 칠패펼쳐 – 칠성반(七星盤), 칠패보기 _____ 210
- 구패펼쳐 – 구궁반(九宮盤), 구패보기 _____ 215
- 열두패펼쳐 – 십이지반(十二支盤), 열두패보기 _____ 217
- 자유펼쳐 _____ 226
- 간단펼쳐 _____ 230

02. 잉쾌의 질서〔작업의 정석〕_____ 231
- 점술의 준비 _____ 233

CONTENTS

- 심신의 평정 _____ 234
- 질문의 디자인 _____ 237

03. 감응의 기술(독법과 해설) _____ 242
- 독법의 균형 – 독법의 유의사항 _____ 244
- 해설의 해석 _____ 248

PART VI 잉괘패의 상징해설

아미패(阿味牌)
▷종패(宗牌) : 역(易)_ 256   무극(無極)_ 258   태극(太極)_ 260
　　　　　　음(陰)_ 262   양(陽)_ 264
▷본패(本牌) : 목(木)_ 266   화(火)_ 268   토(土)_ 270   금(金)_ 272
　　　　　　수(水)_ 274

자미패(自味牌)
1. 갑자(甲子)_ 276   2. 을축(乙丑)_ 278   3. 병인(丙寅)_ 280
4. 정묘(丁卯)_ 282   5. 무진(戊辰)_ 284   6. 기사(己巳)_ 286
7. 경오(庚午)_ 288   8. 신미(辛未)_ 290   9. 임신(壬申)_ 292
10. 계유(癸酉)_ 294   11. 갑술(甲戌)_ 296   12. 을해(乙亥)_ 298
13. 병자(丙子)_ 300   14. 정축(丁丑)_ 302   15. 무인(戊寅)_ 304
16. 기묘(己卯)_ 306   17. 경진(庚辰)_ 308   18. 신사(辛巳)_ 310
19. 임오(壬午)_ 312   20. 계미(癸未)_ 314   21. 갑신(甲申)_ 316
22. 을유(乙酉)_ 318   23. 병술(丙戌)_ 320   24. 정해(丁亥)_ 322
25. 무자(戊子)_ 324   26. 기축(己丑)_ 326   27. 경인(庚寅)_ 328
28. 신묘(辛卯)_ 330   29. 임진(壬辰)_ 332   30. 계사(癸巳)_ 334
31. 갑오(甲午)_ 336   32. 을미(乙未)_ 338   33. 병신(丙申)_ 340
34. 정유(丁酉)_ 342   35. 무술(戊戌)_ 344   36. 기해(己亥)_ 346
37. 경자(庚子)_ 348   38. 신축(辛丑)_ 350   39. 임인(壬寅)_ 352
40. 계묘(癸卯)_ 354   41. 갑진(甲辰)_ 356   42. 을사(乙巳)_ 358
43. 병오(丙午)_ 360   44. 정미(丁未)_ 362   45. 무신(戊申)_ 364
46. 기유(己酉)_ 366   47. 경술(庚戌)_ 368   48. 신해(辛亥)_ 370
49. 임자(壬子)_ 372   50. 계축(癸丑)_ 374   51. 갑인(甲寅)_ 376
52. 을묘(乙卯)_ 378   53. 병진(丙辰)_ 380   54. 정사(丁巳)_ 382
55. 무오(戊午)_ 384   56. 기미(己未)_ 386   57. 경신(庚申)_ 388
58. 신유(辛酉)_ 390   59. 임술(壬戌)_ 392   60. 계해(癸亥)_ 394

위대한 신비 _ 잉태

PART

I

동양
역학의
이해

INGQUETAINMENT

INGQUETAINMENT

잉쾌는
영적 매개의 수단이지
운명 그 자체거나 궁금증에 궁극적 정답을 주는
마법의 도구는 아니다.

잉쾌는 영적 매개의 수단이지 운명 그 자체거나 궁금증에 궁극적 정답을 주는 마법의 도구는 아니다. 삶을 통찰하기 위해 자신 속에 존재하는 신성을 깨워 자각하고, 초자연성의 각성을 통해 삶의 순로를 찾게 하는 것이다. 나아가 개인적 취약성이나 무의식 속의 자아를 찾아내는 심리치료의 도구로 심신안정을 통해 거침없는 인생행로를 밝혀준다.

역학(易學)은 정보학(情報學)에 다름 아니다. 여기서 정보의 개념은 바로 형상[form]이 없는 존재[음양오행의 전개 이전의 미지세계]에 형상을 주입(infusion)하여 느끼고 실감할 수 있도록 현시시키는 것과 같은 이치이다.

실제로 동양사회에서는 자연의 모든 현상을 신성시하는 경천(敬天)과 경인(敬人)에 더해 경물(敬物)함으로써, 삶 자체가 영적교감 속에 이뤄지는 천인합일(天人合一)과 만물일체(萬物一體)였다.

서양의 천재 과학자인 아인슈타인과 닐스보어와 찰스 다윈도 신비적 세계관을 가졌다고 한다. 그들은 영적인 세계에도 심취했으며 '나와 남' 그리고 '나와 세계'의 경계를 넘어 우주와 합일되는 의식[Unity Consciousness]을 체험하기도 했다. 바로 동양적 천인합일에 다름 아니다.

그런 점에서 잉괘는 음양오행과 육십갑자의 복잡한 연결망의 정보를 현대사회와 영적으로 통하는 합일된 의식으로 이끌어낼 수 있도록 전통역리의 이미지와 기호를 주입해 엮어낸 천인감응의 역학도이다.

여기에 주입된 정보들의 각 요소는 나름의 역리적 빛깔과 향기를 지니고 관계망을 형성하고 작용하여 다양한 모습으로 잉괘의 패로 그 모습을 발현한다.

현재는 과거의 미래이자 미래의 과거이다.

앞으로 나아가기 위해서는 과거의 전통 속에서 새롭게 쓰일 가치[진리]를 찾아야 한다. 서구적 사유가 지배적으로 작용하는 오늘의 현실에서 우리 것만을 고집해서는 더더욱 안 된다.

양의 동서를 막론하고 참되고 좋은 것은 받아들이고, 그릇되고 터무니없는 것을 골라내는 취사선택의 지혜가 필요한 터이다.

그 아름다운 열매. 잉괘에 주입된 각 요소별 특질은 동양의 오랜 영적 전통과 문화적 경험이 반영되어 있다. 그러므로 신비와 영험의 원천이자 예지의 선행지표를 제시하는 동양역학사상의 기본적 이해 없이는 잉괘를 제대로 터득하기 쉽지 않다.

역학의 원류와 기본개념을 개괄하여 이해하게 되면 단순한 신비문화의 파편 정도로 여길 수 있는 전통의 원리가 뿌리 깊은 지혜의 보고에 바탕을 두고 있음을 알게 될 것이다. 더불어 잉괘가 단순히 낡은 풍조나 미신적 습속의 답습에 그치지 않고 서구문화의 뒷자리에서 기죽어 움츠렸던 전통역학을 깨워 일으키는 새로운 정신문화를 창조한다는 자부심도 함께 느끼게 될 것이다.

01 음양오행

음양사상(陰陽思想)

　우주만물의 변화에 대한 최초의 자각은 해[日]와 달[月]이 교차하면서 낮[晝]과 밤[夜]이 생기는 것이었다. 특히 사람이 주로 활동하는 낮에 사물에 비춰진 형상을 보이는 그대로 햇빛을 '등지거나' '향하는 것'은 음양구분의 대표적 본보기였다.
　점차 인식의 범위가 넓어지면서 서늘함[寒]과 따뜻함[暖], 건조함[燥]과 축축함[濕] 등으로 확장되며 밝고 따스한 경우에는 평온과 안정을, 어둡고 차가운 경우에는 불안과 두려움이 생기는 것들을 구체적으로 실감하게 된다.
　이 대조적인 두 가지 측면의 원초적이고 단순한 느낌들은 점차 우주원리와 만물구조를 인식하는 틀로 발전하게 된다. 숨 쉬기의 날숨과 들숨, 슬픔과 기쁨, 큰 것과 작은 것, 위와 아래, 죽음과 삶처럼 대립적 측면이 강조되면서 '빛과 그림자' '밝음과 어두움' '남자와 여자' '하늘과 땅'으로 이어지며 음양개념을 분별한다.

　음양은 물질[유형]과 비물질[무형]의 구분 없이 모든 만물에 그 속성을 작용하여 화생한다. 음양의 작용은 '기(氣)'의 형태로 호환관계를 이루며 다섯 가지 정기인 오행으로 나뉘어 우주구성의 원리로 발전하게 된다.

　오행은 음양이라는 두 기에 의해서 생겨나니, 오행은 음양이라는 두 기의 물질적 형질이다. 음양은 오행을 통해서 나타나고, 오행은 음양을 내포한다. 기는 동양전통생활의 중심개념으로 만물의 나고 사라지는 생멸과 변화와 조화가 모두 기의 작용으로 이뤄진다고 본다. 서구적 사고방식으로는 그 본질을 이해하기가 쉽지 않다. 서양식 표현의 에너지[Energy]나 공기[Air], 숨결[Breath] 등으로는 기 개념의 극히 일부만을 나타내거나 아예 그 의미전달에 한계를 보인다.

　요즘 들어 서양에서도 이런 오류를 깨닫고 중국식 발음인 치[Chi, qi]나 우리나라 발음인 기[Ki]로 사용하여 기의 본질적 개념 접근에 노력하고 있다. 기가 갖는 의미와 개념은 그야말로 다양하고 심오하며 오묘한 것으로 특정한 자연형질의 질료라기보다는 몸과 마음으로, 의식과 무의식으로 체득해 느끼는 감응이자 범주라고 할 수 있다. 기는 우주만물을 형성하는 기본 원소로 간주되며 동양사상의 중심을 이루는 형질이다. 음양오행뿐만 아니라 역학전반의 중심개념으로 사주학에서 추명의 논리를 전개하는 기본이 되기도 한다.

　음양사상은 중국의 춘추전국시대에 그 이론이 세워졌다고 전해지고 있으나 훨씬 전부터 민간생활에 뿌리내린 사상이다. 이후에도 오랜 세월에 걸쳐 서서히 다듬어지며 정립된 것으로 보아야 한다.

　음양사상은 대립하면서도 교유하며 상응하는 기의 순환원리를 가지고 있다. 서로 겨루고 내치며 맞서 대척하기도 하지만 거두고 받쳐주며 맞물려 의존하기도 한다. 어둠은 빛을 가리고 빛은 어둠을 거둔다. 또한 양 속에 음의 속성[양중음, 陽中陰]을 갖고, 음 속에 양의 속성[음중양, 陰中陽]을 지녀 양면성은 물론 상보성도 함께 갖는다.

음양과 오행은 초기에는 각각 다른 우주구성 도식을 나타냈으나 그 실용적 측면이 유사하여 춘추시대 즈음부터 접근과 융합을 시작하였고, 이러한 연결과정은 결국 유기체적 합체로 사용되기에 이른다. 음양과 오행의 합류는 물질적·정신적 본원에 대한 잡다한 학설을 원만하게 짜깁기하여 하나의 완성된 구조로 정립한 것이다.

오행론(五行論)

음양의 기는 동정(動靜)의 운동을 계속하면서 만물이 다채로운 기질(氣質)의 성향으로 분류되어 나타난다.

우주에 존재하는 모든 것은 유형이든 무형이든 나름의 본질과 품성을 지니며, 그것은 고착(固着)되고 한정(限定)되어 있기보다 분합(分合)과 생동(生動)의 작용을 한다.

바로 이 점에 착안하여 동양에서는 만물이 역동적으로 변화하고 순환하면서 기질적으로 분화되는 성향을 다섯 가지로 나누었다. 우주와 사물을 구성하는 기본적인 요소를 목(木), 화(火), 토(土), 금(金), 수(水)의 다섯 가지로 오행(五行)의 개념을 정립했다. 세상의 모든 변화를 이 다섯 가지 물질의 운동과 상호작용으로 함축한 것이다.

해[日], 달[月], 수성(水星), 금성(金星), 화성(火星), 목성(木星), 토성(土星)의 일곱 개의 큰 별[칠요(七曜),칠정(七政)] 중에서 해와 달을 제외한 지구와 가깝고 가장 많이 영향을 주는 것으로 여긴 다섯 행성(行星)의 이름을 따 오행을 명명(命名)하였다.

행(行)이 갖는 의미는 멈추어 붙박인 것이 아닌 쉬지 않고 움직이며 모이고 흩어지는 자유로운 형상을 나타낸다. 오행의 발생설에는 여러 가지가 있으나, 오행이 단순한 요소(要素)의 분류라기보다 오행상호간 관계론의 입장에서 활용되는 것이라고 이해하면 된다.

그러면 하필 왜 오행인가? 오(五)는 만물을 생하는 기운인 생수(生數)의 완결수로서 중재와 화합을 실현하여 오행의 현실적 관계인 상생(相生), 상극(相克)의 중화작용(中和作用)을 한다. 상생, 상극의 맞물림은 요소의 수가 다섯일 때만 가능한 것이다. 삼행(三行)이나 육행(六行)으로는 이 같은 관계가 성립하지 않는 절묘한 수이다.

오행은 음양과 마찬가지로 물성으로서의 질료나 원소를 뜻하기보다는 유무형의 삼라만상을 망라한 동질성 기운의 기(氣)로써 목기(木氣), 화기(火氣), 토기(土氣), 금기(金氣), 수기(水氣)를 품는다.

우주의 만물은 오행의 고유한 특성과 함께 음양의 양극을 갖고 운동하며 상호관계를 통해 순환하고 변화하며 자연법칙을 이룬다.

오행의 법칙은 오행의 철학체계라고 볼 수 있다. 오행철학은 오행의 원리를 이론화한 것으로 상생(相生)[목≥화≥토≥금≥수≥목]과 상극(相克)[목→토→수→화→금→목]의 관계를 넘어 조화와 견제의 상제상화(相制相化) 정신을 담고 있다.

'상제'는 상생을 통해 천적을 극복하는 것을 말한다. 목은 금의 제약을 받지만 화를 낳아서 금을 이기게 하며, 금은 화의 제약을 받지만 수를 낳아서 화를 이기게 하며, 화는 수의 제약을 받지만 토를 낳아서 수를 이기게 하며, 수는 토의 제약을 받지만 목을 낳아서 토를 이기게 하며, 토는 목의 제약을 받지만 금을 낳아서 목을 이기게 한다. 이처럼 극복의 반전과정을 순환하며 오행 상호간 제약하거나 의존하는 사슬관계가 상제다.

'상화'는 상생의 베풂을 매개로 상극하는 대상과 공존의 길을 모색하는 것을 말한다. 목이 토를 제약하고 압박하지만 목이 화를 낳고, 그 화는 토를 낳음으로써 화를 통해 목과 토 사이의 대립을 중화하고, 토가 수를 제약하고 압박하지만 토가 금을 낳고 그 금은 수를 낳음으로써 금을 통해 토와 수 사이의 대립을 중화하고, 수가 화를 제약하고 압박하지만 수가 목을 낳고 그 목은 화를 낳아 목을 통해 수와 화 사이의 대립을 중화하고, 화가 금을 제약하고 압박하지만 화가 토를 낳고 그 토는 금을 낳음으로써 토를 통해 화와 금 사이의 대립을 중화하고, 금이 목을 제약하고 압박하지만 금이 수를 낳고 그 수는 목을 낳음으로써 수를 통해 금과 목 사이의 대립을 중화한다. 상화는 내가 상생으로 도움을 준 것에 대한 보답으로 자칫 앙숙관계가 될 수 있는 상극의 존재와 간접적 의존의 인연을 매개로 하여 공존관계를 만드는 것이다.

오행의 상호작용과 관계형성은 협력하고 경쟁하고 연대하고 대립하며 상생 속에 상극을 담고 상극 속에 상생의 이치를 담는다.

오행의 대립과 의존의 순환과정은 동질성과 이질성으로 서로 엮고 엮이어 견제와 균형의 조화를 만들어 낸다. 이 과정에서 삼라만상의 존재양태와 변화를 일으키는 인과가 이뤄지는 것이다.

오행은 발생 초기 원시신앙의 숭배대상 정도였으나 전국시대 사상가 추연(鄒衍)의 정리로 이론의 틀을 갖춘 이후 점차 사유의 깊이가 더해져 오행철학의 범주로까지 발전하게 된다.

오행철학은 정치적 명제와 자연의 규칙이 연계되는 정치철학의 근간이 되고 법률이나 도덕적 관념을 형성하는데도 영향을 끼친다. 뿐만 아니라

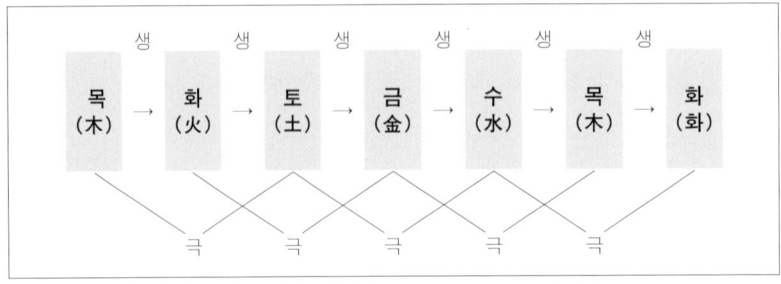

오행 생극표

동양의학과 자연과학이론의 토대가 되었으며, 천문학과 양생술, 연단술 등의 생성과 발전에도 크게 기여하게 된다.

또한 음양오행철학은 정치, 사회, 과학, 법률, 문화, 도덕 등 여러 분야를 형성하고 지탱하는 동양사상의 근원으로 기능했다. 우리가 여기서 특히 주목할 것은, 음양오행철학이 점술과 술수학의 신비문화 태동과 발전에 절대적 역할을 했다는 점이다.

■ 목(木)

생명발현의 발기(勃起)와 개척(開拓)으로 발생, 창출, 전진의 의미를 지니며, 만물의 신흥과 왕성한 발산작용(發散作用)을 주도하며 극성은 양(陽)을 띤다. 오행이 최초로 표현된 『서경(書經)』의 「홍범(洪範)」편에는 "목(木)은 구부러지기도 하고, 곧기도 한 것을 말한다[목왈곡직(木曰曲直)]"고 하였다.

■ 화(火)

생명성장의 분산(分散)과 발흥(勃興)으로 확장, 창달, 열정의 의미를 지니며, 만물의 확산과 증폭작용(增幅作用)을 주도하며 극성은 양(陽)을 띤다. 「홍범」편에 "화(火)는 불꽃같이 솟아오르는 것을 말 한다[화왈염상(火曰炎上)]"고 하였다.

■ 토(土)

생명질서의 조화(調和)와 소통(疏通)으로 양육, 평등, 포용의 의미를 갖고 만물을 공정무사(公正無私)하게 생육, 조절, 통합하는 의미를 지니며, 중화작용(中和作用)을 주도한다. 「홍범」편에 "토(土)는 심고 거둠을 말한다[토원가색(土爰稼穡)]"고 하였다.

특기할 것은 토(土)는 앞에서 토성의 이름을 빌려 명명했다고 했으나 그 역할이나 기능으로 보아 인간의 생존 무대로써의 지구를 지칭하고, 지구를 구성하는 외양을 취해 명칭만 토성의 토(土)를 빌린 것으로 보인다. 실제 의미적 해석도 흙[土]은 바로 우리 인간생활의 기반이며 근본인 땅을 이른다.

■ 금(金)

생명성숙의 집합(集合)과 통일(統一)로 결실, 잠복, 변혁의 의미를 지녀 만물을 거두고 갈무리하는 수렴작용(收斂作用)을 주도하며, 극성은 음(陰)을 띤다. 「홍범」편에 "금(金)은 좇으며 바꾸는 것을 말한다[금왈종혁(金曰從革)]"고 하였다.

■ 수(水)

생명창조의 정(精)이자 핵(核)으로 응고(凝固), 잉태, 정지, 준비의 의미를 지니며, 만물의 생성(生成)과 수장작용(收藏作用)을 겸비하며 극성은 음(陰)을 띤다. 「홍범」편에는 "수(水)는 아래로 흐르면서 만물을 적시는 것을 말한다[수왈윤하(水曰潤下)]"고 하여 오행의 기능과 속성을 설명한다.

오행에 관하여 언급된 중국의 고전은 『서경(書經)』을 비롯하여 『좌전(左傳)』, 『국어(國語)』, 『관자(管子)』, 『여씨춘추(呂氏春秋)』, 『회남자(淮南子)』 등으로 그 내용과 의미는 제 각각 차이를 드러낸다. 오행, 특히 역학을 공부하는 자세는 고정적인 시각으로 옛것을 무조건적으로 따르기보다는 포괄적이고 복합적인 안목을 가져야한다. 현대적 감각과 시대상황에 부합하지 않으면 그 가치도, 의미도 퇴색되는 것이다.

오행의 주요 배속내용

오행 배속	목(木)	화(火)	토(土)	금(金)	수(水)
방위	동(東)	남(南)	중앙(中央)	서(西)	북(北)
계절	봄[春]	여름[夏]	사계(四季)	가을[秋]	겨울[冬]
색(色)	청(靑)	적(赤)	황(黃)	백(白)	흑(黑)
맛	신맛[酸]	쓴맛[苦]	단맛[甘]	매운맛[辣]	짠맛[鹹]
장(臟)	간(肝)	심(心)	비(脾)	폐(肺)	신(腎)
부(腑)	담(膽)	소장(小腸)	위(胃)	대장(大腸)	방광(膀胱)
기후	풍(風)	서(暑)	습(濕)	조(燥)	한(寒)
오상	인(仁)	예(禮)	신(信)	의(義)	지(智)
오관	눈[目]	혀[舌]	입[口]	코[鼻]	귀[耳]
오음	각(角)	치(徵)	궁(宮)	상(商)	우(羽)
오성	곡직(曲直)	염상(炎上)	가색(稼穡)	종혁(從革)	윤하(潤下)
수(數)	3,8	2,7	5,10	4,9	1,6
한글자음	ㄱ,ㅋ 아음(牙音)	ㄴ,ㄷ,ㄹ,ㅌ 설음(舌音)	ㅁ,ㅂ,ㅍ 순음(脣音)	ㅅ,ㅈ,ㅊ 치음(齒音)	ㅇ,ㅎ 후음(喉音)

※ 한글자음의 배속은 「훈민정음해례(訓民正音解例)」에 따름

오행으로 만물의 통일개념을 최초로 시도한 사람은 한(漢)나라의 사상가 동중서(董仲舒)이며 이후 많은 사람들에 의해 사물을 오행에 끌어다 맞춘 견강부회(牽强附會)식 짜 맞추기가 이루어졌다.

인문학은 물론이요, 천문학, 해부학, 지리학, 동식물 분류에 이르기까지 모든 분야에서 이런 현상은 나타났다. 옥석을 가려 오행의 참뜻을 밝혀 활용해야 할 필요가 여기에 있다.

02 천간(天干)과 지지(地支)
-하늘과 땅의 숨결

　음양오행만으로는 기(氣)의 형태와 속성을 포괄하는 큰 범주와 복잡다기한 우주순환의 이치나 자연현상 속의 만물이 변화하고 조화하는 모든 것을 표현하기에는 한계가 있다.
　우주의 환경을 크게 인간이 살고 있는 세상[地球]을 중심으로 땅[地]과 땅에 갖가지 영향을 주는 천체(天體)로서의 하늘[天]로 구분한다. 우주에서의 지구는 극히 미미한 작은 행성의 하나로 천체에서 발생하는 제반 기운(氣運)에 절대적인 영향을 받고 있다. 이러한 하늘의 기운을 세분하여 특성별로 분류하고 상징화시켜 순차적인 기호로 표시한 것이 우주라는 거대한 나무의 줄기[幹]가 되는 천간(天干)이다. 하늘의 기운은 모두 열 가지로 십간(十干)이라고 한다.
　반면 우주에서의 지구[땅]는 미미한 존재로 위상 또한 보잘것없기는 하지만 생물이 존재하는 유일한 행성으로서의 그 가치는 헤아리기 힘들 정도로 크다. 땅은 하늘의 기운에 영향을 받아 땅 위의 만물이 생육

소멸(生育消滅)할 수 있는 정기(精氣)의 질(質)을 축적하여 갈무리한다.

이렇게 생성된 땅의 정기를 세분하여 특성별로 분류하고 상징화시켜 순차적인 기호로 표시한 것이 하늘기운의 곁가지[枝]라는 의미의 지지(地支)로 하늘에서와는 같은 듯 다른 땅에서의 물성을 나타낸다.

땅의 기(氣)인 질성(質性)은 모두 열두 가지로 십이지(十二支)라고도 한다. 지지는 하늘과 별개로 독자적인 기능보다 대개는 천간과 짝 지워진 종속적 합성체로 작용한다. 이러한 합성체를 간지(干支)라고 하며, 천간과 지지를 아울러 십간십이지(十干十二支)라고 부른다.

천간과 지지 등의 역학용어들이 한자어(漢字語)로 되어 있어 이해와 습득이 어렵다는 지적이 있다. 물론 순수한 우리말을 사용하여 천간은 하늘운, 하늘기, 우듬기… 지지는 땅운, 땅기, 바탕질… 등으로 바꾸어 쓸 수도 있다.

그러나 고학(古學)의 원뜻을 명료하게 유지하며 학문의 전문성과 활용성을 훼손하지 않기 위해서는 최소한의 원어 사용은 용인되어야 하고, 이를 통해서 학문의 깊이와 넓이를 확장하는 계기로 삼을 수 있어야 한다.

천간과 지지라는 상징의미는 특정의 시간성만을 갖는 것이 아니고 우주라는 유기적 환경에서 하늘과 땅의 공간성도 함께 포괄한다.

천간(天干)

천간은 갑(甲), 을(乙), 병(丙), 정(丁), 무(戊), 기(己), 경(庚), 신(辛), 임(壬), 계(癸)의 열 가지이며, 각 천간은 고유의 특성과 상징성을 가지고 있다.

■ 갑(甲) - 양(陽)의 목성(木性, 木星)

초목의 싹이 돋아나며 껍질을 뚫으려는 강인한 생명력을 상징한다. 천간의 시작으로 발아와 생육의 출발과 으뜸을 나타내며 오행의 양목(陽木)에 해당한다. 수리(數理)는 3. 동(東)쪽을 가리키며 봄[春]의 따뜻한 기운을 품고 강하고 튼실하다. 대림목(大林木)의 큰 나무로 목재, 원목, 고목 등을 가리킨다.

■ 을(乙) - 음(陰)의 목성(木性, 木星)

초목에 싹이 올라와 부드럽게 구부린 가녀린 모습을 상징한다. 부드러운 습기를 머금고 유약하나 생기발랄함을 나타내며 오행의 음목(陰木)에 해당한다. 수리는 8. 동(東)쪽을 가리키며 봄[春]의 온화한 미풍(微風)을 품는다. 화초목(花草木)의 작은 나무로 덩굴, 잎사귀, 채소, 꽃 등의 화훼류(花卉類) 등을 가리킨다.

■ 병(丙) - 양(陽)의 화성(火性, 火星)

싹터 나온 것이 완전히 드러나고 치솟는 불꽃과 타오르는 태양을 표현한 병(炳)에서 따온 글자로 만물의 밝고 빛나는 모습을 상징한다. 중천(中天)의 밝은 태양과 같이 작열하는 열정을 나타내며 오행의 양화(陽火)에 해당한다. 수리는 7. 남(南)쪽을 가리키며 여름[夏]의 열화를 품는다. 태양화(太陽火)의 강렬하고 큰 불덩어리로, 태양, 밝고 큰불, 광영, 휘황 등을 가리킨다.

■ 정(丁) - 음(陰)의 화성(火性, 火星)

봄에 싹튼 초목이 성숙하여 튼실한 어른이 된 모습을 상징한다. 달과 별같이 온유한 밝음을 가지며 오행의 음화(陰火)에 해당한다. 수리는 2. 남(南)쪽을 가리키며 여름[夏]의 소박하고 은근한 열기를 품는다. 등촉화(燈燭火)의 작은 불로, 달빛, 촛불, 등불 등을 가리킨다.

■ 무(戊) - 양(陽)의 토성(土性, 土星)

초목이 무성함을 나타내는 무(茂)에서 따온 글자로 만물의 왕성한 생장의 터를 제공하고 아우름을 상징한다. 대지의 도타운 기품과 의지를 나타내며 오행의 양토(陽土)에 해당한다. 수리는 5. 중앙(中央)에 위치하며 사방을 관장한다. 성원토(城垣土)의 큰 흙덩어리로 제방, 큰 산, 산야 등을 가리킨다.

■ 기(己) - 음(陰)의 토성(土性, 土星)

만물이 일어서는 모습의 기(起)에서 따온 글자로 무성하게 자란 후 구부러지려는 힘을 억제하고 곧게 서려는 모습을 상징한다. 개발되고 가공된 토양으로 무토(戊土)가 높고 건조한 토질인데 반해 낮고 습한 토질을 나타내며 무토와 함께 중앙(中央)에 자리한 중정(中正)의 음토(陰土)에 해당한다. 수리는 10. 전원토(田園土)로 소규모의 조[경]작 가능한 흙에 해당하는 전답, 화분흙, 토사류 등을 가리킨다.

■ 경(庚) - 양(陽)의 금성(金性, 金星)

성숙해진 만물이 여물어 단단해진다는 경(硬)과 열매로 바뀐다는 경(更)에서 따온 글자로 알찬 결실의 모습을 상징한다. 숙살지기(肅殺之氣)를 품어 강건하고 결연함을 나타내며, 오행의 양금(陽金)에 해당한다. 수리는 9. 서(西)쪽을 가리키며 가을[秋]의 수렴과 변화를 뜻한다. 검극금(劍戟金)으로 무기류, 장비, 제련되지 않은 무쇠 등을 가리킨다.

■ 신(辛) - 음(陰)의 금성(金性, 金星)

경(庚)에 의해 다듬어진 것들이 완전히 새롭게 바뀐다 하여 신(新)에서 따온 글자로 정련(精鍊)되어 변모됨을 상징한다. 가공과 세공을 거친 금속류를 나타내며 오행의 음금(陰金)에 해당한다. 수리는 4. 서(西)쪽을 가리키며 가을[秋]에 속하고 곱고 조밀한 귀금속을 뜻한다. 주옥금(珠玉金)으로 보석, 장신구, 자물쇠 등의 작은 쇠붙이를 가리킨다.

■ 임(壬) - 양(陽)의 수성(水性, 水星)

양기가 땅 속에 잠복하여 만물이 수태(受胎)되는 형상의 임(姙)에서 따온 글자로 만물의 근원인 물속에 갈무리함을 상징한다. 천하(天河)의 큰물로 막힘없이 창조의 기틀을 세우는 것을 나타내며 오행의 양수(陽水)에 해당한다. 수리는 1. 북(北)쪽을 가리키며 겨울[冬]에 속하고 크고 유장한 수원(水源)을 뜻한다. 강호수(江湖水)로 바닷물, 강물, 폭포, 저수지 등의 큰물을 가리킨다.

■ 계(癸) - 음(陰)의 수성(水性, 水星)

만물이 성장을 멈추고 땅속에서 회임(懷妊)의 때를 헤아리며 새로운 시작을 준비한다는 의미의 규(揆)에서 따온 글자로 응고된 정지상태에서 다시 출발함을 나타내며 오행의 음수(陰水)에 해당한다. 수리는 6. 북(北)쪽을 가리키며 겨울[冬]에 속한다. 우로수(雨露水)로 옹달샘, 시냇물, 이슬비, 눈물 등의 작은 물을 가리킨다.

지지(地支)

하늘의 기운에 의한 영향으로 형성된 땅의 정기로서, 땅에서 일어나는 여러 현상과 존재양태와 속성을 나타낸다. 지지는 음양오행은 물론 계절, 시간, 방위 등의 여러 가지 의미를 가진다. 지지는 특정한 동물로도 비유되는데 이는 중국 후한(後漢)의 왕충이 『논형(論衡)』에서 처음으로 사용하였다. 자(子), 축(丑), 인(寅), 묘(卯) 진(辰), 사(巳), 오(午), 미(未), 신(申), 유(酉), 술(戌), 해(亥)의 열두 가지로 된 각 지지는 특성과 내포하는 상징성이 있다.

■ 자(子) - 쥐(鼠) : Mouse

겨울철[冬]의 양수(陽水)로 한랭지수(寒冷之水)이다. 음력 11월[동짓달]이며 절기(節氣)는 대설(大雪)과 동지(冬至). 시각은 자정(子正)으로 시간은 전일 오후 11시에서 다음날 오전 1시 직전까지. 방위는 정북(正北). 색상은 흑색(黑色). 동물로는 쥐[鼠]. 수리(數理)는 1. 천간의 계(癸)와 연계된다. 음(陰)의 극점으로서 양의 기운이 태동되는 바 외양내음(外陽內陰)의 특성을 가져 본체[體]는 양의 성질이나 그 쓰임[用]은 음으로서 역할을 한다.

지지에서 특기할 것은 수(水)와 화(火)는 음(陰)과 양(陽)의 극점에서 기능과 역할의 체용(體用)이 바뀌어 활용된다는 점이다.

■ 축(丑) - 소〔牛〕: Cow

겨울철[冬]의 음토(陰土)로 한랭지토(寒冷之土)이다. 음력 12월[섣달]이며 절기는 소한(小寒)과 대한(大寒). 시간은 오전 1시에서 3시 직전까지. 방위는 동북간방(東北間方)의 북쪽. 색상은 황색(黃色). 동물로는 소[牛]. 수리는 10. 천간의 기(己)와 연계된다.

■ 인(寅) - 호랑이〔虎〕: Tiger

봄철[春]의 양목(陽木)으로 강목(剛木)의 동량지목(棟樑之木)이다. 음력 1월[正月]이며 절기는 입춘(立春)과 우수(雨水). 시간은 오전 3시에서 5시 직전까지. 방위는 동북간방의 동쪽. 색상은 청색(靑色). 동물로는 호랑이[虎]. 수리는 3. 천간의 갑(甲)과 연계된다. 목성이 충만하고 새로운 기운을 발산하여 새해를 여는 때이다.

■ 묘(卯) - 토끼〔兎〕: Rabbit

봄철[春]의 음목(陰木)으로 유목(柔木)의 초근목(草根木)이다. 음력 2월이며 절기는 경칩(驚蟄)과 춘분(春分). 시간은 오전 5시에서 7시 직전까지. 방위는 정동(正東). 색상은 청색(靑色). 동물로는 토끼[兎]. 수리는 8. 천간의 을(乙)과 연계된다.

■ 진(辰) - 용(龍): Dragon

봄철[春]의 양토(陽土)로 왕토(旺土)이며 제방(堤防), 산(山), 안(岸) 등을 나타낸다. 음력 3월이며 절기는 청명(淸明)과 곡우(穀雨). 시간은 오전 7시에서 9시 직전까지. 방위는 동남간방의 동쪽. 색상은 황색(黃色). 동물로는 용(龍). 수리는 5. 천간의 무(戊)와 연계된다.

■ 사(巳) - 뱀(蛇) : Snake

여름철[夏]의 음화(陰火)로 왕화(旺火)의 강렬지화(强烈之火)이다. 음력 4월이며 절기는 입하(立夏)와 소만(小滿). 시간은 오전 9시에서 11시 직전까지. 방위는 동남간방의 남쪽. 색상은 적색(赤色). 동물로는 뱀[蛇]. 수리는 2. 천간의 병(丙)과 연계된다. 체(體)는 음의 성질이나 용(用)은 양의 역할을 한다.

■ 오(午) - 말(馬) : Horse

여름철[夏]의 양화(陽火)로 생화(生火)와 활화(活火)의 성질을 가진 등촉지화(燈燭之火)이다. 음력 5월이며 절기는 망종(芒種)과 하지(夏至). 시각은 정오(正午)며 시간은 오전 11시에서 오후 1시 직전까지. 방위는 정남(正南). 색상은 적색(赤色). 동물로는 말[馬]. 수리는 7. 천간의 정(丁)과 연계된다. 양의 극점으로서 음의 기운이 태동하는 바 외양내음(外陽內陰)의 특성을 가져 체(體)는 양의 성질이나 용(用)은 음의 역할을 한다.

■ 미(未) - 양(羊) : Sheep

여름철[夏]의 음토(陰土)로 왕토(旺土)이면서 조토(燥土)의 성질을 가진 염천지기(炎天之氣)이다. 음력 6월이며 절기는 소서(小暑)와 대서(大暑). 시간은 오후 1시에서 3시 직전까지. 방위는 서남간방의 남쪽. 색상은 황색(黃色). 동물로는 양[羊]. 수리는 10. 천간의 기(己)와 연계된다.

■ 신(申) - 원숭이(猴) : Monkey

가을철(秋)의 양금(陽金)으로 강금(剛金)이며 완금장철(頑金丈鐵)이다. 음력 7월이며 절기는 입추(立秋)와 처서(處暑). 시간은 오후 3시에서 5시 직전까지. 방위는 서남간방의 서쪽. 색상은 백색(白色). 동물로는 원숭이(猴). 수리는 9. 천간의 경(庚)과 연계된다.

■ 유(酉) - 닭(鷄) : Chicken

가을철(秋)의 음금(陰金)으로 생금(生金)이며 금은주옥(金銀珠玉)과 비철금속의 제련된 부드러운 유금(柔金)이다. 음력 8월이며 절기는 백로(白露)와 추분(秋分). 시간은 오후 5시에서 7시 직전까지. 방위는 정서(正西). 색상은 백색(白色). 동물로는 닭(鷄). 수리는 4. 천간의 신(辛)과 연계된다.

■ 술(戌) - 개(狗) : Dog

가을철(秋)의 양토(陽土)로 왕토(旺土)이며, 강토(剛土)의 성질로 진토(辰土)와 같이 제방(堤防), 산(山), 안(岸) 등을 나타낸다. 음력 9월이며 절기는 한로(寒露)와 상강(霜降). 시간은 오후 7시에서 9시 직전까지. 방위는 서북간방의 서쪽. 색상은 황색(黃色). 동물로는 개(狗). 수리는 5. 천간의 무(戊)와 연계된다.

■ 해(亥) - 돼지(猪) : Pig

겨울철(冬)의 음수(陰水)로 해수(海水), 호수(湖水)이며 정지수(停止水)로 강수(剛水)이다. 음력 10월이며 절기는 입동(立冬)과 소설(小雪). 시간은 오후 9시에서 11시 직전까지. 방위는 서북간방의 북쪽. 색상은 흑색

(黑色). 동물로는 돼지[猪]. 수리는 6. 천간의 임(壬)과 연계된다. 자수(子水)와 반대로 체용의 역할을 바꾸어 체(體)는 음이나 용(用)은 양의 역할을 한다.

지지에 대하여 살펴본 결과 하늘의 기운인 천간에 대응해서 땅의 기운도 같은 기질(氣質)을 갖고 서로 조응(照應)함을 알 수 있다. 그런데 유독 토(土)는 천간의 무토(戊土)에 진토(辰土)와 술토(戌土), 기토(己土)에 축토(丑土)와 미토(未土)로 대응해 토(土)가 두 개 더 많다. 이것은 바로 오행에서 언급한 토(土)가 토성에서 명칭만 가차(假借)했을 뿐 인간이 사는 지구를 가리킴을 나타낸 것이다.

천간과 지지의 수가 같게 되면 하늘도 둥글고 땅도 둥근 모습의 천원지원(天圓地圓)이 되어 사람이 느끼는 공간감각의 기준이 되는 전후좌우(前後左右)의 사방개념을 형상화한 지방(地方)사상이 성립되지 않는다. 지지에 있는 네 개의 토는 천원지방(天圓地方)의 지구를 나타내며, 사방의 모서리에서 각기 시공간적인 조정(調整)과 중화(中和)작용을 하며 계절, 방위, 생멸과 같은 변화와 순환의 중재와 매개역할을 하는 것이다.

지지에 대한 설명으로 한 가지 덧붙일 사항이 있다.

앞에서 지지를 설명할 때 천간과의 연계성을 밝힌바 있다. 그와 함께 명리학에서는 독특하게 지지의 내적 품성에 복수의 하늘기운[천간]을 품고 있다고 해석을 한다. 이를 '지장간(地藏干)'이라고 부르는데 '잉괘'와 직접적인 관계는 없지만 지지에 대한 폭넓은 이해를 위하여 간단히 '표'를 통해 살펴보고 넘어가자.

지장간(地藏干) 〔월률〕

구분	여기(餘氣)	중기(中氣)	본기(本氣)
자(子)	임(壬) [10일]		계(癸) [20일]
축(丑)	계(癸) [9일]	신(辛) [3일]	기(己) [18일]
인(寅)	무(戊) [7일]	병(丙) [7일]	갑(甲) [16일]
묘(卯)	갑(甲) [10일]		을(乙) [20일]
진(辰)	을(乙) [9일]	계(癸) [3일]	무(戊) [18일]
사(巳)	무(戊) [7일]	경(庚) [7일]	병(丙) [16일]
오(午)	병(丙) [10일]	기(己) [10일]	정(丁) [10일]
미(未)	정(丁) [9일]	을(乙) [3일]	기(己) [18일]
신(申)	무(戊) [7일]	임(壬) [7일]	경(庚) [16일]
유(酉)	경(庚) [10일]		신(辛) [20일]
술(戌)	신(辛) [9일]	정(丁) [3일]	무(戊) [18일]
해(亥)	무(戊) [7일]	갑(甲) [7일]	임(壬) [16일]

※ 연해자평(淵海子平)에는 신(申)의 여기를 무(戊)와 기(己)가 함께 작용하는 것으로 되어 있으나, 본 표는 다수의 명서(命書)내용을 인용.

03
육십갑자
- 풍운의 궤적

　하늘의 기운인 천간과 땅의 정기인 지지는 함께 짝하여 활성하며 고유의 기운을 발현한다. 태양을 중심으로 지구가 공전하며 도는 지동설의 이치가 여기에도 적용된다.
　천간이 차례대로 나열된 상태에서 지지가 순차적으로 하나씩 돌아가며 천간과 결합하여 특유의 교감을 이뤄 운기가 생성되는 것이다. 이 운기는 해당 간지의 시간적·공간적인 모든 활동영역에서 절대영향력을 행사하는 기세(氣勢)로 작용한다.
　가령 '갑자(甲子)'의 간지가 태세(太歲)에 들면 그 해를 관통하는 중심기운으로서 지구의 공전기간 동안인 1년간의 태세운기를 천간 '갑(甲)'과 지지 '자(子)'의 기운이 장악한다. 이와 같이 천간과 지지가 순환하며 짝을 맺을 때 열 개의 천간은 6번, 열두 개의 지지는 5번의 짝짓는 과정을 거치면 비로소 한 바퀴를 돌아 일순(一巡)의 완결된 순환주기(循環週期)를 이룬다.

육십갑자표

一旬	甲子	乙丑	丙寅	丁卯	戊辰	己巳	庚午	辛未	壬申	癸酉
일순	갑자	을축	병인	정묘	무진	기사	경오	신미	임신	계유
二旬	甲戌	乙亥	丙子	丁丑	戊寅	己卯	庚辰	辛巳	壬午	癸未
이순	갑술	을해	병자	정축	무인	기묘	경진	신사	임오	계미
三旬	甲申	乙酉	丙戌	丁亥	戊子	己丑	庚寅	辛卯	壬辰	癸巳
삼순	갑신	을유	병술	정해	무자	기축	경인	신묘	임진	계사
四旬	甲午	乙未	丙申	丁酉	戊戌	己亥	庚子	辛丑	壬寅	癸卯
사순	갑오	을미	병신	정유	무술	기해	경자	신축	임인	계묘
五旬	甲辰	乙巳	丙午	丁未	戊申	己酉	庚戌	辛亥	壬子	癸丑
오순	갑진	을사	병오	정미	무신	기유	경술	신해	임자	계축
六旬	甲寅	乙卯	丙辰	丁巳	戊午	己未	庚申	辛酉	壬戌	癸亥
육순	갑인	을묘	병진	정사	무오	기미	경신	신유	임술	계해

천간과 지지의 짝은 음양이 동일한 간지, 즉 양간(陽干)은 양지(陽支)와, 음간(陰干)은 음지(陰支)와 짝을 맺는다. 이렇게 짝 지어 형성된 60개의 간지를 육십갑자(六十甲子)라 하며 우주의 생동기운을 품고 유기적으로 활동하며 순환의 궤적을 그린다.

04
24절기(節氣)
- 전통적 때의 마디

인류는 생활과 밀접한 관계를 갖는 계절의 추이를 알기 위해서 태초 이래로 부단히 힘써왔다. 동서양을 막론하고 많은 노력을 기울여 왔으나 아직도 완전한 역법(曆法)을 만들어 내지 못하고 지속적으로 보완과 수정을 가하며 정확도를 높여 가고 있다.

이러한 역에는 달[月]의 움직임을 기준으로 만들어진 음력(陰曆)과 해[日]의 움직임을 기준으로 만들어진 양력(陽曆)으로 나눌 수 있다. 동양에서는 전통적으로 달의 움직임에 의한 태음력과 해의 움직임에 따라 계절의 변화를 간지할 수 있는 24절기를 배치한 태양력이 가미된 태음태양력법(太陰太陽曆法)을 사용하여 왔다.

24절기는 지구를 중심으로 태양이 움직이는 궤적을 황도(黃道)로 형상화하여, 한 바퀴의 길을 24등분하고 12절기(節氣)와 12중기(中氣)를 부여한 것이다. 춘분(春分)을 기점으로 15도씩 태양이 황도를 따라 움직일 때마다 절기를 나누어 360도 한 바퀴 진행을 완료하면 1년의 태세(太歲)로 보는 역

24 절기표

月(陰)			1	2	3	4	5	6	7	8	9	10	11	12
節氣	절기명		立春	驚蟄	淸明	立夏	芒種	小暑	立秋	白露	寒露	立冬	大雪	小寒
			입춘	경칩	청명	입하	망종	소서	입추	백로	한로	입동	대설	소한
	황경(도)		315	345	15	45	75	105	135	165	195	225	255	285
中氣	중기명		雨水	春分	穀雨	小滿	夏至	大暑	處暑	秋分	霜降	小雪	冬至	大寒
			우수	춘분	곡우	소만	하지	대서	처서	추분	상강	소설	동지	대한
	황경(도)		330	0	30	60	90	120	150	180	210	240	270	300

※ 황경의 각도는 천구상에서 태양이 황도를 따라 움직이는 각도를 나타냄.

법이다.

이는 천체(天體)정렬이 변하여 발현되는 기세의 변화양상을 절기로 표현한 것이다. 24절기는 중국의 주(周)나라 때에 화북지방의 기후상태를 중심으로 한 것으로 우리나라의 북부지역에 해당된다.

참고로 윤(閏)달 제도에 대해서도 살펴보자.

태음태양력에서 양력과 음력을 혼재하여 쓰게 되면 양력의 1년인 365.25일과 달의 월평균 일수인 29.53일로 환산한 1년의 354.38일 사이에 10.87일이라는 차이가 발생한다. 이 차이를 보정하기 위해서 음력에 윤달을 두는 것이다.

보정의 방법으로는 3년에 한 번 윤달을 두거나[三閏法], 5년에 두 번 두거나[五年再閏法], 8년에 세 번 두는[八年三閏法] 방법으로 맞추어 왔으나 최근에는 19년에 일곱 번의 윤달[十九年七閏法]을 적용하여 그 정확도를 높여가고 있다.

『서경(書經)』의 「요전(堯典)」에 "1년[태양력]이 366일이니 윤달로 맞추어야 사시(四時)와 1년이 정해진다"는 기록으로 볼 때, 윤달제도는 오래전부터 일상에서 사용됐음을 알 수 있다.

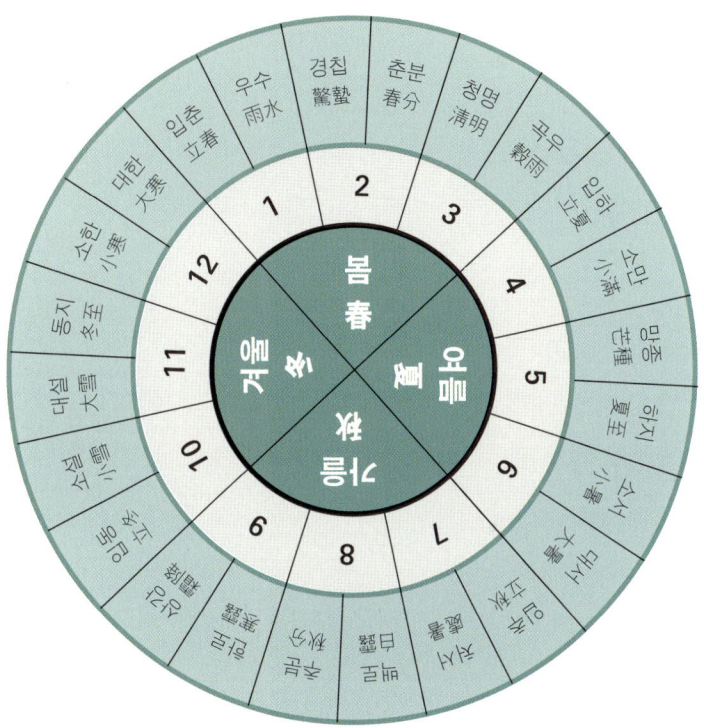

※월(月)은 음력(陰曆)을 나타냄.

위대한 신비 _ 잉 쾌

PART

II

잉쾌의
원리

INGQUETAINMENT

INGQUETAINMENT

01 탄생 배경

> 한 알의 모래에서 세계를 보고, 한 송이의 들꽃에서 천국을 본다.
> 손 바닥 안에 무한을 거머쥐고 순간 속에서 영원을 붙잡는다.
>
> — 윌리암 블레이크(William Blake)

　모든 살아있는 것들은 생존의 본능이 있다.
　닥쳐올 미래에 대한 예지의 능력으로 생존에 유리하거나 불리한 것들을 미리 감지해 적극적으로 삶에 대처하는 본능이다. 하지만 현대인은 생활 자체가 주변 환경에 의지해 타성적으로 고정된 틀 속에 갇혀 기계적으로 살아가고 있다. 주체적인 생각도 없이 무감각하게 매사를 지배하는 환경에 수동적으로 내맡기고, 자율적 사고력은 물론 예측의 능력마저 잃어가고 있다. 그러나 인간의 영성은 그렇게 만만하게 퇴화되거나 말살되는 시시한 것이 아니다. 바로 인성은 신성 그 자체이기 때문이다. 특정한 자극이나 이미지를 통해서 뇌리의 신성이 깨워지면 영혼의 감각이 되살아나 잠재된 본능이 순간적으로 영감을 불러일으킨다. 기계적 삶의 세파에 아무리 녹슬어도 내면을 정화하고 특정한 자극을 받으면 재빨리 신성의 제자리를 찾게 되는 것이다.

주어진 기회를 무위로 돌리는 것은 신격을 스스로 포기하는 신성모독으로 천심을 거역하는 것이다. 영혼에 잠재된 영능의 씨방을 툭 건드려 터뜨려 줄 자극의 도구가 절실한 시대다.

인생은 직선으로만 움직이지 않는다.
삶은 앞으로 향해 똑바로 전진만 하지 않는다는 얘기다. 때론 맴돌다가, 흔들리다가, 다시 제자리로 돌아오기도 하며, 전혀 달리 새로 시작되기도 한다. 그것이 인생이다.

이러한 인생행로의 변곡점을 미리 알아내면 좀 더 슬기롭게 대처하여 삶을 윤택하게 살아갈 수 있다. 그래서 인류는 태곳적부터 부단히 그 욕구를 충족하고자 많은 노력을 했다.

다행히 동양권 문화에서는 선현들의 지혜의 정수인 역학이라는 인문철학의 궁극을 이룬 명리분석의 전통적 술법이 있었다. 명운과 운수에 대한 궁금증을 풀어 삶의 지표로 삼으며 문화적인 혜택을 누리며 살 수 있었던 것이다.

삶의 길잡이이자 등대로서의 소임을 다하며 유구한 역사를 만들면서 오랫동안 사람들과 친밀하게 동고동락했던 이러한 술법들이 어느 때부턴가 그 빛을 잃으며 사람들로부터 멀어지고 있다.

이는 시대의 흐름과 요구에 부응하지 못하고 독단적 신비주의에 매몰되어 현대인의 의식변화와 시대적 요구를 저버린 결과다. 반면 서양의 타로

(Tarot)나 점성술은 그 체계나 내용의 정합성 등에 상관없이 호기심을 불러일으키는 아리송한 비의성과 말초적 자극성을 무기로 사람들의 마음을 사로잡고 있다. 이런 추세라면 우리 고유의 전통문화의 위대한 유산은 머지않아 그 자취마저 찾을 수 없게 될 지경에 이르렀다.

더구나 지금의 우리 역학은 고대 중국의 이론적 틀을 그대로 따라하며 시대상황과 환경변화에 등 돌린 채 요지부동으로 오랜 타성을 좇아 답습하기에 급급하다. 이런 형편을 파고들며 신세대를 중심으로 서구문물의 무조건적인 선호추세에다 막연한 호기심과 허영심으로 버물려진 현란한 서구의 역술이 무섭게 그 위세를 떨치고 있다. 동양의 음양오행과 육십갑자의 역학원리가 퇴조를 넘어 고사 직전에 이른 것이다. 선현들의 지혜의 정수가 사라지는 것은 후예의 무능과 불찰이며 위대한 전통문화의 맥을 끊는 중죄를 범하는 것이다.

전통 없는 혁신은 실패하고, 혁신 없는 전통은 사라진다.

전통역학의 장점을 이으면서 현대인의 생활상에 걸맞은 서구적 실용성을 살려 간편성과 오락성까지 갖춘 종합적 엔터테인먼트 도구의 필요성이 절실한 시점이다.

전통은 새롭다. 전통의 가치는 이어가되 전통을 넘어서 낯설지만 새로운 각도에서 현대적인 문법으로 읽어내면 원형보다 더 참신한 다른 세계가 열리기 때문이다.

사람의 지혜나 인지능력이 닿지 않는 영적 영역과 접촉하는 심오한 점술을 실현하기 위해서는 그 형식과 질서에서 고루한 전통의 경계를 허물고 새로운 세상을 여는 것을 두려워하면 안 된다.

운명이나 운세는 물론 일의 낌새나 조짐과 진행의 추이를 추론하는 방법은 크게 두 가지로 나눌 수 있다. 첫 번째는 시간적 관찰방법으로, 인과가 맺어진 시점을 중심으로 우주적 여건의 심층적 관계를 분석하여 추론하는 것이다. 다음으로 공간적 관찰방법으로, 수시로 변화하는 물리적 환경과의 연관성을 중심으로 그 상태의 변이 흐름을 포착하는 법이다.

잉쾌는 동양의 인과적 점술과 서양의 역동적 변화를 읽는 기미포착방법을 아우르며 두 방법을 통합하는 지능형 도구로 기능한다.

인간의 정신(精神)은 글자 그대로 신(神)의 예지를 닮은 정교한 영능(靈能)의 장치다. 평소에 인간은 평범한 일상을 평온하게 유지하다가도 특정 자극에 연결되는 순간, 내면의 신령이 깨어나 본능적 감응의 예기가 발동한다. 일상적인 인간의 나약한 모습에서 그 위대한 신령을 찾기는 쉽지 않지만 인류의 기술과 문화의 눈부신 진보는 바로 그 신성의 창의성들이 발현되어 이룩한 결과물이다.

잉쾌는 내면의 신기를 직관으로 이끌어내 원하는 사안의 궁금증을 스스로 밝혀낼 수 있는 점술기능과 함께 다양한 욕구를 충족시키고 행복감을 높이는 여러 가지 기능이 담겨있다. 변하는 세상에 대한 사람들의 부적응성을 영적 이미지로 변용하여 쉽고 편하게 마주하며 이용하고 즐기도록 한 것이다.

세상은 바야흐로 처방사회다. 잉쾌는 원하는 사안의 발단과 전개와 결말의 줄거리를 단순한 인과론적인 답을 넘어 영혼의 울림으로 최적의 정밀처방을 제시한다.

02 구성과 속성

세상의 모든 것들은 장래에 나타낼 조짐을 미리 내비친다.

유물장지 기조필선(有物將至 其兆必先)

- 공자가어(孔子家語)

고도로 발달한 기술은 마법과 구별할 수 없다.

- 아서 클라크

주역(周易)의 계사전(繫辭傳)은 명학(命學)을 이(理), 수(數), 상(象), 점(占)으로 크게 나누어 구분하고 있다. 잉괘는 이 모든 것을 포괄하면서 상징 이미지를 통한 스토리텔링의 서사까지 완전히 구현하도록 짜였다.

- 전통역학의 근원인 음양오행과 육십갑자의 이치를 따르고.[理]
- 역리에 맞게 요소별로 숫자를 부여하여 상징화하고.[數]
- 막연하고 임의적인 역술 해설을 특징별로 함축하여 상징 이미지로 통

일하여 일목요연하게 표현하고.[象]
- 조짐과 기미와 함의를 직관으로 포착하여 알고자하는 바를 자연스럽게 감지하도록 했다.[占]

잉쾌는 인생사와 세상사 전반을 밝힌다.
- 길흉화복(吉凶禍福) : 좋은 일과 나쁜 일의 변고가 담긴 고락.
- 생로병사(生老病死) : 태어남의 의미부터 늙어 병들어가며 죽음에 이르는 과정에서 마주하는 쇠락의 인생사.
- 애별리고(愛別離苦) : 사랑하고 이별하며 떠남으로 생기는 슬픔.
- 원증회고(怨憎會苦) : 원망과 미움으로 괴로워도 만나야하는 고통.
- 구불득고(求不得苦) : 구하고자 안간힘해도 얻지 못하는 비애.
- 희로애락(喜怒哀樂) : 삶의 굽이굽이에서 엉키어 돌아가는 애환.
- 기타 만사만물(萬事萬物)의 천변만화(千變萬化)로 조응하며 영향을 주고받아 일으키는 징후와 상황의 내막을 자연의 언어로, 인문의 언어로, 상징의 언어로 풀어낸다.

개발의 기본정신

◇ 전통의 명리학을 현대인의 생활환경에서 친근하게 접근할 수 있는 형태로 체계화하여 본질은 살리되 전면 환골탈태하여 재구조화[Renewal]하였다.
◇ 역학의 특징적 상징물을 서양식으로 시각화[Image, Visual]하여 즉각적인 단서를 제공하되 내용을 즐기면서 음양오행의 이치를 자연스럽게 이해하도록 하였다.

◇ 역학의 전문가나 초심자가 함께 활용할 수 있도록 전통적인 생활상이나 유물과 자연물을 콘텐츠(Contents)로 삼아 역학적 의미를 담았다.
◇ 영적(靈的) 시그니처(Signature)를 통한 동시성원리를 시현하여 점술로 풀어낸다. ['물체에 있어 하나의 특성이나 일련의 특징으로 본질을 인식시키는 낌새' 혹은 '삶의 족적을 이끌고, 떠밀며, 배회하는 영적 패턴의 징후'를 전통역학과 상징물로 표현]
  - 이론적으로는 칼 융이 주장하는 '동시성과 비인과적 연결원리'의 우연성 발현을 미지현상과 미래현시 등과 연계하여 밝히도록 했다. 초자연적 마법이 아닌 전래의 동양적 음양오행사상을 바탕으로 고유하고 친숙한 전통의 이미지와 연결하여 발현될 기미를 추론토록 한 것이다.
◇ 자발적이고 자연스럽게 예지하면서 감춰졌거나 아직 드러나지 않은 비밀을 들춰내는 의식의 자유로운 활동을 추동하도록 했다.
  - 알 수 없고, 이해되지 않는 신비한 힘을 상징과 기호를 통해 즉각적으로 감지하도록 한 것이다.
◇ 끝으로 알기 쉽고, 다루기 쉽고, 지니기 쉬우며, 언제 어디서나 전개하기에 알맞으며, 혼자서나 여럿이 전천후로 이용 가능하도록 하였다.

얼 개

잉쾌는 기본적으로 동양 전래의 '음양오행과 육십갑자'의 역학사상이 바탕이다. 기존의 다양한 역학이론을 아우르되 그 정합성과 신빙성을 기준으로 콘텐츠를 축약하고 혹세무민과 견강부회적인 막연한 요소를 과감히 도려내어 명실상부한 정통명리의 핵심을 간추려 요소별로 고유성을 가진 패[카드]로 단순화했다. 개별요소가 담긴 패[대표이미지]를 선택한 순간 영적공명이 일어나 실용적 요구에 응답하여 의미 있는 감응을 일으키도록 한 것이다.

패의 구성

역사상(易思想)의 명맥을 이으면서 점술의 역술적 체계를 살리도록 상위에 포괄개념의 모듬패를 두고, 하위에 현상의 문제를 관찰하고 해부하여 문제의 해결점을 환기하고 암시하는 60갑자의 활성패로 구성하였다.

포괄적인 중심개념의 패인 '아미패(阿味牌)'는 모든 명리개념의 통섭과 초월을 상징하는 궁극인 '역(易)'을 필두로, 태초의 절대혼돈을 역리적으로 무한가능성의 상황으로 상정한 '무극(無極)', 정돈과 정립에 따른 질서 확립의 단계를 상생조화로 상징한 '태극(太極)', 태극에서 파생하는 음(陰)과 양(陽)을 묶어 '종패(宗牌)'로 삼았다. 음양의 개념은 다시 세분하여 목(木), 화(火), 토(土), 금(金), 수(水)의 오행으로 체계를 세워 '본패(本牌)'로 삼았다.

세상살이의 모든 일과 신성이 작용하는 사람과 만물의 영적 여정인 과거, 현재, 미래의 비의를 체현하는 육십갑자는 '자미패(自味牌)'로 하였다.

■ 형태 및 구성

칸트는 손을 가리켜 '눈에 보이는 뇌의 일부'라고 했다. 손의 역할과 중요성을 직접적으로 표현한 말이다. 인체는 어느 한 구석도 소중하지 않은 부분이 없지만 세상과 교감하는 선봉에서 확장된 제2의 두뇌역할을 수행하기 때문이다. 잉쾌는 막연하고 추상적인 원리와 추론을 장광설로 늘어놓는 설명방식을 떨치고 손의 행위를 통해 상황을 전개해 직접 추출한 결과까지 즉석에서 확인할 수 있도록 '카드화'하였다.

전통설화와 고유의 문화유물 등을 이미지화하여 인간사와 세상사를 통찰할 수 있도록 명리비결을 함축한 70매가 한질이다.

우주운행의 근본역리와 오행을 바탕삼은 '아미패(阿味牌)'는 10매로 공간적 개념을 형상화한 대통의 범주이다. 현상세계에서 일어나는 천변만화의 조화를 발현하고 연출하는 60갑자의 천기와 지기를 조합한 '자미패(自味牌)'는 60매로 시간적 개념이자 실질적 체현의 요소를 형상화한 것이다.

■ 아미패의 배열과 속성

□ 종패(宗牌)

역(易) : 우주만물의 시종(始終), 유무(有無), 생사(生死) 등의 주재자. 보이는 것과 보이지 않는 것, 변하는 것과 변하지 않는 세상만사와 만유의 모든 것을 아우르고 관통하는 절대적 원천이자 궁극의 개념으로 '도(道)'를 표방했다.

― 조커(Joker)에 해당하며 무궁무진의 무한대[∞]를 나타낸다.

무극(無極) : 태초의 혼돈과 새로운 태동의 움직임. 개벽(開闢)의 소용돌이로 세상사의 시시비비(是是非非)를 혼융(渾融)하여 고르게[○]하는 의미와 새로우면서도 아득하여 풀 수 없는 복잡다단한 착각(시)의 상태를 상징한다. 공[空(0)]을 표시. 현묘한 무질서 속의 천지개벽 이전의 상태[태소(太素)]. 무(無)가 아닌 유(有)인 태허(太虛)다.

태극(太極) : 음양(陰陽), 자타(自他), 선악(善惡) 등의 이성적 사고가 정립되고, 형(形)과 질(質)이 정돈되며 이기(理氣)가 조화한 으뜸[元].

― 이원적 갈등의 혼재(混在)와 함께, 피(彼)와 차(此)를 명확히 결단함. 상호 대체와 호환, 조화와 균형[☯]을 나타냄. 음양일치의 지고(至高)의 숫자 천[千(1000)]으로 상징.

음(陰) : 우주만물의 모든 정태적(靜態的) 요소의 총괄.
— 수동적·순리적인 감성(感性)으로 넓은 포용을 상징하며 흡수하고, 덜어내며[損, ━] 갈무리하는 의미를 품는다.
양(陽) : 우주만물의 모든 동태적(動態的) 요소의 총괄.
— 능동적·물리적인 격정(激情)으로 팽창하며 장악하고, 분출하여 늘리며[益, ＋] 활발히 용트림하는 의미를 품는다.

□ **본괘(本牌)**

목(木) : 목기(木氣)에 속하는 우주만물의 총괄
— 어짊[仁], 봄[春], 300, 청(靑)
• 생활영역은 사회분야(社會分野) : 보이지 않는 치열한 경쟁

화(火) : 화기(火氣)에 속하는 우주만물의 총괄.
— 예의[禮], 여름[夏], 200, 적(赤)
• 생활영역은 과학분야(科學分野) : 새로움에 대한 끝없는 도전

토(土) : 토기(土氣)에 속하는 우주만물의 총괄.
— 믿음[信], 사계(四季), 500, 황(黃)
• 생활영역은 정치분야(政治分野) : 고르게 펼치고 조절한다. 조화와 중재. 역(逆)으로 기회주의적 속성.

금(金) : 금기(金氣)에 속하는 우주만물의 총괄.
— 의리[義], 가을[秋], 400, 백(白)
• 생활영역은 경제분야(經濟分野) : 약육강식, 황금만능, 투혼

수(水) : 수기(水氣)에 속하는 우주만물의 총괄.
— 지혜[智], 겨울[冬], 100, 흑(黑)
• 생활영역은 환경과 인문분야(人文分野) : 순리와 원칙

■ 자미패의 배열과 속성

십이운성윤회법(十二運星輪廻法)의 응용 및 확장

육십갑자 60패는 명리학의 '십이운성포태법'을 기본으로 만물의 순환과정에 맞춰 각 오행별로 기승전결의 흐름을 좇아 자연스럽게 순차적으로 배열하였다. 만물의 존재 양태를 인과율에 따른 열두 고비 변천과정으로 상징화하여 전통소재로 표현한 것이다.

육십갑자(자미패) 윤회성과 기본속성

	목	화	토	금	수	윤회	패의 기본속성	
십이운성 포태배열 (十二運星 胞胎配列)	갑신(甲申)	정해(丁亥)	기해(己亥)	경인(庚寅)	계사(癸巳)	포(胞)	인(因)과 연(緣)의 계기발생. 최초생성단계로 신비와 모순, 혼란의 교차시기.	
	21	24	36	27	30		영감,기적,본능	발정,모순,방황
	을유(乙酉)	병자(丙子)	무자(戊子)	신묘(辛卯)	임오(壬午)	태(胎)	방향과 목표가 설정되어 착상의 단계에 돌입. 결단과 합체의 시기. 새로운 잉태.	
	22	13	25	28	19		태동,요람,발아	마찰,미숙,담합
	갑술(甲戌)	정축(丁丑)	기축(己丑)	경진(庚辰)	계미(癸未)	양(養)	배태의 과정을 거쳐 암중모색의 단계로 역량을 축적하며 출사의 기회를 탐색.	
	11	14	26	17	20		정진,증식,함양	탐욕,갈등,저항
	을해(乙亥)	병인(丙寅)	무인(戊寅)	신사(辛巳)	임신(壬申)	생(生)	실체를 드러내며 생기를 촉발한다. 확장과 진취의 총기를 드러내며 도약을 준비.	
	12	3	15	18	9		도전,탈피,희망	이탈,진통,고초
	갑자(甲子)	정묘(丁卯)	기묘(己卯)	경오(庚午)	계유(癸酉)	욕(浴)	열정과 투혼으로 맹렬히 전진한다. 시행착오와 회의가 교차하며 번민과 일탈이 동반.	
	1	4	16	7	10		갈망,환상,변신	망상,관능,요행
	을축(乙丑)	병진(丙辰)	무진(戊辰)	신미(辛未)	임술(壬戌)	대(帶)	집요한 목표추구의 결실. 균형감각을 갖추고 안정된 교두보 확보로 기반구축. 적자생존.	
	2	53	5	8	59		발탁,약진,축적	돌풍,은폐,반격

	목	화	토	금	수	윤회	패의 기본속성	
십이운성 포태배열 (十二運星 胞胎配列)	갑인(甲寅)	정사(丁巳)	기사(己巳)	경신(庚申)	계해(癸亥)	관(冠)	소기의 목적 달성. 정상등극. 인격수양의 완성. 성취의 피로감과 허탈감으로 인한 방심.	
	51	54	6	57	60		득세,군림,절정	자만,고독,허세
	을묘(乙卯)	병오(丙午)	무오(戊午)	신유(辛酉)	임자(壬子)	왕(旺)	무소불위의 독무대. 독야청청과 의기양양. 자아도취와 만용의 폐단초래.	
	52	43	55	58	49		수확,권위,만끽	쾌락,함정,오류
	갑진(甲辰)	정미(丁未)	기미(己未)	경술(庚戌)	계축(癸丑)	쇠(衰)	교착과 해이로 퇴출의 위기봉착. 반전에 안간힘을 쓰나 역부족. 한계를 인정하면 유유자적.	
	41	44	56	47	50		여유,겸허,허심	패착,상실,탈각
	을사(乙巳)	병신(丙申)	무신(戊申)	신해(辛亥)	임인(壬寅)	병(病)	사면초가의 속수무책. 고립무원의 상태. 회한과 절망 속에서 자기반성. 참회와 신앙심 발로.	
	42	33	45	48	39		침잠,성찰,소외	중독,발작,위기
	갑오(甲午)	정유(丁酉)	기유(己酉)	경자(庚子)	계묘(癸卯)	사(死)	치명적 타격으로 회생불능. 나락에 빠져 백약이 무효. 유종의 미를 추구하며 탐욕의 소멸.	
	31	34	46	37	40		각성,희생,체념	몰락,파경,붕괴
	을미(乙未)	병술(丙戌)	무술(戊戌)	신축(辛丑)	임진(壬辰)	장(葬)	영욕이 모두 한바탕 꿈. 무아와 무욕의 득도. 깨달음의 이타와 자애로 스스로를 봉헌.	
	32	23	35	38	29		해탈,승화,환원	망각,암약,고갈

※ - 천간이 토성(土星)인 간지는 조정자 및 중재자의 역할로 예외적 기능도 수행.
- 해자(亥子)와 사오(巳午)는 체용변환(體用變換)

여기서 특별히 주목해야 할 대목은, 기존 명리이론의 포태법의 맹점으로 지적되는 음과 양의 반대순환의 모순을 바로잡은 점이다. 대자연의 순환은 절대적 진리로 음과 양의 성질에 따라 그 흐름이 바뀌지 않는다. 그래서 당연히 순환의 통일을 기해야 했다.

사실 이 부분은 명리를 푸는 전문이론으로 꼭 알아야 할 필요는 없다.

모르더라도 잉쾌를 이해하는 데는 전혀 문제가 없지만 명리의 구조를 공부하는 차원에서 한번 짚고 가자.

하늘의 기를 머금은 천간은 땅에 임하여 지지와 짝을 이룰 때에 그 지지가 품고 있는 기운의 함량과 성쇠의 정도에 따라 천간의 위상과 존재성이 결정된다. 우주의 삼라만상은 생성과 번영, 쇠락, 소멸의 단계를 거치며 존재로서의 일생을 유전한다. 지지도 이런 흐름에 의해 부여받은 우주에너지의 강약과 비중에 따라 그 역할이 다르도록 설계되어 있다. 그래서 천간은 짝을 이루는 지지가 가진 기력의 영향을 받아 가치와 품성이 조정되어 변화될 수밖에 없다.

지지로부터 천간이 받는 기력을 지지의 수만큼 열두 단계로 분류한 명리이론이 십이운성(十二運星)이다. 이는 불교의 인과(因果)와 윤회사상(輪廻思想)에서 유래된 생로병사의 인생유전과 결부된 것으로 포태법(胞胎法), 장생법(長生法) 등으로 부르기도 한다.

동양적 명운의 탐색은 단순하고 순박하여 자연의 원만함을 포용하며 우주운행의 변화를 통해 감지하는 것이다. 천간은 대자연의 우주적 힘에 이끌린 변화무쌍한 지지와 결합함으로써 전혀 새로운 복합적 상호작용체로 탈바꿈한다.

십이운성 전개는 우주의 자연관, 즉 생멸과 변화의 원리를 표방하여 열두 단계로 표현한 것인 만큼 명리학의 기본 요소인 육십갑자의 오행별 윤회상황을 소홀하면 명운의 파악이 부실해진다. 그런데 기존의 포태법 순환은 양간(陽干)과 음간(陰干)의 구분에 따라 순행과 역행으로 윤회를 전개하여 역리를 거스른다.

같은 오행의 갑목(甲木)과 을목(乙木)의 전개 방법을 보자. 순행과 역행으로 나뉘어 전혀 다른 운기를 띠는 모순이 생긴다. 이는 음양의 개념만 의식하고 오행의 동질속성을 무시한 졸속한 처사다. 실제로 을목의 장생인 오(午), 제왕인 인(寅), 장[묘]인 술(戌)을 보면 연관성을 전혀 찾을 수 없이 엉뚱하여 논리성이 없다.

이러한 모순을 바로잡아 육십갑자의 실용성을 살리고 갑자(甲子⟨1⟩)를 시작으로 계해(癸亥⟨60⟩)까지 일순하는 음양의 동일한 순환의 고리로 자연스런 구조로 바로잡아 자미패를 배열하였다.

이미지의 설정

□ 겉 장

신라 칠처가람(七處伽藍)의 하나로 서기 635년(선덕여왕 4년)에 성신(星神)에 제사하기 위해 세워진 영묘사지[靈妙寺址, 靈廟寺址]에서 출토된 신라의 '천년미소'로 알려진 이미지를 활용했다.

'얼굴무늬 수막새[인면문원와당(人面文圓瓦當)]'를 위아래 대칭으로 배치하여 그윽한 암시의 포용미소가 세상을 아우름을 표상했다. 세상 구석구석을 두루 꿰뚫고 어루만지며 널리 인간을 이롭게 하는 홍익정신이 그대로 표정에 반영되었다. 영험하고 신묘한 예지의 홍덕(鴻德)이 답답함과 궁금증의 길을 밝히며 안내한다.

□ 속 장

━ 아미패 : 전통역학 개념의 대강을 우주질서를 응용하여 형상화.

종패(宗牌)

역(易) : 천지인(天地人)의 삼태극(三太極)을 중심으로 사신도(四神圖)로 두르고 우리나라 하늘의 모습인 '천상열차분야지도(天象列次分野之圖)'의 별자리로 에워싸 공간과 시간을 꿰뚫는 영원성, 불멸성, 절대성을 나타냈다.

무극(無極) : 새로운 창조와 기존질서 재편의 산고과정을 미지성과 불확실성의 카오스적 이미지로 표현.

태극(太極) : 상서로움의 상징인 봉(鳳)과 황(凰)이 서로 부리를 마주하며 태극을 형상화한다. 합환과 조화가 이상적으로 이뤄진 양립관계.

음(陰) : 땅[地]의 상징의미인 사각 틀에 역의 괘를 구성하는 음효(陰爻)를 덧붙여 우주만물을 포용하고 아우르는 음성적(陰性的) 수렴의 의미를 표현했다.

양(陽) : 하늘[天]의 상징의미인 둥근 원 위에 역의 괘를 구성하는 양효(陽爻)를 덧붙여 우주만물 중 확장하고 몰아치는 양성적(陽性的) 발산의 의미를 표현했다.

본패(本牌)

수(水) : 오방색의 동방색인 청색을 기조로 우람한 나뭇등걸을 타고 용트림하는 청룡(靑龍)을 형상화.

화(火) : 오방색의 남방색인 적색을 기조로 화염이 난무하는 불길 속에서 의연히 날개를 펴는 주작(朱雀)을 형상화.

토(土) : 오방색의 중앙색인 황색을 기조로 사신의 청룡(靑龍), 주작(朱雀), 백호(白虎), 현무(玄武)가 어울려 상생과 조화를 연출한다.

금(金) : 오방색의 서방색인 백색을 기조로 결실과 수확의 때에 대지에서 포효하는 백호(白虎)를 형상화.

수(水) : 오방색의 북방색인 흑색을 기조로 지혜와 순리의 바다를 유영하는 현무(玄武)를 형상화.

- 자미패 : 육십갑자를 띠, 내포특성, 기호 등으로 전통이미지화.

인물의 설정

음양(陰陽)에 상관없이 포태법상의 순서로 사람의 행동과 삶의 행태에 따라 의미를 부여했다. 양간지는 남자, 음간지는 여자를 등장시키는 것을 원칙으로 했다.

- 화성(火星)과 토성(土星)의 경우는 오행의 품성을 특성화하여, 화(火)는 문명을 주제로 전통의 역사유물 등을 중심으로, 토(土)는 자연상태의 동물과 사물을 중심으로 전개했다.

오행별 중심상징

목(木) : 곧음과 성장발전의 성질을 취하여 보통남아, 즉 선비[士]로서의 생애를 위주로 표현.

화(火) : 열정과 치열함을 취하여 집념의 결과물을 응축하는 기예인(技藝人)과 공인(工人)의 역사유물을 중심으로 표현.

토(土) : 포용과 조화성을 취하여 인물을 배제한 자연과 교감을 강조하여 물질계와 동물을 주제로 표현.

금(金) : 그 속성을 살려 경제(經濟)와 이재(理財) 등의 물성활동 등을 중심으로 표현.

수(水) : 순리와 무상성을 취하여 선계(仙界) 등의 초월적이고 불가사의한 현상을 중심으로 표현.

잉쾌 생명의 나무

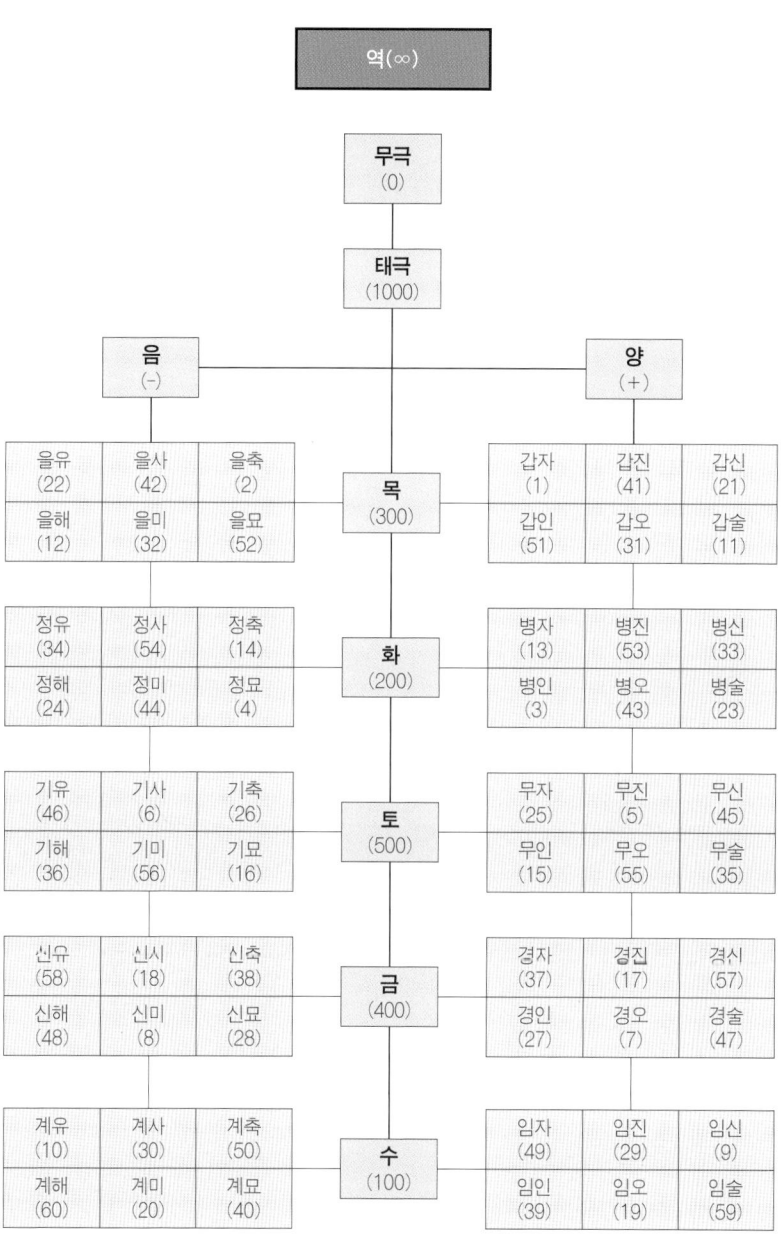

PART II _ 잉쾌의 원리

03
잉괘 용어

> 현대문명의 위기는 육체에서 마음을, 물질에서 정신을, 자연에서 인간을 분리한데서 시작되었다. 그래서 인간과 자연, 그리고 물질과 마음의 세계를 재결합해야 한다.
>
> — 그레고리 베이트슨

'마음의 생태학이론'의 창시자인 그레고리 베이트슨은 서구의 이성중심주의가 필연적으로 인간과 자연, 종교와 생물학, 그리고 인성과 신성을 분리하는 이분법적 오류를 초래했다고 지적했다.

동양의 역학사상은 자연을 섬기면서 인간과 자연이 하나라는 '인내천사상(人乃天思想)'을 근본삼은 본원적 생태학으로 자연주의사상 그 자체이다. 그러나 고집스럽게도 옛것 그대로를 애지중지하며 변화에 제대로 대처하지 못하고 퇴락의 길을 걷고 있다.

베이트슨이 간파한 바와 같이 '인간과 자연'의 관계를 회복시키고 인성과 신성의 결합을 꾀하지 않고 자연을 지배하려고 하고, 인성(人性)과 신성(神性)의 격절을 지속한다면 인류는 점점 피폐해지고 스스로의 함정에 빠져 결국 파국에 이르고 말 것이다.

잉쾌는 전통동양역학이론의 근간인 자연주의적 시각으로 인간과 자연은 물론 인성과 신성을 일체화시켜 심령을 불러일으키도록 고안되었다. 기존역술 중에서 핵심적인 운기·간파·예지의 요점을 간추려 그 내용과 시행방법을 현대인의 생활패턴에 맞게 다듬어 명실상부한 점술과 오락의 엔터테인먼트의 도구를 지향한 것이다.

이렇게 자연주의 사상을 중심으로 역술의 신기원을 여는 만큼 거기에 합당한 새로운 차원의 고유한 개념을 담은 용어가 새롭게 쓰이게 되었다. 그 의미와 쓰임을 명료히 이해하여야 잉쾌의 신비한 영험을 제대로 향유할 수 있다.

■ **잉쾌(孕夬)**

잉쾌의 '잉'(孕, 아이 밸 '잉')은 명운을 비롯해 사람이 겪는 제반 희로애락과 성주괴멸의 징후와 기미를 품어 담은 것이다. 인생행로의 흐름과 마디에서 마주치고, 소용돌이치고, 휘돌며 나타나는 역리상의 징후를 오롯이 끌어안는다.

'쾌'(夬, 터놓을·정할·나눌 '쾌')는 영성의 감응으로 명쾌하게 풀어 파헤쳐 밝히고, 간추려서 결정케 한다는 의미다.

곧 잉쾌는 우주 삼라만상의 묘리를 품고 있다가 필요로 할 때 갈무리하여 터놓는 도구라는 뜻이다. 점술의 촉발현상을 쾌(卦)를 뽑아 알아챈다는 어감[거센소리 쾌]도 살리고, 명운의 추리에만 국한하지 않고 세상 모든 이치를 품어 아우른다는 의미도 가진다.

또한 영어의 '인콰이어(Inquire)'의 의미를 갖는다. 잉쾌로 '예측하기 힘든 변화무쌍한 현실의 일을 묻고 질문하고', '모르고 궁금하여 막막한 일들을 미리 알아보는 것'이다. (음양오행과 60갑자를 이용한 카드[Oriental Fantastic Card]로 '특허 제10-1195314호'를 취득한 국가공인의 발명특허권 명칭이다)

■ 잉쾌패(孕夬牌)

잉쾌의 카드패로 아미패와 자미패로 구성되었다. 잉쾌카드는 줄여서 '잉카'로도 부른다. 또한 '잉카'는 '잉쾌카페'의 의미도 갖는다.

■ 아미패(阿味牌)

잉쾌의 중추적 패로서 역학의 대강과 태동의 원줄기를 상징하며 큰 줄기[언덕 '아(阿)']의 의미[맛 '미(味)']를 가진 으뜸패로 10매로 구성되었다. 아미패는 다시 세부적으로 종패(宗牌)와 본패(本牌)로 나뉜다.

- 종패 : 역의 시원을 의미하는[마루 '종(宗)'] 패로 역(易), 무극(無極), 태극(太極), 음(陰), 양(陽)의 5패로 구성되었다.
- 본패 : 육십갑자의 근본[근본 '본'(本)]이 되는 오행{목[木,청(靑)], 화[火,적(赤)], 토[土,황(黃)], 금[金,백(白)], 수[水,흑(黑)]}의 5패로 구성되었다.

■ 자미패(自味牌)

천간과 지지로 짝지어진 단일간지로 명운과 세상살이 애환과 우여곡절을 음양오행의 조화로 엮어내는 활성의 60패. 스스로 맛[자미(自味)]을 내고, 여럿이 반응하여 전혀 새로운 맛을 만들어 내기도한다.

■ 쾌리어(夬理御)

　소크라테스는 철학문답법[대화법]을 조산술에 비유했다. 산파가 스스로 아기를 낳는 것이 아니라 남의 출산을 돕는 것처럼 사람들을 도와주는 것이었다. '쾌리어'도 천리와 인류의 관계와 생명의 신비를 밝힐 안목을 갖고 잉쾌의 이치를 자유자재로 통찰하여 궁금증과 의아한 문제를 가진 사람을 돕는 사람이다. 즉, 잉쾌의 상징의미를 보고 인간과 세상의 이치를 관통시키는 역할을 한다.

　잉쾌의 이치를 풀어 인생사와 세상사의 기미와 조짐의 신호를 포착하여 정확하게 예지하고, 궁금한 것에 대한 단서를 제공하여 성찰과 지향의 길을 찾을 수 있도록 돕는 역할을 하며 소정의 교육과 실무과정을 이수하고 적격심사를 통과한 잉쾌의 전문가다. 박물관이나 미술관의 큐레이터(curator)같은 역할로 비유하여 옮기면 '쾌레이터(querator)'로 부를 수 있다.

■ 잉쾌 참여자〔일상에서의 잉쾌 전개〕

- 체리(諦吏) : 주관자(리더, 딜러, 전개하는 사람)
　[살필 '체(諦)', 벼슬아치 '리(吏)']
- 로리(路吏) : 질문자[문복자(問卜者), 내담자(來談者)]
　[길을 찾는 사람 - 길 '로(路)', 리(吏)]
- 토리(討吏) : 오락 및 게임 등 잉쾌로 진행하는 일에 참여자
　[칠 '토(討)*공격 또는 탐구)', 리(吏)]

■ 잉기수(孕氣數)

- 자미패는 육십갑자의 갑자(甲子)를 시작으로 계해(癸亥)까지 일순하는 패에 순차적 일련번호를 부여하여 고유수로 정한 것.

- 아미패는 그 기능과 포괄성을 중심으로 범위와 속성을 상징하도록 부여된 특정의 숫자.
- 종패는 역학사상의 근원적 맥락을 범주화하여 시원의 숫자[0=空]와 궁극의 숫자[千=天]를 포함하여 수에 관한 기호로 표시했다.

〈 역[∞], 무극[0], 태극[1000], 음[-], 양[+] 〉

- 본패는 각 오행의 성질과 속성의 특질을 상위단위인 백[일백 '百(백)'은 '여러, 모두, 모든'이라는 뜻도 가지고 있다]단위의 숫자로 육십갑자가 속한 오행의 품성을 포괄하여 대표성을 부여했다.

〈 목[300], 화[200], 토[500], 금[400], 수[100] 〉

■ 잉쾌수(孕夬數)

- 사주원국을 잉기수로 조합하여 태어날 때 부여받은 명조의 기운을 분석하여 산출한 일생을 통해 영향을 끼치며 명운에 절대적 작용을 하는 고유운기를 담은 숫자.
- 사주의 네 기둥인 연주(年柱), 월주(月柱), 일주(日柱), 시주(時柱)에 해당하는 잉기수를 모두 합한 수가 '잉쾌수(孕夬數)'이다.

잉쾌수는 각자 인생여정 전반을 통해 핵심적인 작용을 하는 태생의 빛에너지를 품은 광원(光源)으로 수호와 상징의 대표수가 된다.

- 실제로 이 숫자는 성정과 본질의 개성을 나타내며 고유의 신령과 진동이 일치한다. 생활의 여러 측면에 선용하면 좋은 결과를 낸다.

■ 잉명신(孕命神)

- 잉쾌의 자미패 60패 중에서 그 사람의 핵심 명운요소를 품는 패를 말한다. 잉명신은 일생동안 지향하고 추구하며 스스로의 행동과 사고에

핵심을 두고 갈무리하고 지표로 삼아가야 하는 요소가 담긴 간지(干支)의 패다. 잉괘가 구분하는 성정의 60가지 범주 중에서 개인이 속하는 태생적 지문이 새겨진 '출생증명서'다.
- 각자의 수호성(守護星)이자 수신(修身)과 매진(邁進)의 인생거울로 사주의 '용신'의 범위를 뛰어넘어 영혼을 주도하는 정령이다.
- 생년월일시의 잉기수로 산출한 잉괘수가 육십갑자의 합계 수인 '60' 이하인 경우는 그 숫자에 해당하는 패를 그대로 잉명신으로 하며, '60'을 넘을 경우에는 '60'으로 나누어 남는 나머지 숫자의 자미패를 잉명신으로 한다.
- 좋은 길상(吉相)이면 열정과 분발의 길잡이로 삼고, 꺼려야 할 부분이 있는 기상(忌相)이면 근신과 절제의 표상으로 삼아 몸과 마음가짐을 정화하며 꾸준한 자기관리를 통하여 운기흐름을 개선해 나가야 한다.

🌀 '잉괘수'와 '잉명신'의 추출실례

2011년 10월 29일 오후 5시 9분생(남)

시주	일주	월주	연주	
기유	정사	무술	신묘	원 국
46	54	35	28	잉기수

* 연주[28]+월주[35]+일주[54]+시주[46]=164[잉괘수(孕卦數)]
* 잉명신 패 : 164-120[60×2]=44[정미(丁未)]

※ 사주세우는 방법은 '만세력'이나 '명리 앱' 등을 통해 습득.
* '잉괘수'와 '잉명신'으로는 음양오행의 작용을 응용하는 명리학적 역

학추리에 적용하여 명운[신수, 대운, 궁합 등]과 직업이나 방향설정 같은 개인별 내적 품성을 이용한 영기(靈氣)를 활용하는 제반 점술을 행할 때 쓰인다.

■ **잉띠**

- 잉기수로 환산하여 치환한 잉명신에 소속한 지지의 동물.
- 일반적으로 사용하는 태어난 해를 기준으로 정해지는 생년의 띠와 달리 실질적인 개별 운명에 동행하는 상징 동물의 띠를 말한다. 앞에서 예

잉쾌수 '164'의 잉명신으로 전환 → '44'의 정미(丁未)

로 든 잉명수 '44'에 해당하는 띠는 일반적으로는 태어난 해를 기준으로 원숭이[신(申)]에 해당하지만 잉명패의 '잉띠'는 양[미(未)]이 된다.

■ **펼쳐 : 쾌반(夬盤), 쾌반축(夬盤築)**

- 잉쾌카드로 점술이나 궁금한 사항 등 미지의 사실을 알아내고자 잉쾌패의 신성과 통하기 위하여 펼치는 연결구조.[잉쾌의 배열법, 스프레드(spread)].
- 즉통펼쳐[즉통반(卽通盤), 한패보기], - 두패펼쳐[건곤반(乾坤盤), 두패보기], - 세패펼쳐[삼원반(三元盤), 세패보기] 등이 있다.
- 배열을 위해 펼쳐의 형식을 만드는 것을 쾌반축(夬盤築)이라 한다. 펼쳐에는 기본으로 설계된 정형의 펼쳐 이외에 사안에 따라 적합한 '자유펼쳐'를 구사할 수도 있다. 물론 이 단계는 전문수준에 이르러야 함

은 물론이다.

■ 쾌미

- '펼쳐'를 통한 잉쾌를 전개하는 기본적 단위를 의미한다. 구체적으로는 한 가지 특정한 사안에 대한 점술이나 상황판단을 위해 진행하는 단일성 펼쳐행위를 말한다. 서양식 카드에서의 셔플(shuffle)의 의미에 가까운 개념으로 카드 점술의 특성상 간단명료한 단답식의 질문이 필수적이기 때문에, 복잡한 것을 알아볼 경우에 질문을 세부적으로 나누어 여러 꼭지의 '쾌미'로 진행하는 경우가 많다. 우리말 '꿰미'와 상통하는 뜻으로 꾸러미의 의미.

■ 암시랑토(暗示郞土) - 잉쾌랜드(IngqueLand)

- 잉쾌가 영력을 발휘하고 약동하는 가상의 공간. 신비한 역학의 이상이 골고루 베풀어져 모두가 행복하도록 인도하고 북돋우는 아름다운 세계를 나타내는 무술과 영능의 신비마당.
- 도교에서 이상적 생존공간으로 도교우주론의 이론적 모형을 특이한 형태로 구현한 신선이 살며 도술을 행한다는 '동천복지(洞天福地)'와 같은 개념이다.
- 역(易)을 망라한 총본산이자 예지와 신령이 넘치는 곳이다. 세상사와 인생사의 기미와 조짐을 신통한 암시(暗示)를 통해 미리 감지하여 밝고 명랑한 세상[朗土]을 만들어가기 위해 조언하고 협력해나가는 '아름다운 세상'이라는 의미를 갖는다.
- 잉쾌를 시현하는 영적분위기의 시공간적 개념을 모두 포괄한다.

위대한 신비_잉 쾌

PART

III

잉쾌의
상징

INGQUETAINMENT

INGQUETAINMENT

01 상징 이미지

 옛날 어느 나라에 신통한 점쟁이가 있었다. 세상사를 꿰뚫을 뿐만 아니라 일상사의 예후를 정확히 짚어내기로 명성이 자자했다. 이 소문은 왕의 귀에 까지 들어가게 되었다.

 왕은 대명천지에 혹세무민의 사술로써 사람들을 현혹하는 것은 민심을 어지럽히는 행위로 이를 바로잡으리라 작정하고 직접 점쟁이를 궁으로 불러 추궁하기에 이르렀다.

 왕은 거짓으로 지어낸 꿈 이야기로 물었다.

 "어젯밤 꿈에 궁전을 거니는데 내전의 지붕에서 기와가 떨어져 뜰에 있는 화초를 짓이기고 산산조각이 났는데 이는 무엇을 의미하는가?"

 점쟁이는 찬찬히 왕을 우러르며 망설임 없이 대답했다.

 "필시 황후를 모시는 궁녀 중 급사하는 자가 있을 것입니다."

 왕은 거짓으로 꾸며낸 일에 요사한 언설을 앞세워 당치도 않은 말을 꾸며 미혹을 퍼트린다며 즉시 옥에 가두도록 했다.

그런데 그날 저녁 점쟁이가 말한 대로 내전의 궁녀가 돌계단을 내려오다가 발을 헛디뎌 어이없게 죽는 일이 발생했다.

이에 왕은 점쟁이를 불러 다시 물었다.

"과인이 모두 꾸며서 지어낸 이야기인데 어찌하여 그와 같이 정확하게 일어날 일을 예측할 수 있는가?"

점쟁이가 말했다.

"왕께서 그런 꿈을 지어내신 것 또한 영력의 발현입니다. 수많은 일들 중에 꼭 집어 그 일을 지어낸 것도 보이지 않는 신성이 작용한 것이지요."

왕이 다시 물었다.

"그렇다면 어떻게 굳이 궁녀가 죽을 것을 예감 했는가?"

점쟁이가 아뢰었다

"모든 일들의 그 기미와 조짐은 특정형상을 매개로 미리 나타냅니다. 그 형상을 짚어내는 것이 영력입니다. 기와의 글자형상〔瓦〕에서 공손히 받드는 모습과 꽃의 상징에서 내전에 종사하는 궁녀를 연결하는 심역(心易)으로 변통하였기에 그리 해석한 것입니다."

이후 점쟁이가 후한 상금을 받고, 왕의 총애를 받게 되었다는 둥 그렇고 그런 나중 이야기는 상상에 맡기고 생략하기로 하자.

세상만사 모든 조짐은 형상으로 미리 암시되는 법이다. 단지 사람들의 언어가 아닌 상징과 은유로 표현되기 때문에 그것을 제대로 알아보지 못하고 지나치는 것일 뿐이다.

이 이야기에서 보듯이 상(象)을 통해서 세상일을 예감할 수 있다.

중국의 소강절은 매화나무가지에서 서로 다투다가 땅에 떨어지는 새를 보고 역수(易數)로 연산(演算)하여 이웃집 여인이 다리를 다칠 것을 미리 알았고, 동방박사는 하늘에 나타난 특이한 별로 예수의 탄생을 알아 경배하러 떠났다. 형상을 관찰하여 그 조짐을 예측하거나 판단하는 것은 동서고금을 막론하고 일반적이다.

관상(觀相)이나 수상(手相) 등도 모두 형상을 읽어 추론하는 방법의 일종이다. 잉쾌는 전래의 '음양오행 육십갑자'를 독특하고 정교한 역리가 담긴 이미지로 역상(易象)과 연결시켜 차후 현시될 여러 세상사를 미리 탐지하게 한다. 미처 알아보지 못하게 은밀하게 잠복되어있거나, 가까이 있어도 무심히 스쳐버릴 미세한 조짐과 기미들을 일으키는 단초를 친근한 일상적 형상으로 표현하여 쉽게 푸는 것이다.

잉쾌는 형상과 기호가 전하는 메시지다. 메시지의 전달형태는 전체로 표현되기도 하지만 특정의 지엽적 부분을 통해 예시되는 경우도 많다.

잉쾌는 추상(抽象)한다. 수로 표현한 수리는 상징이미지와 상징기호들과 서로 상보하며 역동적으로 영적 현상을 다른 각도에서 표현하고 있다. 그 모두의 의미요소 중에서 원하는 해답을 잘 집어 읽어내는 것이 중요하다.

이 부분에서 초심자들은 혼란을 느낀다.

안경을 빗대어 '귀에 걸면 귀걸이요, 코에 걸면 코걸이'라는 속담처럼 그때그때 다른 것이 무엇이 신비며 영험이냐고 푸념하는 식이다. 같은 모습이 때에 따라 여러 가지로 보이고, 여러 모습이 하나의 결론으로 귀결되는 역(易)의 속성을 이해하기 전에는 당연한 의문이다. 그러나 생각해 보자. 귀에 걸렸으니 귀걸이요, 코에 걸렸으니 코걸이라고 한 것인데 무엇이 틀렸단 말인가. 만약 안경을 눈에 쓴다고 해서 눈걸이라고 하거나, 광대뼈 위로 걸렸다하여 광대뼈걸이라고 하면 틀린 것이다. 걸린 게 아니기 때문이다. 이런 작은 차이를 구분하는 것이 영기(靈氣)다. 현상의 영기를 제대로 이끌어내기 위해서는 표상을 정밀히 분석하여 관점(觀點)과 역동(力動)의 묘리를 파악하는 요령이 필요하다. 육안(肉眼)을 잠시 거두고 심안(心眼)을 열어 혜안(慧眼)을 펼쳐야 하는 것이다.

잉쾌 이미지 상징은 그야말로 도(道)를 펼치는 것에 다름 아니다. 불교의 화엄종에 나오는 '육상(六相)의 방편'이 그 좋은 예다. 이를 잘 활용하여 그때그때 유연하게 대처한다면 틀림없는 역리를 도출하는 혜안이 열릴 것이다.

- 총상(總相) : 만유의 모든 법을 하나의 모양으로 보는 것을 말한다. 예를 들어 가옥은 기둥과 돌, 기와 등으로 이루어지나 가옥 전체를 하나의 집이라고 하는 것과 같다.
- 별상(別相) : 모든 법이 서로 다른 모양을 하고 있음을 뜻한다. 가옥을 이루는 기둥과 돌, 기와 등을 낱낱이 따로 떼어내 보면 모두 다른 모양을 하고 있다.
- 동상(同相) : 서로 다른 모양이 같은 목적을 가지고 있음을 말한다. 기둥과 돌, 기와 등이 서로 모양은 다르나 모두 집을 이룬다는 한 가지 목적이 있다.
- 이상(異相) : 만유의 법이 각각 제자리를 지켜 고유한 상태를 유지하여 서로 다른 모습을 가지고 있음을 뜻한다. 기둥은 세로로 곧고 들보는 가로로 놓여 있어서 자신만의 독특한 모양을 유지하고 있음과 같다.
- 성상(成相) : 만유의 법이 서로 의지하며 동일체라는 관계를 이루고 있음을 의미한다. 기둥과 돌, 기와 등이 서로 의지하며 하나의 집을 이루고 있음과 같다.

- 괴상(壞相) : 모든 것이 동일체이면서도 각자의 본위를 잃지 않음을 뜻한다. 기둥과 돌, 기와 등이 하나의 집을 이루면서도 각자의 모양을 지키고 있음과 같다.

털끝만한 착오가 화(禍)와 복(福)의 부름을 천리만큼이나 틀어지게 가른다.
〔호리지차 화복천리(毫釐之差, 禍福千里)〕

- 금낭경(錦囊經)

새기고 되새기면서 경건하고 정갈한 마음으로 패의 상[이미지]을 신중하고 정교하게 정관(靜觀)하여야 함을 대변한다. 배경의 특징과 등장 캐릭터는 당장의 불가측성을 넘어 미구에 도래할 상황을 실제적으로 재구성하여 풀어내는 일종의 풍자적 우화[Allegory]를 연출한다.

잉쾌는 상징적 역할극을 연출하는 카드다. 등장인물이 있고 무대가 있으며, 순간마다 장면이 바뀌며 도래할 상황을 은유적인 상징으로 나타나는 것이다.

잉쾌의 상징(symbol)은 매개인 사물과 그 매개가 암시하는 의미의 이중성을 갖는다. 겉으로는 비유와 유사한 구조이나 무한하고 다양한 내적 아날로지(analogie : 유추)를 갖는다.

02
수(數)
– 수비학(數秘學)적 접근

    잉괘의 수는 단순한 서열화나 순차적 질서로서의 순번으로 고정된 의미가 아니다.

    흐름의 의미를 표현하기 위함이면서 셈의 마디를 나타내는 단계로 '연결의 개념'과 '독립적 위상'의 특성을 동시에 갖는 고유의 숫자[數]이다. 그렇다고 연속성을 갖거나 불연속성을 갖거나 하지도 않으며, 이음을 유지하면서 자체적인 역학적 비의를 가진 유기적 상징기호이다.

    수학적 계산이나 실용적인 측면보다는 오히려 숫자가 가지고 있는 상징적인 의미, 즉 숫자에 담겨 있는 지밀하고 현묘한 역학원리의 기호로써의 작용에 중점이 있다.

    각각의 숫자에 주어지는 의미들과 기능들은 매우 다양한 양상을 띠고 작용한다. 실제로 상징이미지는 물론이려니와 띠, 패명[육십간지 등] 들과도 밀접한 연관을 갖고 그 함의가 수시로 변화한다.

    예를 들어 아미패에 부여된 숫자는 대상을 체계화시키는 기능을 하며 어지럽게 널려있는 패들을 정리정돈하고 동질화의 구심점 역할을 하면서 다른 패들과 별도로 응집하여 가르기도 한다.

자미패의 경우는 기능이나 작용을 섬세하게 세분화시키는가 하면 서로의 관계를 엮거나 특정사안에 대한 현상적 단초를 제공하는 실마리 구실을 한다.

각 패가 가진 의미의 속성 자체를 바로 지금, 여기, 동시적 상황에서의 패의 입장을 수의 형태로 표출하고 있는 것이다. 즉 잉쾌의 숫자는 각 패의 전반적 의미[이미지, 띠, 패명 등]와 더불어 복합적으로 연동되어 응답을 쉽게 이해하도록 하고, 미지의 일을 해결하는데 도움을 주고자하는 '협력의 기호'이다.

아미패의 숫자 부여는 무한대의 역[∞]을 필두로 천지창조의 창세기를 상징하는 무극[0]과 태극[1000], 음[-], 양[+]을 큰 줄기로 삼고, 오행의 각 요소별 특성을 역학의 본원인 하도(河圖)의 수를 기본으로 기능과 역할을 확장하여 표현하였다.

하도는 중국 신화시대에 머리는 용이고 몸체는 말의 형상을 한 신물(神物)의 등에 새겨진 반점들을 해석한 것으로, 심오한 우주의 이치가 담겨있다. 황하(黃河)에서 나온 그림이라 하여 하도(河圖), 또는 용도(龍圖)로 부른다. 하늘의 운행법칙을 반영하여 땅 위에서 펼쳐지는 오행 생성과 변화의 원리를 함축한다. 또한 우주만상이 음양조화에 의해 순환하고 변화하며 만물이 통일하고 수렴하는 상생의 원리를 나타낸다.

하도에 표출된 음양오행의 상은 만물이 변화하는 양태를 담고 있다. 이렇게 변화하는 표징을 가리켜 상(象)이라 하며, 상이 다시 수(數)의 형태로 형상화를 이룬 것을 상수(象數)라 한다.

하도에서는 북방의 1[一]과 6[六], 동방의 3[三]과 8[八], 남방의 2[二]

와 7[七], 서방의 4[四]와 9[九], 중앙에 5[五]와 10[十]을 배치해 오행의 배속과 우주만물의 생멸이치에 따른 자연수(自然數)의 발전과 태동과정도 밝힌다. 홀수는 양(陽), 짝수는 음(陰)으로 나타내 방위(方位)와 수(數)로써 오행을 구분하는 상수로 표현한 것이다. 각 오행의 두 가지 수중에서 앞자리는 근원의 수[原數]이며, 뒷자리의 수는 중앙의 5[五]가 더해진 동행의 동반수다.

1[一]은 최초의 시작으로 티끌 같은 점(點)으로부터의 시초를 표한다. 모든 운동의 출발과 회귀의 바탕이 되는 중심점이다. 만물의 근원으로 모든 존재의 어머니로 물[수(水)]을 표상하여 가장 상위의 북두자리인 북방에 배치된다.

2[二]는 1의 분산과 나뉨을 표하며 다양성과 분화하며 발전함을 표한다. 분리된 것들을 서로 상응시켜 화해하고 맞붙는 발화점이다. 발산하는 열정의 화신으로 불[화(火)]을 표상하며, 물과 대칭자리인 남방에 배치된다.

3[三]은 1과 2가 더해져 확장됨으로서 새로운 생명을 창조해내는 또 다른 전개를 표한다. 삼위일체의 조화로 역동성과 아우름의 결합점이다. 재생과 활기로 약동하는 나무[목(木)]를 표상하며, 해 뜨는 쪽인 동방에 배치된다.

4[四]는 열기에 휘어진 2[二, 불]가 테두리[囗] 속에 갇힌 모양으로 화(火)를 거두어 감싸서 수렴함을 표한다. 질서와 체계를 세우고 안정과 결단을 추구하는 균형점이다. 분화하고 발산하여 영근 것들을 혁신적 의지로 갈무리하는 쇠[금(金)]를 표상하며, 수렴하여 저무는 서방에 배치된다.

5[五]는 1[一], 2[二], 3[三], 4[四]의 상(象)이 가진 고유의 특성들을 유지하고 조절하는 완결점이다. 불편부당하고 공평무사한 중재와 화합을 실

현하는 흙[토(土)]을 의미하며 중도로써 조화작용을 주재하는 중앙에 배치된다.

잉쾌에서는 오행의 상징범주를 고려하여 아미의 상수를 물[수(水)]은 100, 불[화(火)]은 200, 나무[목(木)]는 300, 쇠[금(金)]는 400, 흙[토(土)]은 500으로 '여러, 모두, 모든'이라는 의미를 가진 백(百)단위로 확장하여 표시한다.

자미패의 잉기수 숫자는 '천간지지의 육갑법'에 따라 고유한 순번을 붙인 전통의 60진법에 해당한다. 1에서 출발하여 60으로 일단락하고 다시 1로 회귀한다. 영원이란 그냥 끝없는 무한계의 개념이다. 세상의 모든 현상들은 일정한 마디를 맺으며 작은 단위로 윤회하며 이어진다. 계절과 시간의 흐름이 대표적이다. 시간도, 자미패도 60단위로 돌고 돈다.

거시적인 총체는 한없이 흘러가지만, 외형상으로는 비슷한 형태로 단락을 지으면서 내용상 형상변화를 안고 끊임없이 되풀이된다. 그 과정에서의 다단한 세상사 실마리를 꿰어 연출하는 묘법의 역할을 자미패의 숫자가 조력하며 돕는 역할을 한다.

숫자로 미래를 짐작한다.

모든 존재와 사물은 나란히 혹은 연결되어 맞물려 흐른다.

숫자의 세계도 이와 같다. 이어지고, 합하고, 빼고, 나뉘고, 곱하면서 서로 유기체적 관계로 어울려 존재를 나타낸다. 이 점을 이용하여 옛사람들은 수를 통한 수비학(數秘學)을 정립하였다. 다소 추상적이긴 하지만 수를 양적인 개념을 넘어 질적인 개념으로 파악한 점에서 고대인들이 수를 접하는 높은 안목과 지혜를 엿볼 수 있는 대목이다.

고대로부터 수는 마법적인 힘을 가지며 세상만사의 환경에 일정한 작용을 할 수 있다는 믿음이 있어서이다. 서양에서 최초의 수비학자는 수학의 아버지로 불리며 '수학의 원리야 말로 만물의 원리'라고 본 피타고라스다. 그는 숫자가 "무한의 경계를 구분 지으며 사물의 참된 본성을 구성한다."고 보았다.

근대 자연과학이 대두되기 전까지는 숫자[數]로 우주의 신비를 읽고, 나아가 존재를 설명하는 수단으로 삼는 경우가 일반적이었다. 현대사회에서도 동서양을 막론하고 선호하고 즐기는 행운의 숫자가 있고, 기피하고 꺼리는 액운의 수가 있다. 수를 삼라만상에 보편적으로 존재하는 우주 암호(Cosmic code)로 보고 이를 생활에 활용한 것이다. 개개인에게 중요한 운명의 숫자나 핵심적 영향을 미치는 숫자들은 수가 품고 있는 높고 낮은 파동과 진동들을 통해 특유의 에너지가 발산되며, 일생을 통해 모든 영역에서 영향을 미친다고 본 것이다.

동양에서도 역학의 태동기부터 하도(河圖)와 낙서(洛書)를 통해 숫자의 개념을 도입하여 음양을 홀수와 짝수로 배정하고 오행에 고유 숫자를 배속하는 등 수비학적 역학전통이 이어져 왔다.

수(數)가 갖는 역술적 의의는 인간의 삶 속에 그대로 살아 움직이며 엄청난 영향력을 행사하고 있다. 운수(運數), 재수(財數), 신수(身數)를 비롯하여 세상사 성취의 척도로 작용하는 점수(點數)에 이르면 까닭 없이 온몸이 쭈뼛 긴장하며 뒷머리가 땅긴다. 묘수(妙數)를 찾아 동분서주하고, 횡재수(橫財數)를 바라고, 꼼수와 속임수를 쓰다가 오히려 막다른 길로 몰리는 사람, 눈앞의 작은 이해관계로 좌충우돌하며 자충수(自充數)와 무리수(無理數)를 두는 사람, 로또의 요행수(僥倖數)를 찾기 위해 분수(分數)를 망각한 절제 없는 행동으로 구설수(口舌數)에 휘말려 패가망신한 사람, 주가지수(株價指數)와 소득지수(所得指數)에 일희일비하는 사람, 수(數)에 휘말리다가 모처

잉기수 일람표

아미패(阿味牌)							
종패 (宗牌)	수(數)	패명	비 고	본패 (本牌)	수(數)	패명	비 고
	∞	역	易		100	수	水
	0	무극	無極		200	화	火
	1000	태극	太極		300	목	木
	-	음	陰		400	금	金
	+	양	陽		500	토	土

자미패(自味牌)									
수(數)	패명	수(數)	패명	수(數)	패명	수(數)	패명	수(數)	패명
1	갑자	13	병자	25	무자	37	경자	49	임자
2	을축	14	정축	26	기축	38	신축	50	계축
3	병인	15	무인	27	경인	39	임인	51	갑인
4	정묘	16	기묘	28	신묘	40	계묘	52	을묘
5	무진	17	경진	29	임진	41	갑진	53	병진
6	기사	18	신사	30	계사	42	을사	54	정사
7	경오	19	임오	31	갑오	43	병오	55	무오
8	신미	20	계미	32	을미	44	정미	56	기미
9	임신	21	갑신	33	병신	45	무신	57	경신
10	계유	22	을유	34	정유	46	기유	58	신유
11	갑술	23	병술	35	무술	47	경술	59	임술
12	을해	24	정해	36	기해	48	신해	60	계해

럼 던진 승부수(勝負手)가 무리수(無理數)가 되어 손재수(損財數)에 휘말려 비틀거리는 일이 부지기수(不知其數)로 일어나기도 한다. 숫자의 마력(魔力)에 잘못 휩쓸리게 되면 헤어나기가 여간 쉽지 않다. 숫자의 우주(宇宙)를 밝히자면 수많은 변수(變數)를 심도 있게 궁구하는 노력이 있어야 가능한 것

이다. 무릇 세상을 제대로 파악하려면 대상의 파동에 맞춘 주파수(周波數)로 원활한 소통과 교감이 이루어져야 한다. 단순한 의미적 해석과 판단만으로 접근할 문제가 아니다. 수의 세계는 여전히 모든 것을 완전히 알 수 없는 미지수(未知數)며 신비 그 자체이다. 그야말로 수는 세상의 모든 수수께끼를 담고 있기 때문이다.

수(數)를 터득하면 세상의 이치를 깨우칠 수 있다.

잉쾌는 신비한 수의 세계로 직접 파고들어 잉기수로 묘수의 표징을 만들어 잉쾌수와 잉명신으로 연결시켜 수비학적 역술의 신세계를 열었다. 이를 통해 명운의 고갱이를 명확히 가려내어 신수나 운수, 궁합 등의 역학적 생활 관련 운기의 내밀한 움직임을 들춰낸다. 서양의 수비학적 방법과 달리 전통적 역법의 정합한 핵심요소로 점술을 시도하였기에 효용성이 배가되었음은 물론이다.

잉기수의 개별 의미는 각 패의 설명항목에서 구체적으로 다룬다.

또한 뒷장의 각패의 상세 내역 편에 나오는 '수리학적 쓰임'에 대한 설명은 해당 수의 개관적인 탐구사항으로 일반적인 사항을 서술하였다. 그 내용 중에서 필요 부분은 참고하되, 본서에서 언급한 여러 역학적 측면에서 잉기수가 갖는 음양오행의 상징의미를 중심으로 통변이나 점술풀이가 이루어져야 함을 덧붙인다.

03

현기(玄機)
- 잠재적 추동력

　살다보면 그야말로 절묘하다고 생각되는 그런 순간들을 경험한다. 모든 상황이 정교하게 짜 맞춘 듯이 좋은 일이나 나쁜 일이 정연하게 맞물려 돌아가며 뭔가 신비한 작용의 지배를 받는 섬뜩한 느낌을 받는다. 스스로 제어도 조종도 할 수 없을뿐더러 상상할 수조차 없는 불가사의한 힘에 휩싸일 때가 그런 때이다.

　세상이 잘 짜인 각본에 의해 빈틈없이 돌아간다면 얼마나 삭막하고 단조로울 것인가? 의욕도, 투지도, 열정도 없이 정해진 순서와 역할에 따라 자신을 내맡기고 묵묵히 살아가는 동물의 삶과 다름없을 것이다. 뭔가 색다른 기적이 필요한 순간에도 할 수 있는 일이 없어 잠시 안타까워하고 아쉬워할 뿐 별다른 대응도 못하고 무미건조하게 활력을 잃고 살아갈 것이다. 사는 재미라곤 눈곱만큼도 없는 그야말로 소름끼치는 기계적 무의식의 삶이 될 것이다.

　예상이 빗나가서 가끔은 허둥대고, 뜻하지 않은 행운에 쾌재를 부르짖으며, 느닷없는 일들이 불시에 들이닥치는 불가측의 삶이 바로 인생이다. 이 얼마나 짜릿하고 역동적인가.

　꿈과 희망을 품고, 지혜와 용기를 쏟아 부으며 동분서주 좌충우돌하다 뜻밖에 마주치는 디딤돌과 걸림돌에 환호하고 당황해하는 것이 인생길이다. 역학이란 이런 과정 속에서 향후 도래할 미래의 순간순간이나 마디마디의 매듭과 고리를 미리 살펴 인위적 미세조정을 통해 순로를 열어가기 위한 학문이다. 그러나 아무리 미리 들춰본다 한들 원하는 방향으로 제대로 조정하여 움직이는 것은 한계와 제약이 따른다. 길조는 더욱 신장시키고 흉조를 막아 평온한 삶을 누리고 싶은 것이 인지상정이나 뜻한대로 이루어지지 않는데 인생의 비애가 있다. 인간의 힘이 닿지 않는 영기가 작용하기 때문이다.

　사람의 지혜로 어찌해볼 수 없으며, 오감으로도 자각하지 못하는 보이지 않는 힘이 신기(神氣)이자 영기(靈氣)이다. 이러한 영력의 기운인 현기(玄機)는 세상만사의 생성과 변이·소멸의 질서에 특수한 자극을 가해 빛과 어둠의 갈래가 생기는 운기를 만들고, 뒤틀며 운로의 변곡점을 만든다.

　보이지도 않고 만질 수도 없는 신비의 에너지가 바로 현기이다. 원하는 쪽이나 원치 않는 쪽이나 무작위로 발현되는 이 현기의 작용과 영향력을 풀기 위해 인류는 수많은 노력을 기울여 왔다.

　동양권에서는 세상의 큰 규범이라 하여 전해오는 『서경』의 '홍범(洪範)'이나, 하늘이 지배하는 기(氣)의 흐름을 정리했다는 「천기대요(天機大要)」 등이 모두 그런 노력의 결과물이다. 이는 '보이지 않는 힘[Invisible Energy]'을 거역하거나 맘대로 피할 수는 없지만 조절할 수는 있다'는 인간의 예지가 빛나는 성과물로 오랜 세월동안 생활의 지표로 삼아 활용되어온 귀중한 유산에 속한다.

　인간으로서의 최선을 다하고 천명을 기다리는 것[진인사대천명(盡人事待天命)]도 좋지만, 응답이 없는데 마냥 기다리기만 해서는 아무 것도 바꾸지 못한다. 과감히 신이 할 일을 대신 나서 천명을 바꾸려[탈신공개천명(奪神功改天命)]는 적극적 노력을 보여야 운도 감응하여 운로를 살짝 비틀면서 은근한 변화를 허용한다.

　'운칠기삼(運七技三)'이니, '노력하는 사람은 운 좋은 사람만 못하다'는 말들이 있지만, 이는 외양만을 따진 피상적 관찰이다. 자발적으로 상황전개에 유리하도록 미연에 세심하게 관리하고 조정한 사실들은 밖으로 드러나지 않기 때문에 그리 보일 뿐이다.

　동학혁명(東學革命)을 주도한 비운의 풍운아 전봉준(全琫準)은 거사에 실패하고 처형대 앞에서 피울음을 토한바 있다.

때를 만나서는 천하가 모두 힘을 합하더니,
운이 다하니 아무리 영웅이라도 스스로 어찌 해볼 수 없구나.
〔시래천하 개동력(時來天下 皆同力)
운거영웅 부자모(運去英雄 不自謀)〕

　동학군은 초기에 민중의 열렬한 지지와 참여로 혁명을 이끌었다. 이는 천기가 사람들의 마음을 움직이고 하나로 뭉치게 한 것이다. 그러나 결국 30여만의 애먼 민초들만 희생시키고 미완의 혁명으로 끝남에 따라 좌절하고 한탄하며 되뇐 통한의 절규다.

　여기서 운기의 흐름을 잠시 살펴보자.

최초로 관아를 습격한 1894년 2월 5일[음력 12월 30일, 을축(乙丑)월 무인(戊寅)일]은 을축(乙丑)월로 바로 잉괘의 오복패로 수(壽)에 해당하고 무인(戊寅)일은 천사상길간지에 해당하는 길성이다. 특히나 그해 5월 31일[음력 4월 16일, 정사(丁巳)월 무진(戊辰)일]은 농민군이 전주성을 함락시키는데, 이때의 무진(戊辰)일도 오복패의 명(命)에 해당한다.

그 후 관(官)과 일본의 연합군에 대결하며 격전을 치르며 분투했으나 패퇴하고 결국 밀고자에 의해 그해 11월[계해(癸亥)월, 십악대패간지]에 순창에서 체포되어 그 이듬해 처형당하고 만다.

운기를 잘 활용하였더라면 우리 역사의 흐름을 바꿀 절호의 기회였었는데 참으로 아쉬울 뿐이다. 반봉건, 반외세의 민족운동의 혁명으로 근대국가 건설에 큰 공헌을 할 수도 있었지만, 많은 사람의 희생만 남긴 채 찻잔 속의 태풍으로 끝나고 말았으니 통탄스럽기 짝이 없다.

잘 알려진 사례를 들었지만 모든 일에는 적당한 때와 마땅하지 않은 때가 있는 법이다.

자석(磁石)은 그냥 봐서는 그저 평범한 쇠붙이일 뿐이다. 그러나 다른 물체가 자력의 힘에 반응하는 것을 보고 무언가 끌어당기는 힘과 밀치는 힘이 있다는 것을 안다.

현기도 마찬가지다. 여느 운기와 같이 자연스럽게 흐르다가 접촉하는 기(氣)의 성질에 따라 적극적으로 품기도 하고, 내치기도 한다. 만유에 생극(生剋)의 원리가 숨겨져 있는 데 그런 미묘한 변화를 주도하는 것이 현기다.

세상은 잘나기만 해서는 잘 살 수 없다. 보이지 않는 현기를 활용하여 자기조절을 통한 응변의 대처를 잘해야 원하는 방향으로 운로를 틀어 잘 먹고 잘 살 수 있는 길을 열어 향유할 수 있다.

잉괘는 이러한 영적인 현기를 운세의 흐름에서 포착하여 불안한 미래를 유리한 쪽으로 돌릴 수 있는 계기를 제공한다. 서기나 길조에는 잠재된 내면의 힘을 쏟아 상승작용을 불러일으키고, 액기나 흉조에는 성찰과 숨고르기의 수행을 통해 앙화의 기운을 눌러 순치해야한다고 신호를 보내는 것이다.

삶에는 생존을 위한 노력과 투쟁과 권력을 넘어서는 미묘한 그 무엇이 있다. 형언할 수 없는 그 무엇에는 현기가 작용한다!

상서(祥瑞) - 오복(五福)

인생에는 생명의 존엄성을 지키는 바람직한 조건이 있다. 수(壽), 부(富), 강녕(康寧), 유호덕(攸好德), 고종명(考終命)의 다섯 가지 복(福)이 그것이다. 단 한 번의 인생인데 허투로 보내기에는 너무나 짧고 허무하기에 가치 있는 삶을 누리는 필수조건을 꼽은 것이다.

예로부터 새 집을 지으며 상량(上梁)을 할 때는 대들보 밑에다가 "하늘의 세 가지 빛에 응하여, 인간세계에서 오복을 채운다"는 뜻의 '응천상지삼광(應天上之三光) 비인간지오복(備人間之五福)'이라는 글귀를 써 넣으며 사람살이의 큰 행복인 오복을 간구했다.

오복이 문헌상에 처음 등장하는 것은 『서경(書經)』의 '홍범(洪範)'으로 원래는 정치 도덕을 행하는 원칙중의 하나였다. 이후 후대로 내려오면서 민간사회에서 사람살이의 간절하고 절실한 염원의 핵심요소가 되어 행복한 삶에 필요한 절대적이고 소중한 덕목으로 변이됐다. 현대에 들어 오복의 개념이 여러 가지로 변형되어 쓰이고 있으나 잉괘에서는 이를 선천적인 면과 함께 후천적인 사회적 환경을 딛고 자기단련과 적응과정에서 얻어지는 전통적 복덕의 의미를 살리는 현기로 파악했다. 신성의 동조를 받는 자가 현기의 수혜를 받아 노력과 염원에 상승작용을 가져다주는 자연스런 덕목으로 연결한 것이다. 지혜를 펼치는 과정과 창조적 에너지의 활성화 단계에서 오복이 현기로 작용하여 힘을 보태고, 시너지 효과를 불러일으키며 적극적이고 능동적인 가속을 일으키는 것이다.

동양의 문화권에서는 오복을 박쥐[蝠]에 비유했다. 복(福)의 읽는 소리와 같은 한자음을 가진 박쥐를 오복을 가져다주는 동물이라고 믿은 것이다. 박쥐는 하늘의 복을 땅과 연결시키는 초음파를 이용하는 동물로 '하늘나라의 쥐[천서(天鼠)]'라고도 하고, '신선의 쥐[선서(仙鼠)]'라고 해서 일상생활용품이나 회화, 공예품, 가구의 장식, 건축 등의 문양으로 많이 사용되어왔다. 다섯 마리의 박쥐 문양은 하늘이 주는 다섯 복, 즉 오복을 그대로 의미한다. 전설상의 박쥐는 종유석을 먹고 살아 장수하고[壽], 하늘의 재물을 날라다주며[富], 귀신을 쫓아 액운을 막아주어 편안케 하며[康寧], 포유류이면서도 날아다니며 천지사방에 복을 베풀며[攸好德], 하늘과 땅에서 두루 책무를 다하고 보금자리[동굴 등 안식처]에서 조용히 생을 마감[考終命]한다.

- 첫째의 수(壽)는 오래살고 봐야 한다는 단순한 장수의 소망만을 담은 것이 아니라 중도에 탈 없이 명운의 천수를 누리는 복이다.
- 두 번째의 부(富)는 살아가는데 불편하지 않을 만큼의 여유를 말한다. 아쉬움 없을 정도의 경제력과 재정적인 자족의 복이다.
- 세 번째의 강녕(康寧)은 몸과 마음이 건강하고 깨끗한 상태에서 편안하게 사는 복이다. 남을 해하지도 않고, 남으로부터 위해도 없는 안온

한 삶이다.
- 네 번째의 유호덕(攸好德)은 물질적·정신적으로 안정된 상태에서 베풂을 즐기는 복이다. "남의 이익을 위해 힘쓰면 결국 자신의 이익으로 돌아온다[자리이타(自利利他)]"는 말처럼 인과가 응보로 보답한다. 다산 정약용은 『논어고금주(論語古今註)』에서 인륜에 돈독한 효(孝)와 제(弟)와 자(慈)가 바로 덕(德)이라고 해석했다. 사람이 행해야 할 기본윤리로써 부모[어른]에게 성심을 다하고[孝], 순리[차례]를 따르면서 편안히 즐기며[弟], 사랑과 자비를 베푸는 것[慈]이라고 했다. 현대의 사회생활규범이 본받고 이어가야 할 덕목이다.
- 마지막의 고종명(考終命)은 살아생전에 소명의 의무와 책임을 다하고 부끄럽지 않게 살다 아쉬움과 큰 고통 없이 평온히 생을 마칠 수 있는 복이다. 삶은 명령이고 죽음은 순리에의 참여다. 한 마디로 인생의 결승선을 무사히 완주하여 통과하였느냐이다.

잘 보낸 하루는 편한 잠을 이루게 하고,
값지게 보낸 인생은 평온한 죽음을 맞게 한다. ─ 레오나르도 다빈치

당대에 누릴 수 있는 장수와 부귀와 건강을 온전히 향유하며 해야 할 일을 다 하고, 부끄럼 없이 잘 살다가 잘 죽는 것이 오복이다.

오복의 개별적인 복만으로 행복할 수 없다. 부를 아무리 쌓아도 수명이 짧아 누리지 못하면 허사요. 수명이 아무리 길다한들 끼니걱정을 한다면 살아있어도 죽은 목숨이요, 자신의 건강과 편안함만 챙기며 호의호식하고 남을 돌아볼 줄 모른다면 가까운 이 없어 외로움에 시달릴 것이요, 본분을 찾아 사회적으로 중임을 맡아도 사람들로부터 손가락질 받는다면

잉쾌 오복(五福)

잘 살았다고 할 수 없다.

　결국 넘치지 않을 정도의 부를 가지고, 어울려 조화하며, 서로 상생하며, 명대로 힘껏 일하고 즐기면서 사는 데까지 살다가 여한 없이 죽는 것이 행복한 삶이다.

마음이 화평하고 기운을 고르게 유지하면 모든 복은 저절로 모여든다.
〔심화기평자 백복자집(心和氣平者 百福自集)〕

- 채근담(菜根譚)

　'인생에서의 바람직한 조건'의 길운과 창달의 희기를 치솟게 하고 북돋는 활성의 위치인 십이운행상의 오행별 관대(冠帶)에 해당하는 패에 잉쾌의 오복은 깃들어 있다.

증강(增强) - 창성[暢] : [☵]

　길하고[吉], 이롭고[利], 상서로운[祥瑞] 일들이 의지나 능력과 그 밖의 장애여건과 상관없이 자연스럽게 엮어지며 환희를 몰아온다. 존재는 물론 일련의 행위들이 일제히 호흡을 맞춰 확장하고, 증강을 추동하고, 고양하도록 감춰진 영기[에너지]가 작동할 때이다. 드러나지 않고 보이지 않는 이 영기는 통상적이고 일반적인 상식을 넘어서게 해주고, 불가능하다고 생각되는 일을 기적처럼 성사시켜주며 특별한 기회를 제공해준다.

　보이지 않는 도움의 손길이 선택된 자에게 특별하고 초자연적인 형태로 힘을 보태는 것이다. 매사가 마법처럼 상황에 맞게 딱딱 맞아 떨어지고, 진행하는 일에 활력이 넘치며 승승장구의 기세를 타게 한다. 시야나 사고의 폭이 크게 넓어지고 의욕과 열정이 솟구친다. 바로 이런 기회의 순간을 잘 잡아 상승기류를 타면 원하는 것을 확실하게 틀어잡을 수 있는 확률은 한층 높아진다.

전통 생활철학의 전범으로 오랫동안 실생활의 지침서로 활용되어 오던 「천기대요(天機大要)」는 이러한 사람살이에 핵심적 도움을 주는 인자를 육십갑자 중에서 특정하여 가려냈다.

먼저 하늘이 모든 것을 용서해 주는 날이라 하여 무슨 일을 해도 좋다는 천사대길간지(天赦大吉干支)의 날로 봄[春]의 무인(戊寅), 여름[夏]의 갑오(甲午), 가을[秋]의 무신(戊申), 겨울[冬]의 갑자(甲子)의 네[4] 간지일(干支日)이 있다.

다음으로 오합간지(五合干支) 혹은 영세대길간지(永世大吉干支)라 하여 혼인을 비롯하여 좋은 경사에 두루 쓰이는 간지의 날로 일월합(日月合)의 갑인(甲寅)과 을묘(乙卯), 음양합(陰陽合)의 병인(丙寅)과 정묘(丁卯), 인민합(人民

증강과 확장의 길성

천사대길간지(天赦大吉干支) : 4개			
봄[春]	무인(戊寅)[15]	여름[夏]	갑오(甲午)[31]
가을[秋]	무신(戊申)[45]	겨울[冬]	갑자(甲子)[1]
오합간지(五合干支)[영세대길간지(永世大吉干支)] : 10개			
일월합(日月合)	갑인(甲寅)[51], 을묘(乙卯)[52]		
음양합(陰陽合)	병인(丙寅)[3], 정묘(丁卯)[4]		
인민합(人民合)	무인(戊寅)[15], 기묘(己卯)[16]		
금석합(金石合)	경인(庚寅)[27], 신묘(辛卯)[28]		
강하합(江河合)	임인(壬寅)[39], 계묘(癸卯)[40]		

※ 무인(戊寅)은 양 쪽에 모두 해당. 괄호안의 숫자는 잉기수.

合)의 무인(戊寅)과 기묘(己卯), 금석합(金石合)의 경인(庚寅)과 신묘(辛卯), 강하합(江河合)의 임인(壬寅)과 계묘(癸卯)의 열[10]가지 간지일이 있다.

'천사대길간지'와 '영세대길간지'의 길성을 품는 간지는 모두 14개이나 그 중 '무인'은 양쪽으로 겹쳐 실제적으로는 13개이다.

이 길성의 간지는 상서로운 운기를 머금어 그 기운을 선택받은 자의 운세를 화통하게 펼치게 하여 길운을 향유할 기회를 제공한다.

잉쾌는 운기가 증강과 확장의 순기(順氣)로 펼쳐지는 기상을 취해 화창과 통달[暢]을 나타내는 기호 '🔱'로 표시했다.

근신(謹愼) - 사기(邪氣) : [☣]

불통(不通)과 강퍅(剛愎)의 상징

사람들은 가끔 원하지 않은 뜻밖의 함정이나 복병과 마주친다. 아무리 정교하게 짜 맞추고 집념과 지혜를 쏟으며 정성을 기울여도 성과가 나지 않고 결과가 무참해지는 경우가 그런 때다. 당연히 노력한 만큼의 결과를 거두지 못하고 뜻하지 않은 복병 앞에서 좌절하고 마는 경우로 무형의 마력이 완강하게 막아서고 있는 징조로 받아들여야 한다.

한참 순조롭게 잘 진행되던 일이 흐름을 잃고 이리저리 뒤틀리며 뒤죽박죽으로 엉키는 곤혹스러운 경험들도 마찬가지다. 보이지는 않지만 분명 무엇인가에 홀린 듯이, 마치 마법에라도 걸린 양, 속수무책으로 어찌해볼 수 없는 상태에 빠진다. 일단 이러한 경우에 처하면 악순환이 발동되어 옴짝달싹 못하는 상황에서 다른 일까지 파급되어 급속한 침체와 악화를 겪는다. 충만하던 활력이나 예기는 어디론가 갑자기 사라져버리고 무분별한 공황상태에 빠지면서 점차 궁지에 몰리고 무기력과 장애로 강박적 상태에 처해 망연자실하고 만다.

똑똑한 사람이 어찌 그런 우매한 행동을 할까? 주위에서 가끔 일어나는 일이다. 이는 분명 운기의 진행을 훼방하고 교란하는 장해의 힘에 엮이게 된 탓이다. 이를 방심하면 정체와 퇴보의 늪에서 헤어나지 못하고 경쟁에서도 도태되는 돌이킬 수 없는 재앙의 사태까지 빚는다.

「천기대요」는 이렇게 양화를 조장하고 흉조를 부추기는 간지를 가려 조심하고 근신하여 슬기롭게 대처할 기회를 갖도록 가려준다.

소위 '십악대패간지(十惡大敗干支)'라 하여 천간의 건록[십이운성의 순환 과정 중에서 운기의 기세가 최고조로 상승하는 '관(冠)'에 해당하는 지지. 달리 '록(祿)'이라고도 부른다]에 해당하는 지지가 공망(空亡)[10개의 천간과 12개의 지지를 육십갑자 순으로 짝을 맞출 때 천간과 지지의 수량 차이로 인해 짝을 짓지 못하고 남겨지는 외톨이 지지로 명리학에서 심히 꺼린다]에 해당하는 간지[날]로 모두 10개가 이에 해당한다.

십악대패간지에 해당하면 글자 그대로 악령이 작용하여 모든 일에서 무기력해진다. 경쟁이나 재물의 취득 등 원하는 일의 추진에 절대적으로 취약하게 되어 크게 위축되거나 심하면 말살의 위험에 빠지기도 한다.

건록(建祿)의 인(寅)과 묘(卯)가 공망인 갑진(甲辰)과 을사(乙巳)
건록(建祿)의 사(巳)와 오(午)가 공망인 병신(丙申)과 정해(丁亥)
건록(建祿)의 진(辰)과 미(未)가 공망인 무술(戊戌)과 기축(己丑)
건록(建祿)의 신(申)과 유(酉)가 공망인 경진(庚辰)과 신사(辛巳)
건록(建祿)의 해(亥)와 자(子)가 공망인 임신(壬申)과 계해(癸亥)

무기력과 장해의 흉성 [空]

건록(建祿) 공망지지	십악대패간지(十惡大敗干支)
인(寅), 묘(卯)	갑진(甲辰)[41], 을사(乙巳)[42]
사(巳), 오(午)	병신(丙申)[33], 정해(丁亥)[24]
진(辰), 미(未)	무술(戊戌)[35], 기축(己丑)[26]
신(申), 유(酉)	경진(庚辰)[17], 신사(辛巳)[18]
해(亥), 자(子)	임신(壬申)[9], 계해(癸亥)[60]

※ 지지의 토성(土星)은 4개로 술(戌)과 축(丑)은 해당 안 됨.

여기서 공망(空亡)의 의미를 다시 짚어보자.

땅[地支]만 덩그러니 있고, 하늘[天干]은 없으니 그야말로 허당이다. 그러니 매사가 허사요. 도로아미타불이다. 더구나 하늘의 관(冠)이 없으니 모든 것이 제멋대로요. 중구난방이다. 다행인 것은 천사대길간지나 오합간지와 만나면 이를 받쳐주고 보완해주는 효과로 암운의 흉성을 상쇄하는 작용이 나타난다.

그밖에 상황을 인정하되 자정과 근신으로 전체와 부분을 두루 살피며 흐름의 파동을 거스르지 않으면서 균형감을 갖고 취약점을 보완해나가면 얼마든지 불운의 시나리오를 비켜갈 수 있다는 점도 명심하자.

위대한 신비 _ 잉 쾌

PART

IV

잉쾌의
활용

INGQUETAINMENT

INGQUETAINMENT

운명은
사람들이 스스로의 의지를 발휘하고
적극적으로 행동에 나설 때
비로소 그 모습이 살짝이나마 드러난다.

현명한 사람은 운명의 존재를 믿고, 운명도 자신의 노력을 필요로 한다는 것을 믿는다. 운명은 사람을 속박하는 것이 아니라 오히려 적극적인 의지와 행동을 기다린다. 사람들은 운명에게 가까이 다가가고자 하지만 구체적으로 어떻게, 어디로 가야하는지를 모르기 때문에 운명이 이끄는 대로 끌려 다니고 휘둘리며 방황한다.

운명은 사람들이 스스로의 의지를 발휘하고 적극적으로 행동에 나설 때 비로소 그 모습의 일단이 살짝이나마 드러난다. 그럴 때 예정된 존재로서의 운명이 아니라 현실 상황이 된다. 이렇게 어슴푸레 드러난 현실은 의지와 행동이 수반된 긍정의 힘에 순응한다. 스스로 변하고자 노력하며 대비하는 자에게 속내를 드러내며 동조하는 것이다. 그러면서 운명은 끊임없이 인간에게 여러 과제를 안긴다. 잉쾌는 운명이 제시하는 과제에 접근하여 해법을 모색한다.

삶이 단조롭거나 불안하고 답답할 때 명상하듯 잉쾌와 대화하라. 위로받으며 마음이 맑아지고 편안한 새 길을 열게 될 것이다.

01
수비학적 운기 추리

　인간은 근본적으로 방어적이다. 대자연의 기본질서를 임의로 바꿀 수 없을 뿐더러 운명적 상황, 즉 '통제범위를 벗어난 힘들'에 반응하는 삶을 살아야하기 때문이다.
　잉괘가 가진 목적은 이와 같은 상황을 타개하여 발전적 자세로 체념보다는 가능성을 갖고 적극적으로 미래를 창조하는 기회를 제공하는 것이다.
　미래가 현실화될 때를 대비해 거기에 단순하게 순응하기보다 능동적인 자세로 선제적으로 대응하면서 스스로를 추슬러가면서 적극적으로 헤쳐가야 한다.
　미지의 세계에 대한 불안과 걱정, 기존 몸담고 있는 환경의 변화에 적응하지 못할 수 있다는 두려움, 위험을 감수할 용기의 결여 등으로 자기에게 주어진 운명을 회피하고 있지 않는지 살펴보라.
　누에고치 속의 누에처럼 보호막 안에서 틀어박혀 있으면 진짜 삶은 살아보지도 못하고 누에로 죽을 수밖에 없다. 안락한 세상만을 고집하면 참다운 세상을 볼 수 없는 것이다. 고치를 벗어나야 진정한 삶을 맛본다.

　의지와 운명의 통합을 이루는 길을 찾아 나서기 위해서는 앞날에 대한 정보는 필수다. 좋은 기회가 주어졌을 때는 적기 적소에서 가볍고도 날랜 움직임으로 낚아채야 성과를 이루고 원하는 것을 얻을 수 있다. 반대로 암울한 불운의 시기에는 운기의 흐름을 비켜서고 에돌아갈 투지와 성찰이 필요하다. 이 모두가 운기의 정보를 바탕으로 이루어진다.

　최적의 시기와 장소를 포착하여 어떻게 합당한 전략을 구사하는가를 알 수 있는 '수'를 통한 운기정보의 응용방법에 대해 알아보자.

잉기수(孕氣數)의 응용

　잉쾌가 '리(理), 수(數), 상(象) 점(占)'의 요소를 아우르는 종합적인 점술과 오락의 도구라는 점은 이미 밝혔다. '수'는 잉쾌패의 상징과 기호 등과 함께 다양한 의미를 구성하는 요소로 작용하기도 하지만 독자적 의미와 영적특성도 가진다. 상징의 의미와 상보적 관계를 보이기도 하지만 독자적인 수만으로 점술세계를 펼치기도 한다는 얘기다.
　수가 암시하는 별세계를 통찰하면 점술의 깊이와 넓이가 확장되어 원하는 결과에 더욱 가까운 해답을 얻을 수 있게 된다.
　잉쾌에 부여된 잉기수는 각 패가 말하고자 하는 내재적 암호이다. 상징의 그림으로 표출하지 못한 고유한 특성을 별도의 기호로 분리하여 표시한 글자 그대로 은밀한 암호를 품고 있는 '수비학(數秘學)'의 숫자인 것이다.

잉괘의 수비학은 오컬트적인 비술의 초자연적이며 불가사의한 요소를 배제한다. 실용적인 측면에서 명리학적 의미를 살리면서 수가 갖는 공명성을 통해 발산하는 영기가 어떻게 괘의 의미와 연계되어 작용하는지를 알아내면 된다.

잉기수는 낱 수의 숫자[오행의 선천수]로 특성을 품고 있으며, 두 자리 이상의 겹친 수는 의미조합을 통하여 연상해 추출하면 된다.

서양철학에서도 피타고라스는 '우주의 근원은 수(數)'라고 정의하며 특히 1에서 10까지의 수는 특수한 의미와 역할을 갖는다며 철학적 의미를 부여했다. 즉, 수는 존재하는 것들의 질료적 원리로써 단순한 수량의 단위인 비물질적인 개념이 아니라 물질적인 것에 해당하는 만물의 근원으로서의 의미를 갖는다는 것이다.

잉괘의 '수'는 운기 에너지가 음양오행과 상호작용하여 변화하는 현상을 점치는 산술의 신비한 세계다.

신수(身數) 보기

삶은 질문이다.

나는 누구일까. 무엇을 위해 태어났을까. 어떻게 살아가야 하는가.

타고난 명운을 알고자 하는 것은 삶의 방향을 제대로 세우고자 하는 본능의 질문이다. 선천적인 명운의 새김을 살피며 스스로 운명의 등불을 밝혀 좀 더 나은 삶을 추구코자 하는 욕망이 인류발전의 원동력이 되었다. 더군다나 자신의 생명정보에 대한 궁금증은 다른 모든 것에 우선하는 관심사일 수밖에 없었다. 이러한 인간의 간절함을 풀기 위해 명리학에서는 사람의 명운을 사주의 네 기둥과 음양오행의 상호관계를 분석하여 판단했다. 잉쾌는 이를 잉명신을 통하여 간결하고 정합하게 추리한다. [이 책의 '잉쾌 카드의 원리' 중 '잉쾌용어' 부문에서의 잉명신을 구하는 방법 참조. 대상자의 출생 연월일시로 네 개의 간지를 만들고, 각 간지의 고유 '잉기수'를 더하여 '잉쾌수'로 환산한 뒤 '잉명신'를 찾아낸다]

'잉쾌수'를 환치하여 뽑아낸 '잉명신'은 당사자의 일생명운의 핵심을 함축한다. [이 책 '종합해설' 편의 각 패 해설 참조]

◐ 적용실례 : '잉쾌용어' 편의 잉명신 '44'의 경우

- 2011년 10월 29일 오후 5시 9분생(남)

시주	일주	월주	연주	
기유	정사	무술	신묘	원 국
46	54	35	28	잉기수

* 연주[28]+월주[35]+일주[54]+시주[46]=164[*잉쾌수(孕夬數)]

* 164-120[60×2]=44[잉명신(孕命神) '정미(丁未)']

※ 사주 세우기는 만세력과 인터넷이나 관련 앱을 이용하면 쉽다.

◐ 잉명패 '44, 정미(丁未)'의 신수판단

※ 종합[개략] : 치밀하고 조직적인 실

천주의자로서 만사를 긍정하며 끝장을 보고야마는 집념을 가졌다. 사람들의 신망이 높아 어지간한 난관은 협력과 합심으로 극복해내고 자기 분야에서 큰 족적을 남긴다.

※ 기타 품성과 기질 등은 잉명신에 해당하는 자미패의 해설을 중심으로 상황에 맞게 풀어 통변한다.

생애 운세

인생의 진행과정을 시기별로 매듭을 지어 운세를 판단하는 것은 사주의 네 기둥을 원·형·이·정(元·亨·利·貞)으로 나누는 명리학적 운기활동의 주기로 대별한다. 연주(年柱)는 인생의 봄인 초년운[출생부터~10대 후반까지], 월주(月柱)는 인생의 여름인 청장년운[20대부터~40대 말까지], 일주(日柱)는 인생의 가을인 중년운[50대부터~60대 말까지], 시주(時柱)는 인생의 겨울인 노년기[70대부터~임종까지]로 하여 각 기둥의 '자미패'에 대한 해설로 해당기간 동안 명운의 추이를 설명한다. [해당 자미패의 해설편 참조]

노년운(46)　중년운(54)　청장년운(35)　초년운(28)

대운(大運)

운기의 큰 줄기는 십년 단위로 생의 변태를 보인다. 운세의 변곡점을 오행이 두 번 바뀌어 10개의 천간이 일순하는 주기로 설정한 것이다. 이는 천기와 환경과 인간생활 여건의 흐름이 동조하는 점을 이용한 역리적 판단의 소산으로 천인감응의 합리성을 갖는다.

우주변화의 순환원리에 따라 운세의 굴곡과 기복하는 양태가 주기를 이루며 변동하는 것이다.

대운의 단위가 10년인 것도 바로 여기에서 기인한다.

'십년이면 강산도 변 한다'고 하는 말은 현대적 의미로 순간순간이 달라지는 급변의 시대에 적합하지 않다고 여길지 모르지만 사람의 성장과 사회생활의 대강의 줄기는 여전히 10년 주기의 범위에서 움직인다. 시대가 변한다고 갓 태어난 사람이 열 살이 된 아이의 사고를 할 수 없고, 십대의 성장기 학생이 이십대 이후의 성년의 생활의 의미를 완전히 터득하지 못한다.

물론 그 이후의 삶의 양상도 마찬가지다. '강산'이라는 생존조건의 상징으로 그 영향을 받는 사람의 생활도 변할 수밖에 없는 실정을 에둘러 표현한 것이지만 타당하고 합리성을 갖춘다.

십년이면 사람도, 강산[세상]도, 대운도 변한다.

개인의 운세에서 가장 큰 영향을 미치는 시대별 나눔은 태어날 때 정해진 명운이 선천적인 전반적 팔자 구성요소라면, 살아가면서 개인의 의지와 상관없이 펼쳐지는 주변 여건은 운신에 직접 영향을 끼치는 외부적 환경요소로 후천적인 운세조정의 결정적 변수이기 때문에 대단히 중요하다. 특히 대운의 주기는 똑같은 십년이라도 개별적인 태생의 명운과 기세가 모두 다르기 때문에 발현하는 운세의 영향도 각각 다르게 나타난다.

잉괘도 대운의 추리를 10년 주기의 기준을 적용한다. 남자와 여자에 따라 대운 진행의 방향을 순행과 역행으로 서로 달리하는 방법도 전통의 명리학적 방법과 동일하다.

다만 명리학과 다른 점은 연주[태어난 해의 간지]의 음양성에 따라 순행과 역행을 구분하는 것과, 월주를 대운 전개시점으로 삼는 것은 정합성의 미비로 취하지 않는다.

대운의 최초 적용 개시 시기[대운수(大運數), 또는 행운세수(行運歲數)]는 잉명신[태어난 생년월일의 각 간지 잉기수를 합산하여 60으로 나누어 남은 숫자로 '잉명신'을 선택]의 고유번호 맨 마지막 일(一) 단위[한 자리 수] 숫자를 기점삼아 전개한다.

'신수 보기'에서 예로 든 잉명신 '44〔정미〕'의 대운전개

- 남자이므로 4세를 기준으로 대운이 전개된다. 이후 십년 단위로 45[4~13세], 46[14~23세], 47[24~33세]… 순으로 이어진다.

34~43세 〔48〕   24~33세 〔47〕   14~23세 〔46〕   4~13세 〔45〕

- 여자라고 가정하면, 4세를 기준으로 하는 것은 동일하되 전개의 방향이 반대로 바뀌어 십년 단위인 43[4~13세], 42[14~23세], 41[24~33세]… 순으로 펼쳐진다]

34~43세 [40]　　　24~33세 [41]　　　14~23세 [42]　　　4~13세 [43]

※ 대운 기간별 운세 해설은 해당 자미패의 '종합해설' 편 참고.

02 잉명신를 이용한 운세판단

궁합(宮合)

플라톤의 『향연』에는 '자웅동체(雌雄同體)'의 우화가 나온다.

인간은 원래 둥근 공 모양의 형태를 하고 있었다고 한다. 팔이 넷, 다리가 넷, 둥근 목 위에는 머리가 하나 달려있는데 똑같이 생긴 얼굴 둘이 서로 반대 방향으로 있고 귀는 넷, 생식기는 둘이라고 한다. 최초의 인류에게는 세 가지 성(性)이 존재한다고도 했다. 현재는 남성과 여성, 두 성(性)으로 나뉘어 있지만, 당시에는 남성과 여성 그리고 이 둘을 다 가지고 있는 제 3의 성까지 있었다고 한다. 여기서의 제 3의 성은 자웅동체(androgyny)를 말한다.

이 최초의 공 모양의 인간들은 기운이 넘치고 야심이 담대하여[아마 동양의 '천원지방'의 개념에서처럼 하늘의 성정을 많이 닮았던 모양이다] 신들까지 공격하며 위협했다고 한다.

이를 보다 못한 제우스는 모든 사람을 두 쪽으로 쪼개기로 했다. 정확하게 절반으로 나누어 두 조각으로[땅 모양 비슷한 형태로] 만들었다. 이후부터 반쪽의 몸들은 각기 다른 반쪽을 그리워하며 찾아 헤매기 시작했다.

궁합을 보는 것은 이 우화에서 말하는 나의 반쪽으로 일생을 동고동락하며 해로할 진정한 반려를 찾는 일을 돕는 일이다.

햇덩이 같이만 살아라. 환하게 환하게
달덩이 같이만 살아라. 둥글게 둥글게
화촉동방 밝은 불에 깨가 쏟아지도록
연지곤지에 별이 앉아 꽃냄새가 나도록

〈가시버시 사랑〉이라는 노랫말이다.

진정한 반쪽을 만나서 이처럼 애틋하면서 아늑한 동반자의 길을 걸을 수 있다면 얼마나 좋겠는가. 세상사 그 어떤 어려움도 무난하게 헤치고 즐겁게 오래도록 행복을 누리며 살 수 있을 것이다.

부부의 인연이란 참으로 묘한 것이다. 만나는 것, 살아가는 것, 포기하거나 동화하는 것들 모두가 몽상이나 환영 같이 몰아쳐 지나가며 불현듯 진행되는 것이다. 누구나 달콤한 세레나데로 교감하고자 하지만 상당수는 불협화와 갈등의 독주곡을 연주한다.

'천생연분'만으로는 성공적 부부애를 협연할 수 없다. 당사자 각각의 개성과 성향을 충족하는 '인생연분'의 조화가 전제되어야만 원만한 부부관계를 이룰 수 있다.

이혼과 사별한 사람들의 얘기를 들으면 연애나 중매를 막론하고 대부분의 사람들은 결혼 당시 궁합을 보았다고 한다. 백년해로에 부귀다남의 행복은 아닐지라도 큰 풍파 없이 혼인생활을 이어가리라는 판정을 받았다는 것이다. 그렇다면 어찌하여 뼈아픈 파탄의 상처를 입어야만 했을까.

궁합의 적합성 판단을 할 때, 당사자의 타고난 명운만을 보는 천생의 연분만을 따졌기 때문이라고 볼 수 있다. 또한 궁합은 이상적 상대를 택하는 것이 아니라 적합한 배우자를 물색하는 것이다. 변화무쌍하고 다양한 변수를 막연히 큰 범주의 정합성만으로 판단해서는 안 되는 것이다. 양 당사자의 개별적 특성을 감안한 소통성과 이해성을 읽어내야 한다.

본래 궁합은 청혼을 거절하기 위한 것이었다고 한다.

중국 한나라의 국력이 쇠퇴해진 무렵 변방의 오랑캐들의 발호가 극심했다. 이들은 한나라 황실과 연분을 맺어 세력을 공고히 하고자 수시로 정략적인 결혼을 요구했다. 이에 한나라 황실은 이를 회피하는 합리적 명분이 필요했고, 궁합으로 그 수단을 삼기 시작했다는 것이다. 이렇게 시작된 궁합은 그 유래야 어떻든 수많은 예비배필들에게 애환을 안겨주며 혼인의 필수적 사전 검증과정이자 통과의례가 되다시피 하였다.

생텍쥐페리는 『어린왕자』에서 "사랑은 길들여지는 것이다"라고 했다.

서로를 존중하고 서로를 이해하는 과정에서 상대의 색깔에 자연스럽게 물들여지는 것이다. 자기한테만 맞추려들면 간극이 커진다. 자신을 상대에게 맞추려고 노력할 때 따사롭고 훈훈한 돈독함이 쌓인다.

연애 상대와 결혼 상대는 다르다. 사랑하는 것과 가정을 꾸리는 일도 다르다. 연애 상대는 눈만 맞아도 되지만, 결혼 상대는 마음과 몸이 다 맞아야 된다. 궁합을 보는 것은 인성적 측면에서 서로에게 얼마나 많은 것을 맞줄 수 있고, 사회적 측면에서 서로를 인정하며 각자의 정체성을 유지하며 원만한 생활을 영위할 수 있느냐를 살피는 것이다.

잉쾌는 기존의 도식적이고 관행적으로 봐왔던 겉궁합과 속궁합의 형식적 방법을 탈피해 개인의 특장과 성향이 함축된 '잉명신'을 통한 인성과 사회성 중심의 '생활궁합'을 지향한다.

개별적인 요소들이 역학적으로는 물론 서로의 삶의 형태[잉명신이 품은 삶의 지표]가 잘 어울리는지, 문제가 발생해도 수습에 필요한 소양을 어느 정도 갖춰져 있는지 등의 적합성을 보는 것이다.

궁합의 적합성 판단방법은 비단 배우자를 구하는 것뿐만 아니라 동업 등 협력관계의 파트너 선정 등 인간관계의 적합성을 따지는 데도 두루 활용할 수 있다.

세상에 같은 것이 없는 것은 자연의 이치다.
[부물지부제 물지정야(夫物之不齊 物之情也)]

- 맹자(孟子)

서로 평등하다는 사실을 인정할 때 존중하며 완전한[합(合)] 운명공동체로서의 결속[궁(宮)]이 이루어진다.

부부관계는 혈연이 아닌 자와 일생의 꿈을 나누어갖고 펼쳐나가는 관계다. 전혀 남남의 '나'와 '너'의 존재가 이심동체를 만든다.

나에게 내가 그러하듯, 나에게 너 또한 중요한 존재라고 서로 여기고 아낄 때 돈독해지며 깊어진다.

궁합 보는 방법

□ 양 당사자의 잉명신을 뽑는다.[잉명신 뽑는 방법 참조]
□ 잉명신을 대조한다.

■ 오행의 상생과 상극작용은 어떤가? [색상으로도 판단]
∯ 상생(相生) : 기본적으로 서로에게 유리하다.
　- 목성[木, 靑]은 화성[火, 赤]을 생한다. [木生火, 靑∯赤]
　- 화성[火, 赤]은 토성[土, 黃]을 생한다. [火生土, 赤∯黃]
　- 토성[土, 黃]은 금성[金, 白]을 생한다. [土生金, 黃∯白]
　- 금성[金, 白]은 수성[水, 黑]을 생한다. [金生水, 白∯黑]
　- 수성[水, 黑]은 목성[木, 靑]을 생한다. [水生木, 黑∯靑]
➤ 상극(相克) : 상반된 극성이 보완은 가능한지 여부를 본다.
　- 목성[木, 靑]은 토성[土, 黃]을 극한다. [木克土, 靑➤黃]
　- 토성[土, 黃]은 수성[水, 黑]을 극한다. [土克水, 黃➤黑]
　- 수성[水, 黑]은 화성[火, 赤]을 극한다. [水克火, 黑➤赤]
　- 화성[火, 赤]은 금성[金, 白]을 극한다. [火克金, 赤➤白]
　- 금성[金, 白]은 목성[木, 靑]을 극한다. [金克木, 白➤靑]

■ 잉띠[지지동물]로 거리낄 만한 요소가 있는지 살핀다.
여기서 중요한 것은 태어난 해의 띠가 아닌 잉명신의 해당 '잉띠'를 기준으로 한다는 점에 유의하자. 기존의 명리학의 맹점이 바로 이런 점이다. 같은 해 태어난 사람을 일률적으로 쓸어 담아 한꺼번에 일괄처리함으로써 스스로 명분을 잃고 있다.
　- 원진살(怨嗔煞)의 여부를 본다.

궁합이나 동업관계 등의 화합도(和合度)를 판단할 때 유용한 지표로 활용한다. 원진살에 해당하면 근본적인 성향의 차이로 갈등과 불화가 심하여 원만한 관계 유지가 힘든 것으로 본다.

그러나 상호관계를 원진만의 작용으로 단순파악해서는 안 된다. 반목과 불화하는 요인을 해소할 수 있는지는 길흉성[☯, ☸] 등의 상쇄작용 요소로 자세히 살펴야 한다.

子[쥐] ↔ 未[양]	丑[소] ↔ 午[말]	寅[호랑이] ↔ 酉[닭]
卯[토끼] ↔ 申[원숭이]	辰[용] ↔ 亥[돼지]	巳[뱀] ↔ 戌[개]

- 고과살(孤寡煞)에 해당하는지를 가린다.

원만한 부부생활에 장애가 되는 파탄의 실마리를 가진 경우를 명리적으로 남명(男命)은 고진살(孤嗔煞), 여명(女命)은 과숙살(寡宿煞)이라 한다. 이는 각각 상처살(喪妻煞)과 상부살(喪夫煞)로, 고진(孤嗔)과 과숙(寡宿)의 살을 묶어 고과살(孤寡煞)이라 한다.

	목(木)형〔동방형〕 사람			화(火)형〔남방형〕 사람		
당사자	인(寅)	묘(卯)	진(辰)	사(巳)	오(午)	미(未)
궁합상대	고진(孤嗔)-사(巳)	과숙(寡宿)-축(丑)		고진(孤嗔)-신(申)	과숙(寡宿)-진(辰)	
	금(金)형〔서방형〕 사람			수(水)형〔북방형〕 사람		
당사자	신(申)	유(酉)	술(戌)	해(亥)	자(子)	축(丑)
궁합상대	고진(孤嗔)-해(亥)	과숙(寡宿)-미(未)		고진(孤嗔)-인(寅)	과숙(寡宿)-술(戌)	

　　명리적으로 남녀가 서로 고진과 과숙살을 가진 경우에는 흉살이 해소된다고 본다. 잉쾌에서도 길성과 흉성의 만남은 액기를 상쇄한다. 문제를 안고 있음으로 해서 자신과 상대를 돌아보고 주의를 기울이며 결속을 단단히 한 결과로 볼 수 있다. 고진, 과숙은 일차적으로 혼인생활과 결부한 고독과 갈등이나 배척을 나타낸다. 궁합을 볼 때 중요하게 활용하는 만큼 그 의미를 깊이 새기고 살피되 길흉성[　, 　]의 작용을 염두에 두고 판정해야 한다.

▫ 잉명신의 전체적인 해설[종합해설 참조]과 앞서 분석한 내용을 토대로 양 당사자의 어울림[합궁 적합도]을 판단한다.

▫ 어울림을 분석하여 가정을 꾸릴만한 융화조건이 부합하면 부가적으로 양자의 잉명신을 제외한 나머지 패들을 잘 섞어 한 패를 더 뽑는다. [가급적 잉명신의 두 패를 펼쳐놓고 당사자가 직접 뽑으면 더 좋다]
 - 두 사람이 부부관계를 영위하는 동안 각별히 유념하고 명심해야 할 핵심적인 요소를 확인하는 절차다.

▫ 이상의 모든 내용을 종합하여 위의 잉명신 대조결과를 놓고 최종판단을 내린다.

 - 한 뱃속에서 같은 시간대에 태어난 사람도 성격이나 지향하는 바가 전혀 다른 경우가 많다. 하물며 태어나고 자란 환경도 다르고 추구하는 이상과 사고방식도 다를 수밖에 없는 완성된 성인을 사주에 드러난 결과만으로 재단하면 큰 오류를 범하고 만다.

 물론 앞에서 검토한 결과가 모두 좋은 경우도 있지만 대부분의 경우에 한두 가지 문제점이 있기 마련이다.

 상생과 상극의 결과나 원진살에 해당해도 전체적인 잉명신이 조화로우면 문제없다. 특히나 길성[☋]과 흉성[☠]의 잉명신끼리 만나면 오히려 상쇄의 효과가 배가하여 인생연분의 결속이 강화된다.

 중요한 것은 서로의 존중심으로 양보하고 이해하며 배려할 수 있는지를 살피는 것이다. 난관을 더불어 헤치며 동고동락할 수 있다면 궁극적인 합은 생활과정의 노력으로 새롭게 만들어갈 수 있다.

결국 진실한 애정욕구를 판단하는 것이다. 서로의 감정[情]을 인정하고 소중히 여기며 끝까지 사랑[愛]하며 지켜갈 수 있는가? 애착(愛着)이 아닌 합심의 마음이 필요한 것이다.

적용실례

- 남(男) : 1978년 10월 16일 해시(亥時)생[양력]
- 여(女) : 1980년 8월 18일 신시(申時)생[양력]

*첫 번째 분석

여자의 잉명신이 토성[土, 黃]으로 남자의 금성[金, 白]을 생하고 있어 내조의 힘이 크게 작용한다.

남(男)				
시주	일주	월주	연주	원 국 (잉명신)
기해	신해	임술	임오	
36	48	59	55	18

여(女)				
시주	일주	월주	연주	원 국 (잉명신)
경신	계해	갑신	경신	
57	60	21	57	15

＊두 번째 분석

두 사람의 '잉띠'인 동물이 각각 뱀[남]과 호랑이[여]로 원진살에 해당하지 않는다.

＊세 번째 분석

뱀[巳]에 해당하는 남자의 고신살에 호랑이[寅]는 해당하지 않으며, 여자[호랑이]의 과숙살에 뱀은 해당하지 않는다.

＊종합분석

일단 명리적으로 꺼리는 사항에 대한 문제가 없다. 다만 잉쾌의 개별 성향으로 보아 남자 쪽의 흉성[☣] 해당이 걸리는 점으로 대두되나, 여자의 길성[☫]이 잘 보완하고 있어 오히려 긴장의 끈을 놓치지 않는 상쇄의 힘이 작용하여 무난하다고 본다.

끝으로 잉명신을 중심으로 포괄적인 관계양상을 추리하면, 남자는 음(陰)의 잉명신, 여자는 양(陽)의 잉명신으로 성정의 조화가 아름답다.

개별적으로는 남자는 다양한 시각으로 세상을 바라보며 늘 기회를 탐색하며 모험이나 도전을 서슴지 않는다. 그 과정에서 종종 시행착오나 타인에게 상처를 주기도 하지만 타고난 적응성으로 이를 잘 극복한다.

반면 여자는 외유내강하며 자기중심성이 강하면서도 자아실현에 적극적이다. 항상 양지를 지향하며 상당한 자존감과 소유욕이 가족애로 연결되고, 남자를 적절히 제어하며 절제하는 생활을 꾸려갈 것이다.

＊최종조언

두 사람의 잉명신을 놓고 카드를 골고루 섞은 후 무작위로 한 패를 뽑아 그 패의 해설을 토대로 합궁[결합]후의 유념사항을 설명한다.[부가적으로 뽑은 패를 '태극(1000)'으로 가정]

혼인생활은 서로 협조와 조화를 추구하며, 항상 동반자적 평등관계가

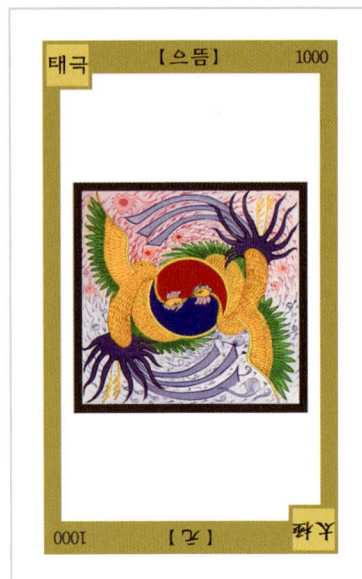

부가적으로 뽑은 패

기반이 되어야 한다.[*새로 뽑은 '태극패'에 대한 해설을 중심으로 설명한다]

　매사를 의논하고, 함께 추구하여 결실도 더불어 향유하여야 한다고 '태극 패'는 말한다.

　서로 믿고 합심하지 못하면 궁합이 좋아도 원활한 공동생활을 이룰 수 없다. 상대를 존중하고, 양보하고, 배려하며, 때로는 희생까지 할 수 있어야 원만하고 행복한 가정이 이루어 진다는 것을 명심해야 한다.

선택(選擇)과 결정(決定)

　『삼국지』에서 유비가 죽은 뒤 제갈량이 위나라와 항쟁할 때의 일이다. 위나라 사마의(司馬懿, 179~251)의 군대를 호로곡이라는 계곡으로 유인하여 화공(火攻)으로써 몰살할 수 있도록 철저하게 준비한 계략이 성공할 단계에 이른 바로 그 순간 갑자기 소나기가 쏟아져 모든 것이 허사가 되고 만다.

　제갈량은 뒤늦게 공격날짜의 선택을 잘못하였음을 통탄한다.

　사람이 아무리 지모를 다해 계략을 꾸며도, 결국 그 일이 이루어지는 것은 하늘의 뜻에 달려 있어 억지로는 되지 않는구나.

　〔모사재인 성사재천 불가강야(謀事在人 成事在天 不可强也)〕

아무리 지모가 뛰어나고, 철저히 계획을 세우고, 준비에 만전을 다해도 돌발변수가 생기게 마련이다. 때와 장소는 물론 기상, 절후 등과 급박한 환경변화나 겉으로 알 수 없는 인간의 속내에 이르기까지 예측불가의 변수는 늘 일상에 잠복해 있다. 인력으로 어찌 해 볼 수 없는 이런 일들에 휘말리지 않기 위해서는 의사결정과 제반 여건의 선택에 신중을 기울여야하는 것이 문제를 미연에 방지하는 길이다.

제갈량이 원망한 '하늘'은 바로 보이지 않는 돌발적 조화의 현상을 지칭하는 것으로 겸허한 외경의 자세를 요구한다.

심은 대로 거두고, 선택한 대로 흘러간다.

선택[결정]의 결과에 따라 모든 것이 달라진다. 유리한 기회를 만듦과 동시에 내용을 달라지게 하고, 상황을 통째로 뒤집어지게도 한다. 선택과 결정의 내용에 일시적으로 환호하거나 좌절하기보다 긴 안목에서 사리판단을 하되, 불가측의 요소를 감안하여야 한다. 많은 경우 최선의 선택이라고 결단한 일들에 실망과 후회를 남기며 후유증으로 자신을 폄하하고 자책한다. 나름의 최선은 나름의 최선일 뿐이다. 보이지 않는 힘의 개입에 적절히 대처하지 못하면 '선택의 착각'으로 인해 불운을 자초할 수밖에 없다.

사람들은 자기가 경험하고 익히 알고 있는 범위에서 모든 것을 재단한다. 바로 자신의 관점을 앞세우는 것이다. 여기에 함정이 있다. 명료한 의식이나 간절한 소망만을 담은 한정된 분별력으로는 흠결이 없는 바람직한 선택이나 결정을 이뤄낼 수 없다. 보이는 것이나 알고 있는 것은 모르는 것의 극미한 수준이기 때문이다.

그래서 본원의 실체를 실질적으로 움직이는 불가사의한 초자연적 힘이 있다는 전제에서 명리적 타협이 절대 필요하다. 삼가고, 두려워하고, 지극한 정성의 마음으로 선택에 임해야 하는 것이다.

택 일

전통역학에서는 악귀나 암괴는 일정한 날짜와 방향을 옮겨가며 사람의 일에 손해를 입히고 훼방을 놓는 것으로 여겼다.

음력으로 끝수가 1과 2일인 날에는 동쪽, 3과 4일인 날에는 남쪽, 5와 6일인 날에는 서쪽, 7과 8일인 날에는 북쪽으로 돌아가며 일을 망치고 심술을 부린다는 것이다. 그래서 잡귀의 준동이 멈추고 잠시 쉬는 날을 '손 없는 날'이라 하여 음력 날짜 끝수가 9와 0이 들어간 날에 행사나 대소사를 치러왔다.

잉쾌에서는 일진[음력]의 간지가 길성[☥]에 해당하는 날을 최적의 날로 본다. 앞서의 '손 없는 날'은 방해요소가 없는 날로 운기의 소통을 감안하지 않은 단순히 무해무익한 날이다. 조화성과 발흥의 기운까지 생각한다면 당연히 운기가 고르게 작용하는 상승기조의 길조의 날[☥]이 더 바람직할 것은 자명하다.

특히 택일하는 주체자의 잉띠와 동일한 간지의 날은 운기일치를 이루어 잡귀의 범접 차단은 물론 만사가 뚫리어 활성을 추동한다.

흉성[☠]에 해당하는 날은 적극 기피해야함은 물론이다. [택일에 있어 새로운 출발이나 시작의 날을 잡는 것도 중요하지만 마무리나 종료의 기점을 정하는 일도 위의 경우에 준하여 신중을 기해야 한다는 점을 잊지 말자.]

- 일진의 날과 같은 간지의 패가 길성[☥]이면 천기가 순행한다.
- 택일 당사자의 잉명신과 같은 간지의 날도 운기가 조화롭다.

- 오복에 해당하는 패의 간지와 같은 날은 만복이 충만하다.
- 기타의 경우, 원하는 날짜가 있을 때는 잉괘의 전개[해당 부분의 요령 참조]를 통하여 해당 날의 적합성 여부를 물어 결정한다.

기타 선택

합자나 동업은 물론 사회생활의 주요한 파트너 등 사람을 선택할 때, 진로나 이해관계와 관련한 행위 등을 결정할 때를 간단히 고찰해 보자. 사람 선택은 인성의 조화성을 따지고, 기타 유무형의 가치나 방향의 결정은 대상의 물성이 배속하는 오행과 적합성을 중시한다.

- 사람의 경우는 궁합에 준하여 판단한다. 다만 굳이 음양의 성별 조합을 따지기보다는 오행의 상생조화를 우선으로 고려한다. 성적 역할보다 개별적 성정과 상합성이 중요하기 때문이다.
- 진로나 손익이 걸린 선택과 결정의 경우는 추구하는 과업이나 목표를 오행으로 치환하여 해당 오행과의 적합성을 따진다. 예를 들어, 목성(木性)[사회분야], 화성(火性)[과학분야], 토성(土性)[정치분야], 금성(金性)[경제분야], 수성(水性)[인문분야] 등에 당사자의 잉명신을 대입하여 상생과 상극관계로 추론하는 것이다.
- 기타의 의사결정도 천기를 감안한 선택이 필요한 점에 유의하고, 막연한 취향이나 감흥에 의한 직관적 결정을 경계해야 한다. 이 경우에도 앞서의 '잉괘의 전개'를 통해 적합한 날을 알아낸다.

또한 선택에 대한 믿음도 최소화해야 할 필요가 있다. 선택의 결과가 모든 것을 다 만족시켜줄 것이라고 생각하면 오산이다. 얼마나 실수나 손해를 줄일 수 있느냐이지, '전부(全部)아니면 전무(全無)'를 확정하는 것은 아니라는 점을 분명히 인식하자. 섣부른 판단이나 예측에 입각한 선택은 결국 전략적으로 최악의 오류를 자초하게 된다.

선택에 있어 특히 유념할 것은 여건과 미래를 아우르는 큰 안목에서 이루어져야 한다. 그릇되고 헛된 것을 피하는 것은 당연하다. 더해서 당장은 물론 나중까지 두고두고 희망으로 이어지는 선택을 추구해야 한다.

어린 시절에는 그냥 장난감을 선택하면 되지만, 장성한 후에는 모든 선택이 자신의 인생을 좌우하는 것이다. 그렇다고 좋은 선택이 당장의 행복을 보장하는 것은 아니다. 올바른 방향으로 삶을 이끌다 보면 선한 가치가 차츰 힘을 얻어 복됨에 이르기 때문이다.

선택의 실수는 계산을 앞세움으로써 발생한다. 계산은 그 환산기간에 따라 취할 수 있는 이익의 폭이 달라지기 때문에 언제고 불만이 노출되기 마련이다.

'군자는 편한 마음으로 자신의 소명을 기다리고,
소인은 요행을 바라고 위험한 행동도 서슴지 않는다.'
〔군자거이이사명 소인행험이요행(君子居易以俟命 小人行險以徼幸)〕

— 중용(中庸)

요행을 바라면 요행에서 끝난다. 확실한 선택만이 편안한 삶을 보장하며 잘못된 선택은 언젠가는 불행으로 귀결된다. 최고의 환희도, 최악의 상황도 선택에서 비롯된다. 무언가와, 또는 누군가와 관계가 맺어지거나 갈라지면서 운명의 길이 바뀌기 때문이다.

03 이름 짓기

당신의 이름을 지어다가 며칠은 먹었다.

어느 작명가의 배고픈 넋두리가 아니다. 성명학 고수가 작명의 보수로는 너무 빈약하다고 내뱉는 푸념도 아니다.

좋은 이름을 갖고 싶어 하는 만큼, 이름을 잘 짓는다는 전문가들은 '이름 만들기'가 고등학술의 어엿한 학문이라며 상당히 복잡한 이론으로 상찬을 늘어놓는다. 심지어는 이름만 잘 지으면 세상일을 모두 이루어낼 것처럼 선전한다. 위의 문구는 박준 시인의 시집 제목이다. 시인은 말한다.

얼굴 한번 본 적 없는 이의 자서전은 그리 어렵지 않았지만 …
모든 글의 만남은 언제나 아름다워야 한다는 마음이었다.

그렇다. 여러 말 할 것 없다. 운명학술입네, 신령한 고등수리입네, 형이

상학입네 복잡하게 따질 것 없다. 더구나 성명은 타고난 운명을 후천적으로 가공하고 다듬어서 호운을 불러들이고, 악운을 물리친다고 주술철학을 동원할 만큼 신비스런 것이 아니라 그냥 알맞게 포장하는 것일 뿐이다.

그 사람[사람일 경우]의 일생을 통해 살아갈 자서전을 미리 쓴다는 생각으로 그 대상의 태어남과 살아감의 존엄성을 잘 담아 언제나, 누구에게나 아름답게 마음에 와 닿는 이름이면 된다.

이름은 사실 꼭 필요한 것은 아니다. 만물 중 이름 없이 살아가면서도 아무 문제없이 잘 살아가는 것들이 얼마나 많은가.

이름을 붙일 수 있지만 꼭 이름이 필요한 것은 아니다.
〔명가명 비상명(名可名 非常名)〕

- 도덕경

이름은 인간의 사회생활을 위한 편의적 구분의 방편일 뿐이다. 사회의 일원이되 독자적인 개체로 생활인의 지위를 부여받는 요식행위다. 그 밖의 사물의 이름도 실은 인간의 입장에서 구별하고 활용하기 위한 편리성 차원의 분류조치이며 처분이다.

이름 짓는 것을 정말 고심해야 할 것은 의미 지향의 핵심을 잘 담아내는 것이다. 한마디로 명실상부해야 한다는 이야기다.

공자가 언급한 정명(正名)을 굳이 언급하지 않더라도 실체의 참모습이 잘 드러나 내적인 역량을 충분히 발휘하고, 외적으로 자연스럽게 호응이 유발되는 칭호의 고유명사를 만들어야 하는 것이다.

인간이 욕망하는 모든 것을 이것저것 담으려고 해서는 안 된다. [다 담아지지도 않고, 담을 수도 없다. 인간의 탐욕은 끝이 없다] '수명장수', '부귀영화', '다복공명'은 모두 희망사항일 뿐이다. 그래서 복잡한 이론을 내세우며 좋다는 것을 늘어놓는 경향이 생긴다.

잉쾌는 명명(命名)한다. 명운과 정체성을 응축한 잉쾌패를 통해 명료하게 그 사람[대상]의 대표적 특장에 견줘 공동사회에 순조롭게 적응하여 널리 사랑받을 수 있는 착하고 귀한 이름을 짓고 붙이도록 한다.

이름은 자신[대상]이기도 하면서 자신이 아니기도 하다. 특정한 개인[사물]의 고유명사라는 개별주체성보다는, 공동사회에서 다른 것들과 식별하는 호칭기호로써의 기능이 크기 때문이다.

장래를 무한정 염원하고 욕망하는 '아전인수식의 이름 짓기'는 자부심과 자기최면 등의 제한된 효과밖에는 기대할 수 없다. 무엇보다 사회생활에 걸림이 없는 무난한 친화성을 가져야 한다.

이름은 보통 사람이나 사물의 시작단계에서 지어지지만, 존재하는 동안 올곧게 지켜졌으면 하는 정체성과 가치관이 담겨야 한다. 중국과 일본에서는 이름[성명(姓名)]이 '생명'과 '목숨'을 의미하는 글자[중국 : 성명(性命, xìngmìng), 일본 : 생명(生命, せいめい)]와 읽기와 발음을 같이한다. 이름이 그만큼 중요하다는 본보기다.

결국, 좋은 이름은 수리(數理)나 묘리(妙理)를 내세워 허황을 키우기보다 바른 명리를 바탕으로 대상이 품은 존재가치인 '빛깔과 향기'가 은근하게 도드라져야 한다. 누구에게나 쉬이 인식되고, 걸림 없이 통용될 수 있는 편안하면서 맑고 밝은 이름이 그것이다.

사람의 이름

무난해야 한다. 화려한 이름이 삶을 빛내는 것이 아니다. 삶이 그 이름을 빛낸다. 반대로 그의 삶이 이름을 망치는 수가 있다. 결국 삶이 그 이름의 무게를 만들어준다. 삶을 은유하는 '이름'을 짓자.

사람의 '이름 짓기'는 표의문자인 한자를 사용하여 글자의 의미적 해석을 주로 취하는 전통적인 방식과, 표음문자인 한글을 사용하여 만물을 은유하여 운율과 상징성을 취하거나 외래어식[세례명, 영세명이나 존 김, 헬렌 리 등] 명명의 방식으로 나눌 수 있다.

잉쾌의 '이름 짓기'는 쉽다.

기독교의 하나님도 '이름 짓기'를 별로 어렵게 생각지 않으셨던 것 같다. 아담의 마음에서 우러나오는 심상을 믿으시고 그가 느낌대로 부르는 그대로 이름을 삼으신 걸 보면 이를 알 수 있다.

여호와 하나님이 흙으로 각종 들짐승과 공중의 각종 새를 지으시고 아담이 무엇이라고 부르나 보시려고 그것들을 그에게로 이끌어 가시니 아담이 각 생물을 부르는 것이 곧 그 이름이 되었더라. — 창세기 2장 19절

이름을 짓는데 수리나 격을 따진 흔적은 성경의 어디에도 없다. 하나님도 성명학의 이론과 절차가 대수롭지 않다고 여기신 게 분명하다.[복잡하고 의미가 요란하다고 꼭 좋은 이름이 아니라는 것을 이미 아셨기에 그리 하셨을 것이다. 역시 하나님이다!]

여기서 '쉽다'는 아무렇게나 가볍게 짓는다는 의미가 아니다.

엄숙하고 진중한 이름 짓기는 새로운 영혼을 불어넣는 일이기 때문에 일

정한 절차와 과정은 필요하다. 일단 그 단계를 숙지하고 핵심을 잡으면 좋은 이름을 편리하게 완결해낼 수 있다는 뜻이다. 삶을 영위하는 내내 좋은 영향을 끼칠 수 있는 구조로 짜여야 '부르기 쉽고', '듣기 좋고', '뜻이 깊고', '기억하기 좋은' 이름이 지어진다. 좋은 이름은 독특한 색깔로 빛나고, 은근한 향기를 뿜으며, 듣는 사람과 부르는 사람을 자연스럽게 동화시킨다.

이름 짓기의 순서

1. 잉명신 추출[잉쾌 용어의 '잉명신' 부분 참조. 잉명신은 개별적 명운의 무늬와 운로의 고갱이가 함축되어 있다.]
2. 지정, 요망사항 검토[우리말 이름, 외 자(한 글자) 이름, 항렬, 돌림자, 민법개정에 의한 어머니 성씨 붙이기, 종교적 표기 등 요구조건이나 태몽 같은 특정 사항을 포함하거나 기피하는 옵션]
3. 글자 배열[배치] 기준
   - 첫 글자[두 자 이름의 경우]는 잉명신의 오행[천간이 속하는 오행]에 해당하거나 생하여주는 오행의 성향을 지닌 글자[색상, 방향, 계절성, 의미성 등을 기준으로 상징성과 정체성을 드러내는 글자]중에서 고르는 것을 원칙으로 한다.
   - 두 번째 글자는 잉명신이 길성[♔]이나 일반적인 경우는 지지가 속하거나, 이를 생하여주는 오행의 성향을 띤 글자 중에서 고른다. 흉성[☢]에 해당할 경우는 운기의 보강을 위해 잉명신을 생하여주는 오행성향의 글자[확고한 뒷받침으로 버팀목 기능]로 정하는 것을 원칙으로 한다. 단, 의미와 연관성을 고려해 폭넓은 부조를 꾀할 경우는 같은 오행의 글자도 병행해 쓴다.
   - 한 글자[외 자] 이름의 경우는 길성과 흉성의 패를 막론하고 상생하는

오행성향의 글자를 사용하는 것을 원칙으로 하되, 오행에 관계없이 의미의 특수성을 살릴 수 있다면 모든 글자를 막론하고 적의의 글자를 고른다.[외 자 이름의 특수성]

4. 이름자 정하기의 착안사항
   - 고정된 '성'을 염두에 둔다.[소리나 의미의 조화성을 위해]
   - 글자가 지닌 빛깔의 결을 살핀다.[정체성을 상징하는 외형적 의미요소가 적절한지와 원하는 이상을 적절히 담아내는 글자]
   - 글자가 풍기는 향기와 분위기를 살려 감응의 도를 높인다.[내적 품성을 뿜어내는 자연스러운 감성의 결을 일게 하는 글자]
   - 순 우리말 이름이나 외래어의 경우는 글자의 순서나 짜임에 관계없이 본래의 뜻에 걸맞게 소리나 어감의 조화와 운율을 따른다.

5. 글자 선택
   - 한자어는 '대법원 선정 인명용 한자' 중에서 고른다.
   - 한글이름 짓기는 '우리말 사전'이나 '한글이름 사전(우리말을 활용한 다채로운 이름 짓기의 세계)' 등의 전문서적을 활용한다. 참고로, 한자어로 이름을 짓더라도 실제 표기를 한자를 사용하지 않는다면 넓은 범위에서 한글 이름으로 볼 수 있다.

6. 조합하여 점검한다.
   : 선택된 글자를 성씨와 연결하여 조합한 후 '뜻풀이'와 이름에 담긴 정신과 정보를 종합적으로 음미하고 되뇌며 감을 잡는다.
   - 부르기 좋으며 거부감을 느끼는 요소는 없는가.
   - 평생을 두고 사용해도 의미나 발음에 문제는 없는가.
   - 지나치게 거창하거나 실용성이 떨어지지 않는가.
   - 사회적 정서나 문화적 풍습과 미풍양속에 걸림이 없는가.

- 기타 너무 흔하거나 지탄받는 나쁜 이미지와 겹치지 않는가.
7. 정선하여 3개정도로 압축하여 간단한 설명을 곁들인다.
 ※ 최종 선택은 의뢰자의 몫으로 스스로의 판단으로 결정케 한다.

한자이름 짓기의 실례

- 예시 대상 : 신수보기의 사례자
- 2011년 10월 29일 오후 5시 9분생(남)

시주	일주	월주	연주	
기유	정사	무술	신묘	원 국
46	54	35	28	잉기수

- 잉명신 추출 : 잉명신 '44'[정미]

＊연주[28]+월주[35]+일주[54]+시주[46]=164[잉쾌수]
164-120[60×2]=44[잉명신)] = 잉쾌패[44,'정미'로 화(火)]

- 별도의 지정이나 요구 사항 없음. 성씨는 김(金)으로 한다.
- 이름자 고르기 : 한자어를 사용한 두 글자 이름을 짓기로 한다.

＊첫 글자 : 같은 오행의 화성(火性)을 띠는 글자 중에서 예시한다. '대법원 선정 인명용 한자'를 이용하여 잉명패의 상징적 의미에 가장 적합하되 온유한 화기를 머금은 음의 기질로 남자 이름에 어울리는 글자를 우선하여 찾는다. [편의를 위해 활용함직한 글자들을 추려 살펴보면서 진행하자.]

빛날 경(耿), 비칠 광(炚), 부지런할 근(勤), 별기운 기(暣), 남녘 남(南), 아침 단(旦), 맑을 담(淡), 비칠 도(燾), 아침해 돈(暾), 밝을 량(亮), 무성할 무(茂), 하늘 민(旻), 밝을 방(昉), 빛날 병(炳), 봉화 봉(烽), 날 비(飛), 빛날 빈(彬), 부채질할 선(煽), 화할 섭(燮), 밝을 성(晟), 밝을 소(昭), 봉화 수(燧), 익을 숙(熟), 오를 승(昇), 날개 시(翅), 도울 양(襄), 편안할 영[녕](寧), 제비 연(燕), 옥 염(琰), 빛날 엽(曄), 영화 영(榮), 밝을 예(叡), 대낮 오(旿), 따뜻할 온(溫), 성할 왕(旺), 뛸 용(踊), 깃 우(羽), 빛날 욱(昱), 무리 운(暈), 곰 웅(熊), 다스릴 윤(尹), 도울 익(翊), 해 일(日), 해뜰 정(晸), 비칠 조(照), 심지 주(炷), 밝을 준(晙), 밝을 찬(粲), 밝을 창(彰), 환할 탁(晫), 여름 하(昰), 붓 한(翰), 빛날 혁(赫), 빛날 현(炫), 빛날 형(炯), 하늘 호(昊), 기러기 홍(鴻), 고울 화(嬅), 불꽃 환(煥), 밝을 황(晃), 넓을 회(恢), 새벽 효(曉), 옥이름 후(珝), 김오를 훈(焄), 따뜻할 훤(暄), 빛날 휘(輝), 아름다울 휴(烋), 새벽 흔(昕), 성할 희(熹) …

＊두 번째 글자 : 잉명패가 일반성을 띤 보통의 패인만큼 '정미'의 지지인 미(未)가 속하는 토성(土性)의 성향을 지닌 글자 중에서 음기를 띠는 부드러운 기질의 글자를 고른다.

심을 가(稼), 경쇠 경(磬), 높을 고(皐), 따 곤(坤), 함께 공(共), 넓을 곽(廓), 너그러울 관(寬), 넓을 광(廣), 언덕 구(邱), 홀 규(圭), 터 기(基), 길할 길(吉), 터 대(垈), 길 도(道), 돈대 돈(墩), 돌 돌(乭), 항아리 동(峒), 고개 등(嶝), 산기운 람(嵐), 옥돌 랑(琅), 높을 륭(隆), 이웃 린(隣), 일만 만(萬), 맏 맹(孟), 클 모(牟), 화목할 목(穆), 잠잠할 묵(默), 옥돌 민(珉), 소박할 박(璞), 넓을 반(磐), 쏠 발(發), 막을 방(坊), 북돋울 배(培), 강이름 번(磻), 무릇 범(凡), 둥글 옥 벽(璧), 아우를 병(幷), 갚을 보(報), 모여들 복(輻), 봉우리 봉(峰), 언덕 부(阜), 도울 비(毘), 옥무늬 빈(璸), 산호 산(珊), 높고 밝은 땅 상(塽), 거둘 색

(稽), 상서 서(瑞), 클 석(碩), 아름다운옥 선(璿), 높을 설(卨), 재 성(城), 드리울 수(垂), 도울 순(諄), 개 술(戌), 도울 승(丞), 찰흙 식(埴), 새벽 신(晨), 언덕 아(阿), 가운데 앙(央), 땅 양(壤), 방죽 언(堰), 숫돌 여(礪), 갈 연(硏), 소금 염(鹽), 높은 산 영(嶸), 심을 예(埶), 낮 오(午), 구슬 옥(玉), 바를 완(琓), 옥돌 요(瑤), 성채 용(墉), 어리석을 우(愚), 성할 욱(郁), 김맬 운(耘), 담 원(垣), 곳집 유(庾), 높을 윤(阭), 가장자리 은(垠), 굳셀 의(毅), 햇무리 이(珥), 더할 익(益), 자석 자(磁), 봉우리 잠(岑), 채울 전(塡), 닻 정(碇), 둑 제(堤), 비롯할 조(肇), 마루 종(宗), 밭두둑 주(疇), 가파를 준(埈), 가운데 중(中), 잡을 지(摯), 기장 직(稷), 별이름 진(辰), 모을 집(輯), 갈 차(磋), 지을 찬(撰), 곳집 창(倉), 울타리 채(寨), 옮길 천(遷), 통할 철(徹), 높을 탁(卓), 별 태(台), 들 평(坪), 도울 필(弼), 숫돌 하(碬), 법 헌(憲), 클 혁(奕), 고개 현(峴), 밝을 형(瑩), 해자 호(壕), 고리 환(環), 울릴 효(嚆), 도타울 후(厚), 공훈 훈(勳), 기쁠 흔(欣), 받을 흠(歆) …

[이외의 더 많은 글자를 활용할 수 있으나 편의상 이 정도로 제한하기로 한다.]

- **글자 조합**

고른 글자를 중심으로 잉명패의 정체성과 함께 태생적 환경과 미래에 펼칠 운로의 방향성을 감안하여 글자를 압축하여 조합한다.

예시 대상자의 잉명패 '정미'를 분석하면 "세상을 살아가면서 많은 난관과 도전에 직면하지만 남다른 판단과 정략으로 주어진 여건을 유리한 방향으로 유도해가며 주변의 적극적인 호응까지 이끌어내며 슬기롭게 헤쳐 갈 것이다."

이렇게 드러난 운로를 순조롭게 밟아가도록 북돋우며 부르고 불리어지는 동안 암시적 영령의 발동과 각성적 자기최면을 기할 수 있을만한 글자를 연결하여 조합한다.

* 경빈(耿璸), 광혁(侊奕), 민후(旻厚), 병직(炳稷), 수언(燧堰), 우영(羽嶸), 우탁(羽卓), 운천(暈遷), 윤원(尹垣), 탁훈(晫勳), 호준(昊埈), 하흔(昰欣), 휘찬(輝撰) …

- 이름의 선택은 앞에서 언급한대로 최종 수요자가 정한다. [필요시에는 명명에 대한 설명은 글자를 조합할 때 검토한 조건을 중심으로 요약한다. 패의 구체적 의미는 '자미패 상징해설' 참조]

- **기타 참고사항**

'잉쾌의 이름 짓기'에서 유의해야할 점은 한자 이름을 지을 때나 그 밖의 모든 이름 짓기에 특별히 획수의 구성에 신경을 쓸 필요가 없다는 점이다. 이름이란 획수의 문제가 아니라 부르는 사람이 좋은 감정으로 쉽고 편하게 부를 수 있어 불리는 사람에 대한 인상이 오래도록 유지될 수 있으면 되기 때문이다.

다만 한자 이름은 표의문자를 쓰는 관계로 그 의미를 통해 그 사람이 추구하는 존재가치나 인생관을 추론할 수 있으므로 발음뿐만 아니라 글자가 뜻하는 내용과의 조화에 심사숙고해야 한다.

작명한다는 생각을 버리고, 명운의 기를 담은 잉명신을 통해 알맞은 이름자를 추려내어 잘 짜 맞추면 되는 것이다. [순 우리말과 외국어의 이름 짓기 실례는 생략한다.]

사물의 이름 – 상호와 브랜드

사람의 이름 짓기에 이어 그 밖의 사물이나 특정 대상에 이름을 붙일 때 고려해야할 착안사항을 간단하게 짚어보자.

원래 이름을 나타내는 '명(名)'의 윗부분 '夕'은 제사를 지낼 때 올리는 고기[肉]를 가리키고, 아랫부분의 '口'는 신이나 조상에게 제례를 올리는 제단을 가리켰다고 한다. 글자 그대로 이름을 붙이는 것은 인간세상에서 활동을 개시함을 절대자에 아뢰는 선언이다. 새로 지어진 이름을 다른 이들이 쉽게 인식하여 사회생활을 원활하게 하는 일종의 출세의 의례였던 것이다.

이런 점에서 가상의 인격체들인 상호[사명, 단체명 등], 상품명[상표, 브랜드명 등] 같은 이름 짓기도 세상에 새로 선을 보이고, 존재를 알려서 쓰임과 활동내용을 인정받기 위한 중요한 절차이다. 현대사회에서 사물[무형과 가상의 실체 포함]에 이름[명칭]을 부여하여 일정한 요건을 갖추면 사회활동의 주체로 인정하여 인격체처럼 인정하는 것도 사람과 사물이 어울려 사람살이를 만들어가기 때문이다.

천하라는 것은 텅 빈 그릇이다. 무엇으로 그 그릇을 유지하는가. 바로 이름〔名〕이다. 무엇으로서 이름을 이끌 것인가. 바로 욕구〔欲〕다.

– 연암(燕巖) 박지원(朴趾源)의 '명론(名論)' 첫 부분

여기서 우리는 사물 이름 짓기의 중요한 핵심을 잡을 수 있다.

욕구나 욕망은 사람과 사회를 진보케 하는 발동력이자, 삶의 지평을 넓히는 원동력이다. 좋은 이름은 욕구와 욕망을 자극하고 삶의 현장에 밀착

하여 영향력을 키워갈 수 있다는 얘기다.

 잘 지어진 이름은 사회적인 영향이 막대하다. 사람들의 뇌리에 잘 새겨져 의미 있는 유행이나 경향을 만들어내며, 기술의 발명이나 창조에 버금가는 변화와 진보를 가져오기도 하는 것이다.

 사물의 이름 짓기의 가장 중요한 포인트는 앞으로 펼쳐질 미래를 내다보고 전망할 수 있어야 시류에 맞는 이름이 나온다는 것이다.

 앞으로의 세상은 현행직업의 대다수가 없어지고 전혀 새로운 직종이 생겨나는 급변의 세기가 될 것으로 전망된다.

 정보기술[IT]과 인공지능[AI] 등 정보통신기술[ICT]의 발달은 현재의 생활과 의식의 양태를 완전히 바꾸지 않으면 좇아갈 수 없을 속도로 전개되고 있다. 이런 추세를 감안하지 않고 고루하고 편협하게 예스러움만을 고수하다가는 견뎌내기 버거울뿐더러 살아남기조차 힘들어진다.

 이름도 시대와 더불어 움직이며 시대와 더불어 진보해야한다.

 그렇다고 인성에 새겨진 전통과 관념의 뿌리를 완전히 배제하고 시대상과 미래상만 내세우면 널리 통용되는데 한계를 맞는다.

 시대상황을 제대로 짚고 미래의 비전까지 담아 사람들에게 가까이 다가가기위해서는 사물[이름 짓기 대상]이 추구하며 달성코자하는 목적과 방향에 따라 전통성이나 첨단감성을 적절하게 가미해 처리해야한다. 바야흐로 사물인터넷(IoT) 시대가 다가오고 있다. 인지력을 최대로 확대하면서 컴퓨터나 정보사회의 정서에 부합하여 두루 통용될 간단하고 깔끔한 이름과 명칭을 붙여줘야 한다.

 특히 유념해야할 사항은 억지로 좋은 의미를 포장해 붙이는 식의 작명을 해서는 절대 안 된다. 작명이 아닌 설명을 해야 한다.

 간단명료하게. 그 가치를, 그 목적을, 그 존재이유를.

전통적인 감정을 움직이면서 새로운 흐름 속의 정체성을 확고히 할 수 있는 융합과 복합의 기지가 필요하다. 모두에게 인정받고 어디서나 공감되는 메시지를 주는 이름을 지어보자.

■ 사물 이름 짓기 접근방법

중점 포인트

사물 이름 짓기에서 특히 유념할 점은 명리학에서 혜안을 추구할 때 활용하는 개념인 환혼동각(幻魂動覺)의 원리를 살리는 점이다.

- 환(幻) : 어느 정도의 환상적인 분위기를 가미하는 것이다. 아늑하면서 달달한 몽환적 느낌을 가져야 하는지를 살피는 것이다.
- 혼(魂) : 이름 지을 사물의 정체성이 담겨야 한다.
- 동(動) : 이름을 보고 들으며 움직임[발심(發心)]이 일어야 한다.
- 각(覺) : 쓰임과 소용을 확실히 느끼고 깨닫게 하여 오래 지속시킨다.

사전 고려사항

1. 먼저 대상사물의 출현목적[설립이념]과 존재의의를 생각한다.
    - 단순한 사물의 명칭인가.
    - 정해진 활동목적의 주체[업체, 단체, 기타 공동체]를 구분한다.
    - 공익성과 영리성을 따진다.
    - 일반적인지, 획기적, 혹은 혁신적으로 차별화해야 할지 간파한다.
2. 활동범위와 홍보대상을 따진다.
    - 지역별, 계층별, 연령별 등 특정 범위나 파고들어야 할 대상.

3. 구체적인 업태나 업종 등의 세부 사업내용을 확실히 한다.
  - 음양오행의 범주에 넣어 명리적인 형식이 가능한지 여부 포함.
4. 소유주나 실질적 대표자의 인적사항을 감안한다.
  - 진두지휘하며 전권을 쥔 실권자 중심의 잉명신을 활용하기 위함.
5. 기타 특별히 염두에 두어야할 특수한 환경과 조건.
  - 대상의 속성, 연상 이미지, 정체성 등

잉쾌를 통한 이름 짓기 요령

[상호(사명, 단체명…), 상품명(상표, 브랜드명…)] 등의 이름 짓기는 정해진 원칙이 없다. 대상의 종류나 특성, 희망하는 방향, 시행자의 의도, 사회적 분위기 등을 종합하여 탄력적인 방법으로 상황에 맞추는 맞춤식 이름짓기는 가장 적합한 단어(복합어나 간단한 문장도 상관없다)의 선택이다. 우리말이든 외국어든, 속성을 대표하는 이름이든, 새로운 조어를 만들든 사람들의 마음속에 강력한 이미지의 단어로 자리잡아야 한다. 위에서 열거한 기본사항을 숙지하고 이름이 알려지기를 바라는 표적(Target, 목표범위)에 깊이 심어질 수 있는 상징성을 효과적으로 표현해야 한다.

앞서 '중점 포인트'와 '사전 고려사항'을 이해하고 잉쾌를 이용해서 명명할 수 있는 방법 중 점술적인 측면만 가볍게 짚어보자.

먼저, 순전히 내부적 요소에 해당하는 소유주나 실질적 운영 책임을 지는 대표자의 인적사항을 중심으로 잉명신을 이용한 방법이다. '사람 이름 짓기'와 비슷한 방법으로 잉명신[대표자]의 오행을 중심으로 패의 상징내용이 갖는 의미와 이름붙일 사물의 목적성을 조화시켜 짓는다. 나머지 고려사항은 부수적 착안사항으로 참고한다. 여기서 특별히 덧붙일 것은 대표자의 운세 흐름인 대운의 추이도 함께 고려하면 새 이름으로 안정과 성장의 전망도 예측해 볼 수 있다. 최고경영자의 운세는 그 사물의 장래성을 읽는 데 중요하기 때문이다.

다음으로, 순전히 점복으로 영감을 도출해 이름을 지어내는 방법이 있다. 이름지어야할 사물에 대한 중요 요소[사전 고려사항]들을 간절하고 엄숙하게 마음에 새기며 잉쾌의 모든 패 중에서 한 패를 고른다. 골라진 패의 길흉과 상징성을 바탕으로 길함을 더욱 촉진시키고 흉조를 막아주는 해법을 이름에 담아내는 방법이다.

이 방법들은 주로 개인소유의 사물이나 소규모 사업에 적용하는 소극적 측면의 이름 짓기다. 따라서 중심인물의 심리적 안정과 만족을 우선하며 자력의 발전성장보다 다분히 요행에 기대는 측면이 있어 사실 권하고 싶지 않은 방법이다.

사물의 이름 짓기는 두말할 것 없이 여러 사람이 그 이름을 보고 들으면서 그 존재의의나 설립이념을 연상하고 공감하는 것이 중요하다. 정체성과 목적성을 쉽게 인지하고 확실하게 부각시킬 수 있어야 한다. '쌍방향의 원칙'에 입각하여 이름으로 얻고자 하는 목적과 이름을 통해 혜택과 실익(꼭 물질적인 것이 아닐 지라도)을 받는 의도가 자연스럽게 동화하는 느낌을 주어야 하는 것이다.

결론적으로 '사물의 이름 짓기'는 그 사물의 양태, 종류, 특질은 물론 시대상황이나 환경 등을 종합적으로 판단하여 넓은 안목으로 이루어져야 한다. 필요하다면 세상이 돌아가는 형세를 통계적으로 읽을 수 있는 '빅 데이터'를 이용해서라도 현실적으로 생동(生動)하고, 공감(共感)할 수 있고, 자연스럽게 호의적 발심(發心)이 일어나는 이름을 찾아야 하는 것이다.

04
게임과 오락

 오늘날 우리 사회에서 오락이나 게임이라고 하면 정상을 벗어난 일탈과 몰입하여 분별력을 잃은 폐인의 모습을 떠올린다.
 이런 부정적인 시각은 참으로 어려운 시절을 보낸 선조들의 자포자기 흉물상의 유산이자, 오늘의 무한경쟁의 시대에 무조건 앞만 보고 내달려야 조금이라도 한눈 팔면 뒤처진다는 초조와 강박에서 비롯한 과잉우려다.
 '잉쾌 스토리'는 영혼의 놀이를 상징화한 것이다. 인류는 '놀이하는 인간'으로 놀이를 통해서 사회적 유대를 다지고, 놀이하며 창조적 발전의 계기를 마련하며, 놀이하며 일상에서 쌓인 정신적 고통과 압박을 완화하는 등 여러 긍정적 요소들이 많은데도 당장의 경쟁과 생존의 논리 앞에 매몰되고 있는 사실을 그대로 드러내고 있는 것이다.
 이제는 스스로를 옭아매었던 왜곡과 편견에서 벗어나 일할 때는 일하고, 즐길 때는 즐기면서 재미있고 활기차게 살아야 한다.

적당한 휴식은 생활의 비타민이다. 그렇다고 하릴없이 무료히 쉬기만 하는 것도 고통이다. 마음의 평화와 안락한 즐거움을 주는 건전한 오락과 게임이야말로 활력소이고 재충전하는 추동력이다.

혼자서나 가족, 친지 또는 뜻 맞는 동호인들과 함께 어울려서 일상의 틀을 벗어나 한바탕 놀이하면 스트레스 해소는 물론이고 놀이 자체가 즐거움이요, 삶의 연장선상의 달콤한 휴게이다.

분석 심리학자 칼 융은 "창조는 지성에서 발현되지 않고, 놀이충동에서 일어난다"고 갈파했다.

놀이는 노래다. 목소리가 아닌 몸을 통해 생각을 읊는 여흥의 분위기 전환이다. 유념할 것은 아무리 좋은 것도 지나치면 문제가 된다는 사실이다. 병적 탐닉과 중독은 정신을 황폐하게 한다.

적당히 놀이하자. 노래하자!

게임과 오락의 참고사항

잉쾌의 게임과 놀이를 설명하기 위해서 간단히 용어정리와 진행 방법을 간추려 보자.

- 체리[주관자] : '잉쾌 용어' 편 참조
- 토리[참여자] : '잉쾌 용어' 편 참조
- 바닥 패 : 게임이나 놀이를 시행하기 위해 펼쳐 놓는 패.
- 쥔 패 : 체리가 나누거나 펼치고자 모아놓은 패, 또는 참여자들이 본격적 시행을 위해 자기 몫으로 쥐고 있는 패.
- 쌓은 패 : 게임 등의 진행을 위해 따로 모아 쌓아놓은 패.

- **체리를 정하는 방법**

진행을 주도하여 분배하는 자[딜러]를 정하는 법.
- 여럿이 함께하는 경우에는 각기 한 패씩을 뽑아 상위 숫자의 패를 뽑은 사람을 정한다.[아미패의 종패를 뽑으면 되풀이 한다]
- 참여자 수만큼의 패에 '역(易)'의 패를 섞어 이를 뽑은 사람으로 정한다.
- '가위, 바위, 보'로 이긴 사람을 정한다.
- 바로 직전 게임이나 놀이에서 이긴 사람.

- **패를 섞는 방법(뒤섞기, 셔플)**

- 바닥 깔판[스프레드 천]에 패를 펼쳐 놓고 손으로 골고루 섞어서 간추린다.
- 전체의 패를 모둠으로 한 손에 쥐고, 아래쪽의 일부 패를 다른 손으로 옮겨서 본래 손에 쥐고 있던 패의 위에다 몇 장씩 겹쳐 쌓는다. 이 동작을 몇 번이고 되풀이하여 최대한 고루 섞이게 한다.
* 여기서 주의할 점은 트럼프 식 셔플처럼 두 무더기로 나누어 그 양쪽 끝을 한 장씩 떨어뜨려 맞물리게 간추리는 방법은 삼가야 한다. 활모양처럼 구부려지는 과정에서 트럼프의 화학성 재질과 달라 손상우려가 크고, 영감을 얻는 진지한 경외심을 잃기 때문이다.

혼자서 즐기는 놀이

- **오행 맞추기(맞춤 오행찾기)**

현재의 자기 상황을 오행의 핵심 패를 통해 살펴보고자 할 때 행한다.
- **사용하는 패** : 65패 [자미패 60 +아미패씩 본패 5]

- **놀이 방법**

이 놀이는 패를 한 줄로 차례로 펼쳐 나가다가 같은 오행의 패가 나오면 그 두 패를 버리는 식으로 계속 진행하면 마지막에 오행별로 각각 한 패씩만 남게 되는데 이때 완결된다.

우선 65장의 패를 손에 쥐고 앞면[상징 이미지 부분]이 보이도록 한 패씩 일렬로 펼쳐 나간다.

이렇게 펼쳐나가는 과정에서 맨 앞의 패나 마지막으로 펼치는 패 중에서 같은 오행[목, 화, 토, 금, 수]이 나오면 그 패들은 마감된 패로 진행에서 제외시켜 따로 모아둔다.

이러한 방법으로 진행하다가 중간에서 최종적으로 오행의 다섯 패가 남기 전에 맨 앞과 뒤의 패가 짝짓지 못하고 중단되면 놀이는 실패하게 된다.

반면에 순조롭게 진행되어 마지막에 각 오행별로 한 패씩만 남을 때 놀이는 성공한다.

이 때, 성과물로 거둔 오행의 패를 통해서 개인적 신변상황을 추론할 수도 있고, 행동방향을 정하기도 한다.

위와 같이 다섯 패가 남았을 경우에 추리방법을 보자.

'을미' 패로 거취나 신변의 변동사항에 대해 살핀다.

'병자'를 통해 주변과 원활한 소통을 이뤄 새로운 모색의 길이 있는지 고민한다.

'무오'에 비춰 나를 위해[후원] 달려와 줄 우호세력이 얼마나 되는 지와 패기와 열정의 정도를 가늠한다.

'경술'은 나의 재정적 처지를 면밀히 따져볼 것을 요구한다. 문제는 기본적 '인프라'를 이룰 씨종자가 갖춰져야 한다.

'계묘'는 여러 가지를 함축한다. 운은 분명 나에게 호의적이다. 중요한 것은 앞서 나열된 다른 요소를 얼마나 잘 활용하고 조정하느냐에 달려있다.

간단한 추리 프레임을 제시한 것이다.

실제분석은 개별상황에 맞게 다각적으로 응용하며 각자의 처지를 감안하여 유용성을 살리면 된다. 부가적으로 상징이미지 뿐만 아니라 띠[동물], 숫자, 간지와 음양의 내용도 두루 살펴야 한다.

최종적으로 남은 다섯 패가 모두 길성의 간지[☺]나 흉성의 간지[☹]만으로 이뤄진 경우는 신변의 변화에 각별히 대처해야 한다. 드물게 '오복'의 패나 '아미패의 본패'만으로 구성될 때가 있다. 이때는 당시에 숙원인 어떤 일을 시행해도 최상의 성과를 거둘 절호의 기회가 된다. 방해의 걸림돌이 없는 상황을 나타낸다.

■ 동물 맞추기〔덜어내기〕

이 놀이는 무료하거나 다른 오락꺼리가 없을 때 심심풀이를 겸하여 십이지의 동물을 둘씩 같은 짝으로 맞추며 덜어내는 놀이다.

- **사용하는 패** : 자미패 60패
- **놀이 방법**

먼저 바닥에 열 개의 패를 앞면이 보이도록 차례로 늘어놓는다. 놓인 패를 차례로 뒤짚으면서 같은 동물의 패를 가려 둘씩 덜어낸다. 덜어낸 자리에는 그때그때 새로운 패를 보충하며 맞추어 나간다. 계속적으로 진행하다 보면 최종적으로 열두 동물이 가려진다. 이어서 남은 열두 패를 차례로 정렬하며 같은 오행끼리 두 패씩 맞추어 덜어낸다. 이렇게 하여 모두 짝이 맞춰져 완전히 덜어내면 성공하는 놀이다.

동물들을 맞추기 위해 신경을 많이 기울여야 하는 놀이로 성공[완전 덜어내기] 가능성이 낮으며 보통은 네 패가 최종적으로 남는다.

비록 완전성공은 이르지 못하더라도 최종의 나머지 네 패로 앞에서의 '오행 맞추기'에서처럼 당시의 신변상황을 추론하는 재미를 부가적으로 기대할 수 있다.

- **바닥 패 두 줄 펴기** : 한 줄로 나누어 펴도 상관없다.

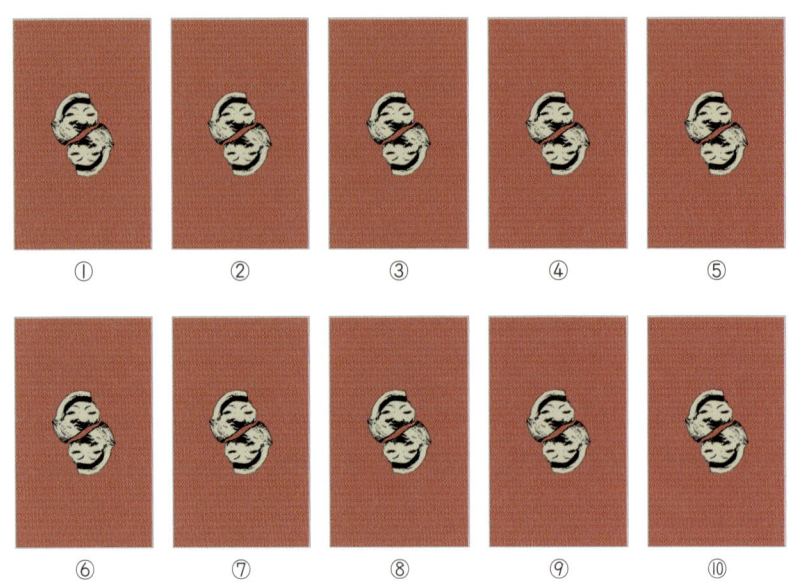

※ 기타 트럼프나 화투 등의 방법을 응용한 놀이를 할 수 있다.

여럿이 즐기는 오락

■ 홀가분 게임〔버리고 비우기〕

이 놀이는 잉쾌의 다양한 콘텐츠를 이용하여 어울려 동화하며 즐기는 게임이다.
- 인원 : 3명에서 6명 정도가 적당
- 사용하는 패 : 60패[자미패]
- 패의 배분
  3~6명일 경우 : 각 10장 씩
  7~8명일 경우 : 각 8장 씩

*남은 패는 '쌓은 패'로 따로 둔다.

- 체리의 왼쪽에 있는 사람이 자기의 패 중에서 한 장을 내놓는다. 가령 갑인[청색, 51]을 내놓았다고 치자. 다음 차례의 사람은 자기 패 중에서 그 패와 직접 연관되는 패를 내 놓아야 한다. 즉 같은 종류인 청색[오행]이나 동물[호랑이], 혹은 숫자[51]의 앞뒤에 해당[50이나 52]하는 패를 내놓으면 된다. 이런 방식으로 계속 순차적으로 이어 나간다. 중간에 이를 충족하지 못하는 토리는 '쌓은 패'의 맨 위에 놓인 패를 새로운 전개 패로 내놓는다. 이렇게 순환하며 진행하다가 '쥔 패'를 맨 먼저 모두 버리게 되는 토리가 게임을 이기게 된다. [아래참조 : 홀가분 게임 진행 실례]

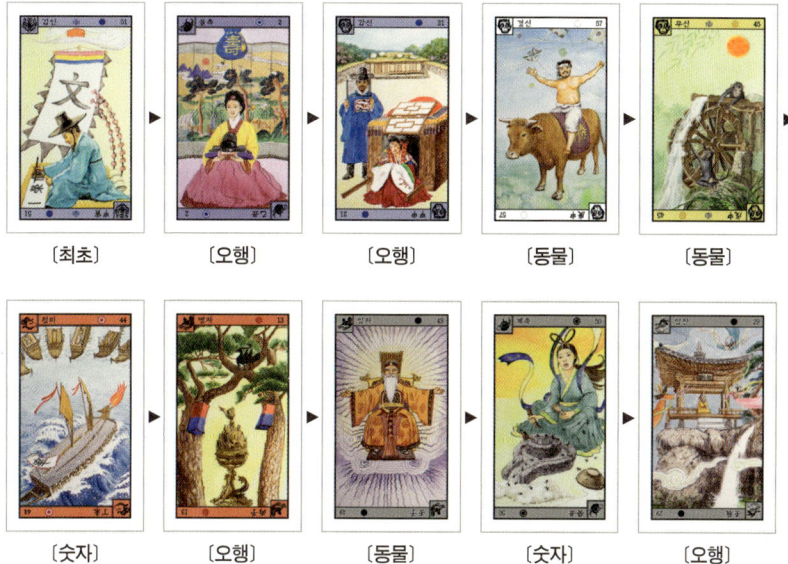

■ 돌림 뺑뺑이〔끼리끼리 맞추기〕

몇 사람이 함께 내기를 하거나 승부를 겨루어 승패를 가르는 게임이다. 서로 경쟁심을 유발하여 상대를 견제하고 제압하여 자기만의 전략과 요령으로 성취감을 고취한다.

- **사용하는 패** : 70패 모두〔자미패 60패나 아미패의 '종패'를 제외한 65패로 실시해도 상관은 없다〕
- **참여인원** : 2인 이상
- **패 나누기** : 체리가 모든 패를 골고루 잘 섞은 후 왼쪽 사람부터 차례로 각자의 몫으로 6매 씩 배분한다.〔쥔 패〕 나머지 잔여분은 한데 모아 중간에 겉장이 위를 향하도록 놓는다.〔쌓은 패〕
- **게임방법**

패의 구성을 보고 나름의 작전을 구상한다.

체리를 시작으로 '쌓은 패'의 맨 위쪽의 패를 한 장 취하여 '쥔 패'의 조화와 작전에 따라 쓰임이 가장 낮은 패를 바닥에 펼쳐 내려놓는다.〔다른 참여 토리들은 이 패를 참고삼아 상대의 작전을 엿보고 전략을 가다듬는다〕 이런 방식으로 각 참여자들이 돌아가며 계속 진행한다.

처음의 '쌓은 패'가 소진되도록 승부가 나지 않으면 진행하며 바닥에 펼쳐진 패를 잘 섞어 다시 쌓아 계속한다.

- **승부 가리기**

다음의 경우가 게임 진행 중에 이루어지면 게임 종료를 선언하고 승리한다.〔패배한 토리에게 일정한 벌점이나 불이익을 부과한다〕 게임의 특성은 뺏고 뺏기는 줄다리기를 통해 승부욕을 자극한다.

*6매의 숫자가 차례대로 맞추어 졌을 때〔숫자의 어느 부분이든 차례만

연결되면 상관없다]

＊6매를 동일한 특수기호[(W), (※)]만으로 채웠을 때.

＊6매를 동일한 오행[색상]으로 채웠을 때. 이때 동일한 오행일지라도 음[◉]과 양[●]을 구분하여 천간지지에 맞게[갑, 을, 병~임, 계] 모으도록 하면 난이도를 높일 수 있다.

＊5매의 같은 동물[지지]을 모았을 때.

＊5매의 아미패의 종패나 본패를 모두 모았을 때.

＊오복의 다섯 패를 모두 모았을 때.

오복이나 아미패의 5매를 이루었을 때 재량의 폭을 넓혀주는 특권을 부여하면 재미와 박진감을 한 층 높일 수 있다. 예컨대 성사 즉시 승리를 선언하여 끝마치면 다른 토리들로부터 소정의 벌점을 일률적으로 받아내고 말지만, 다른 토리가 이를 모르고 자신의 승리를 선언할 때 제시하면 가중한 벌점을 매기도록 기준을 정하면 훨씬 짜릿한 스릴을 살릴 수 있다. 이 경우 미리 '오복 패'와 '아미패'의 우열을 정하여 치열한 기 싸움도 연출될 수 있도록 유도한다.

이외에도 다양한 조건이나 함정을 만들어 흥미를 진작할 수 있다.

※ 예시한 방법 이외 게임류나 오락으로 잉쾌의 여러 상징과 이미지, 기호들을 적절하게 활용하면 패의 특성도 익히면서 즐거움 또한 만끽할 수 있다. 특히 트럼프 게임에서 널리 알려진 블랙 잭, 브리지, 포커 등을 응용하면 새로운 차원의 오락세계의 묘미를 맛볼 수 있다.

05
심신의 정화

명상 - 마음자리 찾기

현대를 살아가는 사람들은 육체적 피로와 정신적 혼란을 함께 겪으며 무감각적으로 기계적인 삶을 이어간다. 인간관계는 물론 자기 스스로를 돌아볼 겨를도 없는 사회의 부속품처럼 되고 말았다.

이를 벗어나고자 '인간성을 회복하자!'고 대놓고 외친다면 미친 사람 취급만 받을 뿐 달라질 건 없다. 급변하는 현실의 파고를 인정하고 그 속에서 정체성을 찾아 자기이해의 길을 넓혀가야 한다. 현명한 자기 경영의 길은 평소에 위안과 욕구해소를 위한 나름의 '마음의 안정'을 도모할 방책을 갖춰야 한다.

명상이다. 선현들은 제자나 상대방을 일깨우기 위한 선문답을 통해서 지혜를 밝히는 길을 제시한 명상법을 활용해 왔다. 아직까지도 오롯이 전통의 맥을 이어오고 있는 명상법인 '화두명상'이 그것이다.

그렇다고 예전처럼 "이 뭐 꼬?"나 "끽다거[喫茶去, 차나 한 잔 마시고 가게나]"처럼 선사를 흉내 내봐야 얻어낼 것은 없다.
칼 융(Carl Gustav Jung)은 동양의 심오한 정신문화인 명상을 "인간 내면에 대한 탐구를 통해 일체의 사물이나 인간의 내면에 잠재돼 있는 최고의 신적 능력을 추구하는 것"이라고 했다.

잉쾌명상은 각 패의 상징[그림과 기호-畵]을 화두[畵頭]로 삼는 마음공부이다. 명상이나 마음공부라 하여 거창하게 깨달음을 얻어 달관하는 것으로만 생각해선 안 된다. 그 동안 발견되지 않은 나를 찾는 일이다.
우선 심신을 안정시키고 자신의 처지를 바로 인식해야 한다. '문제가 무엇인지, 자신을 어떻게 대해왔는지, 자신 속에 내가 모르는 내가 있는지, 변화 이상의 변신을 위해 노력할 수 있는지'를.
처음에는 정리가 되지 않을 뿐더러 오히려 뒤죽박죽일 수 있다. 그렇거나말거나 일상의 일들을 의도적으로 차단하고 주의를 몸에 집중하고 고른 숨쉬기를 통하여 망념을 떨치다보면 어느 순간 내적 평온의 상태에 접어든다. 바로 이때 잉쾌의 특정 패[미리 자신의 입장에 걸맞은 패를 선정하거나 임의의 패를 선정]의 상징을 머릿속에 떠올리며 자기만의 의념[나름의 상상력]으로 형상화한다.

형상화된 의념[도상(圖上), 상징(象徵)]을 마음속에 계속 굴리면서 현실과 연계의 고리를 찾아가는 것이다. 이때의 도상은 감정과 의식과 무의식이 통합된 심리가 반영된 마음자리이다. 마음을 안정시킴과 동시에 필요한 현실적 대안을 정신수행의 고요한 마음세계에서 건져 올리는 것이다.

잉쾌명상은 다른 명상처럼 무념무상의 선정에 들어 영지를 얻거나, 깨달음의 경지에 들고자 하는 것이 아니라는 것은 앞에서도 분명히 했다. 잉쾌패와 자신이 처한 입장의 상호연결성이나 상호의존성을 밝혀 이상과 현실의 조화를 꾀해 마음의 변화를 꿈꾸게 만드는 것이 잉쾌명상의 실질적 목적이다.

동양사상적으로 표현하면 '무위이치(無爲而治)'를 실행하는 것이다. 전문적 명상과는 달리 심신을 안정한 상태에서 특정 도상을 자유롭게 상상하며 마음과 현실을 다스리는 실천방법을 찾는 것이다.

문제의 해결을 목적으로 하지 않는다. 자신의 진실한 모습을 관찰하고 문제를 직시하여 본질이 무엇인지를 살펴 마음을 다잡고 움직일 방향을 찾는 일이다.

잉쾌명상의 단계별 진행과정이 구성되는 상황에 대해 알아보자.

- 장소는 편안하고 고요한 마음상태를 가질 수 있는 곳이라면 어느 곳이라도 좋다.
- 자세는 굳이 정좌를 고집하거나 독특한 동작을 취할 필요는 없다. 안정감을 갖고 가급적 자신의 신체에 대해 불편함이 느끼지 않을 정도로 온 몸에 힘을 빼고 자연스러우면 된다.
- 가급적 눈은 감으면 좋고, 무연히 허공을 응시하는 것도 한 방법이다.
- 다음으로 숨쉬기다. 평소보다 의식적으로 숨을 아랫배까지 들이마신 후, 잠시 숨을 멈췄다가 양 가슴을 펴서 이를 관통시키는 듯 천천히 내쉰다. 이와 같은 숨쉬기를 수회[5~10회 정도]반복한다. 몸과 마음이 정돈됐다 싶으면 잉쾌의 패를 고른다.[미리 특별히 정관하고자하는 패

를 골라놓아도 된다]

여기서 '경오[庚午, 7]'를 고른 것으로 한 명상을 풀어보자.

이미 마음과 몸은 안정되어 어느 정도[완전하길 바라지 말라] 주의집중이 가능해졌다면 패의 상징에 오롯이 마음을 투사하여 그 의미를 찾는데 생각을 집중한다.

패의 형태를 이루는 음양과 오행의 색상, 상징의 인물과 배경 등 등장하는 모든 것을 전체로 혹은 낱낱의 조각으로 세세하게 머릿속에 그 영상을 떠올리며 마음의 정서와 교감한다.

 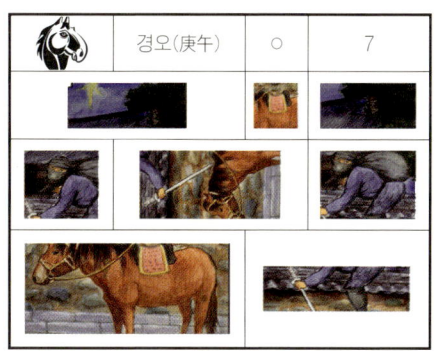

먼저 패의 전체적인 의미가 마음에 어떻게 느껴지는지를 생각하며 현재 내가 처한 상황이나 입장, 품고 있는 속셈과 연결하여 생각을 펼친다.

무엇인가 다른 사람으로부터[직장이나 어떤 사물도 상관없다] 빼앗거나 몰래 가져오고 싶은 것이 있는가? 내 의도대로 문제없이 얻어낼 수 있는가. 어떤 상황으로 발전하거나 비화할 수도 있는가? 그것을 얻기 위해 과감한 행동도 불사할 수 있는가? 거기에 따른 희생은 얼마나 감수할 수 있는가? 등등

자신 내면의 욕구나 무의식 속의 심념을 패가 주는 직관과 연결하여 하

나씩 대비하며 자문자답을 펼치는 것이다.

　이때 명쾌한 해답을 내리고 무리하게 생각을 쥐어짜며 이리저리 맞추려고 조바심을 내면 안 된다.[심할 경우는 처음의 단계로 돌아가 숨쉬기부터 다시 마음을 다잡는다] 여기서는 확실한 신념을 정립하거나 내면의 정서를 바꾸려는 것이 아니다. 마음을 패의 상징들과 대비하며 '그런 게 있었구나.' '그래서 그랬구나.' '그렇다면 문제가 생기겠네.' 정도로 감만 잡고 잘게 나눈 상징조각으로 해법을 유추하면 된다. 공연히 여러 잡념에 휘말리면 혼란만 가중하여 명상이 아닌 망상이 되고 만다.

　마주한 마음의 갈피[의상]들은 조각낸 상징과 연결시켜 무슨 의미로 작용하며 어떠한 해법으로 연결하면 되는가를 궁구한다.

- 마음속 탐욕이 복면을 하고 세상과 적대하려 하지 않는가.[복면]
- 금도[타성]를 벗어나 미지의 세계로 모험하고 싶진 않은가[담장]
- 불안정한 나의 위치가 쉽게 옮겨지고 있지 않는가.[말안장]
- 누군가 항상 감시하고 주시하며 제약하지는 않는가.[올빼미]
- 욕심보따리의 무게에 짓눌려 허세로 허덕이지 않는가.[등보따리]
- 나의 자부심인 지성의 예리한 칼로 모든 문제를 해결하리라.[칼]
- 나에게는 나의 길을 밝혀주며 수호하는 희망의 별이 있다![별]
- 찬란한 별빛을 등대 삼아 어떤 난관도 이겨내고 길을 찾으리라.
- 행운의 숫자도 내 편이다.[7] 두려움도, 아쉬움도, 부끄러움도 없이 말의 고삐를 조이고 박차를 가하며 당당히 내달리리라.[말]

　잉쾌명상은 유위나 무위에 대한 성찰이나 도통의 수단이 아니다. 자기만의 삶의 방식에서 벗어나 잉쾌의 상징들을 통해 다른 방식으로 삶을 바라보며 자기정화의 길을 모색하는 명상여행이다.

간단히 예를 들었지만 잉쾌가 함축하는 상상력과 해석의 범위를 무한대로 확장하고 변형하며 명상할 수 있다.

주문을 염송하거나 특별한 의식은 하든 말든 구애받을 필요 없다. 다만 경건함을 갖추고, 시간과 장소를 불문하고 진정한 마음자리를 찾는 생활명상으로 즐기면서 삶의 질을 높여가자.

명상은 결코 초능력을 일으키거나 해탈에 이르게 하는 것이 아니다. 명상을 통해 자아의식을 통제하고 직관능력을 계발하여 집중코자 하는 대상과 심령적인 교감을 함으로써 여러 정보를 자연스럽게 얻을 뿐만 아니라 자신의 진실한 내면과 마주할 수 있게 한다.

잉쾌명상은 마음 속 깊은 곳의 이면(裏面)과 자신도 잘 모르는 마음의 이면(異面)을 살펴서, 삶[현상]을 억지로 통제하지 않으면서 삶이 자신을 통해 자연스럽게 흘러가도록 '마음의 길'이 트이도록 스스로를 다잡는 것이다.

심리치유 - 각성과 정서적 변화

심리치유에 대해 설명하기 전에 널리 알려진 이야기 한 토막으로 시작해 보자.

어느 한적한 바닷가에 호화 요트를 정박하고 행복한 마음으로 해변을 거닐던 도시에서 온 큰 부자는 소나무그늘 아래 누워 낮잠을 즐기는 어부를 깨워 물었다.

"이 금쪽같은 시간에 왜 고기잡이를 안 가시오?"

"오늘 몫은 넉넉히 잡아 놨습니다."

"시간이 있을 때 좀 더 많이 잡아 놓으면 좋지 않습니까?"

"그래서 뭘 하게요?"

"돈을 더 벌어 큰 배를 사서 먼 바다로 나가 고기를 더 많이 잡고, 그러다 보면 나처럼 부자가 되지 않겠소?"

"큰 부자가 되면 뭘 합니까?"

"뭐요? 그렇게 되면 편안하고 한가롭게 삶을 즐길 수 있잖소~"

"지금 내가 그렇게 즐기고 있잖소?"

"……"

세상을 살아가는 방식은 저마다 다르다. 삶을 즐기는 방법이나 행복의 기준이 당연히 사람마다 다르기 때문이다. 이렇게 서로 다른 사람들의 의식구조는 불행에 대한 생각에서도 그대로다. '이 정도면 그래도 괜찮은 편이다'라고 생각하는 사람이 있는가 하면 '나는 왜 이 정도밖에 안 되는가' 하고 늘 부족에 허기져 하는 사람이 있다.

부자와 어부가 삶을 대하는 마음자세에서 보듯 세상을 보는 눈과 삶의 방식도 사람마다 차이가 있다. 문제는 마음이다. 심리 즉 마음이 움직이는 상태에 따라 세상을 보는 눈과, 세상을 보는 태도가 달라지고 이에 따라 삶의 질도 달라진다.

물론 여건이 열악하여 이것저것 따질 형편이 못되는 경우도 있다. 이런 극한의 상황을 제외하면 대개는 마음에서 비롯한 잣대로 형편과 삶의 내용을 임의로 재단하는 과정에서 행복과 불행이 갈린다. 행복과 불행은 외부적인 요인보다는 심리적인 마음의 감정에 의해 갈리는 경우가 대부분이다.

  잉쾌는 이런 마음의 불안정과 불만족스러운 감정을 이완시키고, 심리를 조절하여 자신을 행복할 가치가 있는 존재로 받아들일 수 있도록 도움을 준다. 앞에서 본 잉쾌명상의 탐구는 스스로의 마음을 정화하는 자기심리의 치유 방법이 되기도 한다.

  추가적으로 단발의 자기심리를 분석하는 방법이 있다. 무작위로 한 패를 뽑아 그 패가 주는 영감이 나 자신의 내면[혹은 현재 처한 상황]과 어떤 연관이 있는지 스스로 살핀다. 자신 속에 존재하는 그 속성을 이끌어내어 자각하고 집중한다. 주의 깊게 궁구하여 문제적 요소가 냉정하게 밝혀지면 납득하여 받아들이든지, 차선의 개선방안을 찾는다. 스스로 문제를 알아채고, 인정하고, 받아들여 자연스럽게 내면화하거나 절제와 변화를 통해 이를 뛰어넘는다.

  다음으로 타자의 심리 치유에 도움을 주는 방법에 대해서도 알아보자.

■ 잉쾌 펼쳐를 이용(해당 편 참조)하는 방법

  당사자의 심리적 불안상태나 부정적 사고나 행동에 대한 충분한 진술을 들은 뒤, 잉쾌로 쾌반을 전개[배열]해서 나타난[잉쾌패의 의미] 문제점이나 처지에 대한 해결방안으로 삶에 대한 관점이나 마음가짐을 변화하도록 유도하고 조언한다.

■ 당사자로 하여금 잉쾌패를 뽑게 하는 방법

  심리치유가 필요한 사람이 직접 잉쾌패를 고르게 하여 그 결과를 토대로 방향을 제시하는 방법. 부정적인 면이나 두려움의 심리적 근원을 파악하고 긍정적이고 희망적인 방향을 찾아 내적인 평온을 찾게 하는 방법이다.

- 잉쾌패의 속장[상징 기호부분]을 모두 펼치고 당사자에게 마음 가는대로 고르게[원하는 만큼] 한다. 그리고 패의 어떤 부분[마음이 움직이는 요소]에 끌려 선택하였는지를 상징들과 비교하여 설명을 하게 한다. 쾌리어는 패의 의미를 분석한 결과로 당사자의 심리적 문제에 대해 해설하면서 지향하고 유념할 방향을 제시한다.
- 좋아하는 패, 좋아하지 않는 패, 어떤 제약도 받지 않는다면 그대로 해보고 싶은 상징의 패로 분류하여 세 가지 정도를 고르게 한다. 그런 다음 각각의 패를 고르게 된 이유를 들게 하여 패가 갖는 의미와 연결시켜 마음을 터놓고 대화한다. 이 과정에서 내면에 드리운 마음의 실체에 대해 서로의 공감대를 형성한다. 이때 상대를 설득하거나 의도적으로 특정방향으로 유도해서는 안 된다. 자신이 품은 정서의 참모습을 제대로 인식하게만 하면 된다.

마무리 단계로, 본인이 선택한 패들의 의미를 강조하고, 그 패들로부터 삶에서 필요한 교훈과 지혜를 얻을 수 있는지 혼자서 상상하며 변신의 길을 찾도록 한다.

잉쾌는 치유의 음악이기도 하다.
잉쾌를 단순한 그림과 상징으로만 보지 말고 소리로도 들어라. 안정과 치유와 희망의 노래가 들린다. 이때 음악은 질문이기도 하고, 응답이기도 하다. 그 영혼의 소리에 귀 기울이고 함께 춤추고 취하라. 쾌리어는 음악의 완성을 위해 연출하고 지휘한다. 연주자는 자신의 능력과 기량에 맞게 고른 악기[잉쾌패]로 쾌리어가 편곡하는 악보로 스스로의 감정에 몰입하여 연주하는 것이다. 음악 속에 빠져 그 흐름에 따라 한없는 자유의 세계를 누빈다.

　꿈으로 마음을 활짝 열면 인생의 가치를 발견하는 길이 열린다. 부정적인 것들은 자기 인생의 좋은 점을 찾지 못해서 생기는 것이다. 반면 긍정적인 가치들은 자신을 인정하고 공감하며 스스로를 변화시킬 때 자연스럽게 솟아난다.

06 기타
- 여러 가지 활용

부적(符籍) : 수호와 분발의 촉진

『삼국유사』에서 환인[하느님]이 아들 환웅에게 천부인(天符印)을 주어 세상을 다스리게 했다는 내용이 나온다.

천부인은 귀신과 사람들을 호령하여 복종시킬 수 있는 신령의 부적을 의미한다. 우리나라 토착문화 속에 깊이 뿌리내린 부적의 믿음에 대한 연원을 짐작해 볼 수 있는 대목이다.

인간은 미약한 존재다. 뛰어난 지혜를 자랑하며 과학을 발전시켜왔지만 우주대자연 속의 미물로 불완전하고 나약한 존재일 뿐이다. 자연을 정복하며 우주의 비밀을 샅샅이 밝히겠다며 문명을 쌓아가지만 실상은 극히 일부 영역에서 오물거리는 정도다. 약간의 과학적 성취에 자만하지만 다급하면 신에게 하소연하며 종교나 기적에 애원하며 매달린다.

부적은 바로 이러한 인간의 약점을 보완하는 정신적 의존물이다. 부적은 부작(符作)으로도 불리며, 하늘의 뜻[신의 의지]과 지닌 사람의 뜻이 부합하면 신령의 도움을 받는다는 의미를 가진다.

부적은 복을 빌고, 재앙을 쫓으며, 두려움과 불안감을 해소하여 안정을 주고, 용기와 투지를 고취시키는 기운생동의 신표다. 지닌 사람이 심리적 안정과 정신적 수호를 받아 만사형통과 백사대길하게 한다. 또, 하는 일에 방해되는 악귀나 삿된 액운을 차단한다.

부적은 그 효험을 받기 위해서 몸에 지니거나, 거처나 주생활처의 신성한 곳에 걸거나 붙이며 책갈피로 원하는 책에 끼워 활용했다.

또 장롱·요·베갯속에 넣거나, 의관에 부착하고 땅 속에 묻기도 했으며, 심지어 관 속에 넣을 뿐만 아니라, 이를 태워서 먹기도 하며, 생활 전반의 기복(祈福)과 벽사(辟邪)와 호신(護身)을 빌었다.

이상과 같은 부적의 쓰임을 잉괘로 구현할 수 있다. 잉괘의 상징과 기호가 영성을 띤 천부와 다름이 없기 때문이다.

무한경쟁의 복잡한 현대 사회생활에서 압박과 스트레스를 완화시켜 심리적인 안정감을 주어 순조로운 자기실현을 이루게 도움을 준다. 그렇다고 부적만 의존해서는 안 된다. 진실한 마음과 지극한 정성의 증표로 신명감응의 차원에서 믿음으로 간직해야 된다.

잉쾌 부적 쓰임의 예

기복부
(祈福符)

벽사부
(辟邪符)

호신부
(護身符)

소원성취부
(所願成就符)

- 잉명신 : 자신의 사주로 빚은 잉명패는 평생수호와 복덕의 원천부적
- 기복부[복과 행운을 비는 부적] : 을축[2], 병자[13], 경인[27] 외
- 벽사부[재앙과 액운 퇴치부적] : 무진[5], 기해[36], 임자[49] 외
- 호신부[안전과 발흥의 수호부적] : 금[400], 계사[30], 병진[53] 외
- 소원성취부[합격당첨 등 소망부적] : 갑술[11], 을묘[52], 정사[54]

꿈의 해석

프로이드는 "꿈은 의식이 용납할 수 없는 욕망과 바람을 보여준다. 따라서 그 욕망과 바람은 꿈속에서 무의식의 탈을 쓴 채 나타난다. 또한 꿈을 자세히 살펴보면, 그 사람이 안고 있는 문제의 실마리를 찾을 수 있다"고 설파했다.

이루지 못한 아쉬움의 표출이거나 이루고자 하는 간절한 내면의 소망이 무의식의 꿈으로 발현되어 나타난다는 의미다. 그 소망은 꿈을 이루고 있는 상징 속에 감춰지거나 은유적 형태로 나타난다. 현실에서의 삶과 욕망의 조각들이 잠이라는 또 다른 세상을 통해 꿈속의 영상으로 재현되는 것이다.

옛사람들은 꿈을 통해 신이나 악마의 계시를 받는다고도 생각했지만, 꿈은 초자연적 현상과는 다른 차원의 인간의 정신 활동이다. 꿈은 뇌가 아무렇게나 버무려 지어낸 것이 아니라 자신의 삶에 대해 무언가 암시하고 주입하고자 하는 것임이 틀림없다.

사람들은 자신의 잠 속에서 꿈으로 직접 연출한 자작극의 줄거리만을 기억할 뿐 정작 핵심 주제를 몰라 궁금해 한다. 꿈의 심상과 상징에 대한 일반적 의미를 잉쾌로 추론할 수 있다. 유의해야 할 것은 분명히 꿈은 개인적인 것으로 꾼 사람의 개별적인 영혼의 언어로 해석되어야 한다는 점이다. 즉 당사자의 심리적, 정서적, 신체적, 그리고 정신적인 상태와 실생활의 일들이 반영되어야 한다. 그러기 위해서는 당사자의 정확하고 소상한 꿈의 내용을 알기 위해 대화하고 면담하는 것이 중요하다.

꿈을 꿀 때의 느낌은 어떠했나? 꿈의 배경은 무엇인가? 등장인물은 누구인가? 꿈에 나오는 물건은 어떤 것인가? 어떤 사건이 벌어지는가? 본인 스스로의 삶과 연관해 느끼는 점이 있는가? 등등

꿈이 보내는 신호를 구체적이고 체계적으로 충분히 분류한 후 잉쾌의 전개에 들어간다. 꿈 속의 이미지와 잉쾌 이미지를 연계하여 면담을 토대로 꿈을 분석한다.

예를 들면 꿈에서 죽임을 당하는 꿈을 꾸었다면 '기미[56]' 패를, 불길에 휩싸이거나, 불길이 치솟는 꿈을 꿨다면 '화[200]'나 '병술[23]'의 패를 통해서 그 의미를 찾아 볼 수 있다.

다른 사람의 꿈을 해석할 때는 본인으로 하여금 잉쾌패 중에서 꿈의 내용에 부합하다고 생각하는 패를 몇 장이든 고르게 하여 그 패를 위주로 처음 면담내용과 연계하여 풀어나간다.

결국 꿈과 잉쾌 이미지 모두 사람의 무의식이라는 심오한 심상의 밑바닥[심연]에서 건져 올리는 예지의 발현이다. 꿈과 잉쾌가 효과적으로 결합하여 무형의 상징들을 구체적인 의식의 수면으로 이끌어 내는 것이다. 거의 모든 꿈이 잉쾌의 이미지와 상응한다. 이는 현실과 비현실의 인간 의식 속의 것들이 잉쾌에 담겨있기 때문이다.

현대 과학의 다양한 접근과 학문적인 성과로도 아직까지 꿈의 해석에 대한 명확한 결론은 내리지 못하고 있는 형편이다. 다만 생활에서 일어나는 활동이나 집착하는 일이거나 무의식적이고 본능적인 충동들이 꿈으로 발현되는 것이라는 점은 분명하다.

꿈은 지극히 개인적인 무의식의 심리적 요인에서 기인하는 내면세계의 일이다. 중요한 것은 꿈이 상징하는 내용보다는 꿈에 부여하는 의미다. '꿈보다는 해몽'이라고 했다. 사람은 어차피 잠을 자고 꿈을 꿀 수밖에 없다. 의미가 있다고 생각하기 때문에 의미가 있는 것이다. 꿈의 해석도 정신건강과 삶의 계발에 도움이 되도록 쓰여야 한다.

모든 꿈은 자신의 삶을 비춰준다.

꿈은 상상을 뛰어넘는 기발한 형태로 다양하게 나타나는 정신활동이기 때문에 결코 일반화하거나 명쾌하게 정답을 내릴 수 없다. 그럼에도 잉쾌와 꿈은 상징과 은유의 발현을 통해 현실과 미래에 대한 정보를 메시지로 던져준다는 점에서 매우 공통적이다.

잉기수 변용

숫자에는 마법이 있다. 숫자는 단순히 수량을 나타내는 기호로서의 의미 이상의 그 무언가 오묘한 상징의 의미가 있다.

세상에 존재하는 사물들은 수치화되는 순간 각 숫자가 품고 있는 의미와 기능들에 함몰되어 본래의 주체성은 감춰져 보이지 않게 된다. 간단한 예로 수험생이 수험표를 받으면 수험번호로 일반화되고, 성적이 발표되면 점수에 의한 순위가 실체가 되고 만다.

숫자는 복잡한 것들을 알기 쉽게 단순화하기도 하지만, 반대로 단순한 것을 알기 어렵게 복잡한 구조로 암호처럼 만들기도 한다. 숫자는 다양한 형태로 마력을 뿜으며 인간생활에 개입하고, 심한 경우 사람의 운명에까지 영향을 끼친다.

이처럼 여러 이해관계에 작용하는 숫자세계에서 음양오행과 육십갑자를 이용한 잉쾌는 명리적 신성이 담겨 있고 잉기수에 그대로 스며있어 잘 활용만하면 실생활에 크게 유익하다. 수(數)와 잉기수나, 잉쾌수에 대해서는 앞서 설명하였으니 해당항목을 참고토록 하자.

잉기수는 잉쾌패를 뽑아 어떤 숫자든 조합이나 가감승제(加減乘除)를 응용하여 적정한 숫자를 도출해 낼 수 있다. 특히 잉쾌수는 각 개인의 고유하고도 신성한 수호의 천명의 숫자이므로 생활 속의 모든 분야에서 각별하게 사용하길 권한다.

로또(lotto)의 경우 '46' 이하의 숫자 6개를 조합하여 당첨번호로 지정될 숫자를 미리 예측하여 맞춘다.

자미패[로또의 숫자 구성이 십 단위이기 때문]를 잘 섞어 한 패를 고른다. 계속해서 모두 여섯 패를 뽑아 숫자를 추출한다. 이때 뽑은 패가 46 이상이면 46으로 나누어 나머지 숫자를 취하고, 중복된 숫자가 나오면 반복해서 다른 숫자로 뽑으면 된다.

인지능력 향상 – 시각적 훈련

문자와 기호와 그림의 상징으로 표현된 잉괘는 명리적 쓰임 이외도 여러 응용이 가능하다.

위에서 예로 든 사례 이외에 시각적·인지적 사고능력과 관련한 기능들을 수행할 수 있다.

■ 기억력 증진과 정신활동 고양 – 치매 예방과 인지능력 향상

노령으로 인한 기억력 퇴화나 두뇌활동이 부진한 경우에 잉괘를 이용하면 시각적 자극과 흥미유발로 뇌의 활성화를 촉진한다. 두뇌활동을 활발하게 학습시킴으로써 생각[사고]의 에너지가 생동하면서 무의식 속의 희미한 기억 저장창고가 열리게 하는 이치다.

- 잉괘패를 모두 펼쳐놓고 특정 숫자[잉기수]를 지정하여 찾게 하여 그 상징 그림을 보고 나름대로의 설명을 하게 하거나 범위를 좁혀 몇 개의 연속숫자 패[가령, 1(갑자)부터 5(무진)까지]를 나열하여 숫자를 순번대로 맞추게 한다.[추가적으로 그림들을 꿰맞춰 느낀대로 이야기를 엮어보도록 요구할 수도 있다]
- 육십갑자 패 이름[갑자 ~ 계해]을 제시하고 고르도록 한다.[한글과 한자

의 어느 경우로도 가능하다]
- 상징의 그림을 설명하여 머리 회전을 원활하게 유도하는 방법도 있다.['예, '새신부가 새신랑을 만나 결혼하는 그림을 찾으세요.']
- 같은 동물의 띠만을 펼쳐놓고 특정 색깔을 고르게 한다.['파란색의 소머리를 찾으세요.' '노란 색의 토끼를 찾으세요.']
- 좀 더 높은 수준으로 '오복'의 패만을 놓고 각 패가 무엇을 의미하는지 묻거나, 그 의미를 설명케 한다.
- 성별이나 건강상태, 과거 경력에 견주어 특정 패를 대상으로 유사한 체험을 한 적이 있는지 묻는다. 있으면 당시에 어떤 위치에서 어떻게 그 상황에 대처했는지 구체적인 설명을 요구한다.['경오(7)' 패를 놓고 예전에 남의 것을 탐하거나 실제 탈취한 사실이 있는지? '신묘(28)' 패로는 남에게 도움을 받거나 주어본적이 있는지? 그런 사실이 있으면 당시의 입장과 마음은 어떠했는지도 함께 알아보며 상기시킨다]

상상력과 창의력 향상

나만의 비밀의 문을 열고 들어가 은밀한 마법세계의 판타지를 즐기며 황홀경 속에서 종횡무진 상상의 나래를 펼치는 것. 생각만으로도 가슴이 울렁이고 설레지 않는가. 잉쾌의 상징 이미지로 떠나는 상상여행도 관조를 통한 가상 시나리오로 창의력과 사고력을 확장하여 삶의 빛을 찾게 한다.

잉쾌 이미지 여행은 간단히 떠날 수 있다. 여행 채비를 복잡하게 따로 챙길 필요가 없다. 잉쾌만 있으면 된다. 아무 패나 임의[특별히 지정해거나 여러 패를 연계해도 상관없다]로 골라 생각 닿는 대로 고정된 틀에 얽매이지 않고 마음껏 상상하는 것이다.

 '패를 이용하여 상상하며 이야기 만들기'는 상징의 그림들로부터 받은 직관이나 영감을 감정으로 흐르게 하여 체계적으로 정리하는 학습이다. 특히 어린이는 감정이 순수하여 다양한 색상의 내용[70패]들에서 엉뚱하리만치 기발한 착상들로 상상력을 극대화한다.

 이 과정에서 자연스럽게 사고력, 집중력, 창의력이 길러진다.

 덤으로 '문화재 찾기[남대문, 거북선, 첨성대 등]', '동물 찾기[띠 혹은 그림의 주제 동물]', '숫자 맞추기', '한자 습득[육십갑자 개념 주입과 오복 등의 상징그림 속의 한자]' 등으로 학습과 두뇌활동의 증진도 꾀할 수 있다.

 또 여럿이 함께 어울리는 사회적 활동 속에서 자기의지 실현을 위한 의사결정의 중요성을 기르게 할 수 있다. '놀이를 통한 상황판단하기'는 게임의 형식을 빌려 여럿이 놀이로 즐기면서 상대의 입장을 살피고, 자신의 입지강화를 위한 선택과 결정의 중요성도 배우게 된다.

- 인원 : 5~6명 정도
- 사용하는 패 : 60패 [자미패, 전체 사용할 경우 별도 규칙 마련]
- 패의 배분 : 참여 인원에 따른 적정 배분[6패 정도가 적당]
- 진행방법 : 숫자, 띠[동물], 오행[색상]을 이용한 놀이로 본인의 패로 다른 토리들의 착오를 유도함으로써 패를 모은다.

＊체리를 정해 패를 잘 섞은 다음, 본인과 토리들에게 정해진 수량[6패]의 패를 배분한다.[남은 패는 쌓은 패]

＊체리부터 가진 패 중 자신의 작전에 유리하다고 생각하는 패를 골라 큰

소리로 선택조건[옵션]을 걸어 바닥에 엎어 놓는다.

선택조건

▷ 숫자의 낮은 수[작은 수] 혹은 높은 수[큰 수]를 지정

제시한 패의 잉쾌수보다 낮거나 높을 때에 조건을 맞추는 것으로 상당한 수 싸움이 필요하다. 가령 갑자[1]나 계해[60]을 제시하며 '낮은 수'와 '높은 수'를 외치면 꼼짝없이 말려들게 된다.

▷ 오행[색상]

▷ 띠[동물]

* 나머지 토리는 자신의 패 중에서 '선택조건'에 맞을만한 패를 가늠하여 자신의 자리 앞에 펼쳐 놓는다.
* 체리는 엎어놓았던 패를 펼쳐 선택조건에 맞춘 토리에게는 본인의 패 중에서 한 패씩 뽑아가게 하고, 맞추지 못한 패는 본인이 취한다.
* 이어 왼쪽의 토리로 돌아가며 똑같은 방식으로 순차적으로 진행한다.
* 진행과정에서 본인 소유의 패를 모두 잃으면 패자로 물러나고 맨 나중까지 살아남아 패들을 갖는 자가 이기게 된다.

재미를 더하기 위해 중도 탈락된 토리를 쌓은 패로 재생[별도의 벌점부과]할 수도 있다. 또 수 싸움이 치열하여 엎치락뒤치락 승부가 쉽지 않을 경우는 추가적인 선택조건을 내걸어 단박에 승부를 결정할 수도 있다. 상대의 패 모두를 걸게 하는 방식이다.

상대방의 의도를 간파하고 이에 따른 대처능력과 순발력이 요구되는 놀이다. 경쟁과 공생관계를 인식하면서 상대방과 자신의 입장도 비교하면서 의사결정능력을 향상하고 성취감도 돋운다.

위대한 신비_잉쾌

PART

V

잉쾌의 전개

INGQUETAINMENT

INGQUETAINMENT

> 잉쾌는
> '금 나와라 뚝딱! 은 나와라 뚝딱!' 식의
> 만능의 도구가 아니다.

변화무쌍한 일상적 속살들을 상징적 기호로 그 오묘한 조화를 밝혀내는 일은 신성하고도 엄숙한 작업이다. 각별한 마음의 자세와 각각의 조건에 상응한 자연스럽고 영험한 접근을 필요로 한다.

 잉쾌는 '금 나와라 뚝딱! 은 나와라 뚝딱!' 식의 만능의 도구가 아니다. 현실의 문제를 쉽고 간단하게 풀어서 제시하는 역할을 한다. 인간은 미지의 것을 두려워하면서도 그것과 대면하기를 바란다. 잉쾌는 세상의 빛을 분석하고 그 실체를 밝힌다. 세상은 찬란한 빛으로 가득한 눈부신 영광의 삶터다. 삶의 면면과 모든 관계 속에는 각각의 빛깔과 영롱한 무늬가 있다. 그 빛으로 인하여 자연스럽게 발생하는 그늘과 그림자도 빛의 다른 모양으로 세상을 이루고 유지하는 일부다.

 햇빛은 흰색처럼 보이지만 여러 가지 광선이 섞여 있다. 사람의 눈에 보이는 빛도 있고 보이지 않는 빛도 있다. 사람이 눈으로 볼 수 있는 빛은 가시광선으로 일곱 가지의 무지개 색깔로 표현된다. 그러나 사실은 빨강에서

PART V __ 잉쾌의 전개   **173**

보라까지 아주 많은 색이 연속적으로 이어져 있다. 빛을 분석하고 방출하고 흡수하는 물질의 구조와 성분을 이해하기 위해서는 빛을 분해하는 프리즘 분광기가 필요하다. 프리즘은 일반적인 삼각 프리즘을 쓰기도 하지만 그 용도에 따라 분산용, 반사용, 분할용 등을 사용한다.

잉쾌는 세상사를 분해하는 종합 프리즘이다. 세상사에 스며있는 빛의 형태를 음양오행과 육십갑자의 색깔로 면밀히 분해해 낸다.

세상사 개체의 고유한 빛깔과 관계망 속에서 함께 어울려 뿜어져 나오는 알록달록한 빛들의 성질과 작용과 변화의 추이를 알아내기 위해서도 그 기능마다에 알맞은 분석의 틀이 필요하다. 다양한 빛의 광채와 함께 그늘과 그림자를 분석하고 '빛의 상처'라고 일컫는 빛깔[색]의 정체를 밝히기 위한 경로와 절차도 마찬가지다.

잉쾌 해설의 디테일에 들어가기에 앞서 갖춰야 할 철학과 전략을 수립하는 정지작업에 대해서 알아보도록 하자.

천태만상 인간의 빛과 그늘과 그림자는 인간의 지식이나 지모만으로 그 전모를 모두 밝힐 수 없다. 의식의 범위를 넘어 영적 신성과 교감할 수 있는 특별한 매체로 이를 밝히고자 여러 방법과 도구가 활용되어 왔으나 대체로 그 복잡성에 비해 효용성은 제대로 주목받지 못하고 있다.

잉쾌는 막연한 신비의 허울을 벗어 던지고 인간을 위한 도구로 핵심적이고 실용적인 해법으로 성공적인 점술 임무에 임한다.

평안한 마음으로 일체의 사심이나 편견을 떨치고 내면의 잠재의식과 잉쾌의 신통력을 확신해야 본능적인 직관의 능력을 이끌어낼 수 있다. 정신과 기교가 합일하여 초월적 영성을 깨우면서 마음의 눈을 뜨게 하고 지혜의 문을 여는 것이다.

잉쾌를 시작할 때 가장 중요한 덕목은 순수함이다. 단순한 통계적 결과를 추출하거나 마법을 구사하는 것이 아니라 상징이미지를 영적 심상으로 연결하는 신령한 점술을 시행하기 때문이다. 점술은 상징과 기호 등의 다양한 매개를 이용하여 도출되는 일련의 패턴이 궁금해 하는 사항에 어떤 의미로 작용하는가를 직감적으로 연결시켜 읽어내는 것이다. 그러나 구체적인 메커니즘이 어떻게 작동하느냐고 묻는다면, '메커니즘은 모른다.'이다.

다만 그 원리를 현대의 기술적 방식과 비유해서 생각해 볼 수는 있다. 모든 조건을 가상으로 꾸민 '가상현실(Virtual Reality, VR)'이 아닌, 현실을 바탕으로 하되 현실에서 직접 감지할 수 없는 미지의 부가정보를 제공한다는 측면에서 증강현실(AR)이나 혼합현실(MR)의 특징을 갖는다. 즉 현실에서의 궁금한 일들을 상징과 기호의 영적 감응을 찰나적 해답으로 확장한다는 점에서 그렇다.

여하튼 '점술(Divination)'이란 말 자체가 '신성(divinity)'에서 유래했음을 상기하면 굳이 캐물으려고 나설 필요는 없을 것이다.

잉쾌로 어떤 상황에 대한 해답을 얻기 위해서는 존중과 신뢰의 정중한 자세로 기본적 절차에 충실해야 한다. 확고한 정신무장과 치밀한 목표분석으로 적절한 전략을 구사해야 된다는 얘기다.

마지막으로 주체의 입장과 상황을 시간과 공간적으로 잘 엮어 체계화한 배열의 절차가 필요하다. 여러 조건이 통합적인 패턴으로 조화된 궁리의 매트릭스(Matrix)로 조직해야 하는 것이다.

잉쾌의 습득과 숙달 과정은 '기본을 이해하고 세상과 소통하며 즐기는 유쾌(愉快)의 단계', '현실을 통찰하고 신성과 교감하며 세상에 도움을 주는 상쾌(爽快)의 단계', '존재를 사유하며 걸림과 집착을 떨치고 세상사 모두를 아우르는 통쾌(痛夬)의 단계'로 나뉜다.

쾌반을 완전히 익혀 점술의 완성단계인 '통쾌' 단계가 되면 잉쾌의 상징과 묘리에 맞춰 초월의 춤사위에 빠지는 쾌선(夬疈)의 경지에 다다른다. 묘리와 통하면 형식이나 프레임에 얽매이지 않고 '눈에 보이거나 보이지 않거나'를 불문하고 마음에 와 닿는 대로 잉쾌를 자유자재로 구사한다.

01
잉쾌의 펼쳐
- 쾌반, 배열법

『삼국지』에 나오는 천재적 군사 제갈공명의 병법서 「제갈량집(諸葛亮集)」에 작전의 비결을 명시한 부분이 있다.

- 적이 수비를 견고하게 하고 있을 때는 약한 부분을 공략한다.
- 적이 진을 풀고 움직이기 시작할 때는 기습공격을 한다.
- 적과 맞닥뜨릴 때는 지리적 이점을 살려 진을 펴야 한다.
- 적이 위축되어 움츠리면 양면에서 협공으로 쳐부숴야 한다.
- 적이 여러 연합군으로 편성됐을 때는 먼저 그 주력을 공략한다.
- 때와 장소의 이점을 살피지 못한 작전은 승리할 수 없다.

잉쾌의 신비성을 이끌어내는 것도 이와 같다. 철저한 준비와 함께 각각의 상황에 맞는 방법으로 패를 펼치는 '펼쳐'의 쾌반을 적절히 활용해야 원하는 답을 쉽게 얻어 유용하게 활용할 수 있다.

파리를 잡으려고 도끼를 들고 설쳐봐야 소용없다. 반대로 황소 잡는데 파리채를 아무리 날쌔게 휘둘러보아야 팔만 아플 뿐이다.

점술의 실행 목적과 원하는 해답의 종류에 따라 그때그때 적합한 펼치기 형식의 배열법을 사용함으로써 진행이 매끈할 뿐만 아니라 결과의 도출도 순조로워진다.

잉쾌의 펼쳐는 질문의 내용이나 양상과 목적에 따라 여러 형식으로 펼쳐지지만 기본적으로 '한패보기[즉통반]'의 확장이자 세분화라 할 수 있다. 바로 증강과 혼합현실적인 작용을 하기 때문이다.

잉쾌의 신비성은 찰나적인 영감이 상징의 핵심을 꿰뚫어 뇌리에 박히는 직관에서 비롯한다. 그러나 처음부터 누구나 한패로 모든 것을 꿸 수는 없다. 한 장의 패로 원하는 해답을 얻으려면 잉쾌와 영적 교분이 오래 쌓여야 한다.

누군가 말했다. '삶은 펼쳐짐에 참여하는 것'이라고. 쾌반의 '펼쳐'는 반복적으로 꾸준히 익히는 것만이 자연스럽게 친화하고 교감하는 지름길이다. 서로 존중하면서 길들여지는 것이다.

한패펼쳐 - 즉통반(卽通盤), 한패보기

한패펼쳐는 굳이 펼쳐의 배열법 범주에 넣는 것조차 부자유스러운 단도직입적 판명이다. 알고자 하는 사항의 내용과 방향과 성질을 명확히 제시하는 결정적 지침을 주기 때문이다.

무의식과 잠재의식을 깨워 일거에 깨달음의 혜안을 얻기 위해서는 지엽적 잔가지는 시야를 방해할 뿐이다. 똑똑한 바보는 무엇이든지 더 크고, 더 복잡하고, 더 화려하게 하려고 든다. 실용적 생활인의 삶은 단순하고 간결함이 최선이다.

 아침에 눈을 뜨고 기지개를 켜면 그날 또 닥칠 일이 머리를 덥히기 시작한다. 식혀야 한다! 그대로 일상을 방치하면 삶이 황폐해져 무력감에 빠져 헤어나기 힘들어진다. 다른 한편으로 이상의 실현을 위해 분투한다면 합당한 사고와 행동의 지침이 필요하다. 이런 경우 돌파구를 열기 위한 자기최면이 요구된다. 그렇다고 무작정 부딪쳐나가는 의욕과잉에 빠지면 오히려 역효과만 부르게 된다.

 이 때 한패펼쳐의 위력을 실감할 수 있다.

 그날의 일과를 시작하기 전에 정화된 마음으로 한패를 무작위로 골라 그날의 운세를 가늠한다. 대체적인 운세의 윤곽이 잡히면 마음가짐과 행동의 방향을 다잡고 주어진 환경과 처해진 입장에 맞추어 대처함으로써 불확실성에 능동적으로 대할 수 있게 된다. 패의 의미가 좋으면 좋은 대로 더욱 분발하고, 나쁘면 나쁜 대로 근신하며 낮은 자세로 일상에 임함으로써 삶이 훨씬 맛깔스러워진다.

 특히 독단적 입장에서 중요한 결정을 내려야 할 경우에 훌륭한 조언자며 상담자며 협력자의 역할을 믿고 맡길 수 있다. 쳇바퀴처럼 되풀이되는 단조로운 일상을 능동적으로 개척하여 기꺼운 마음으로 자기 실천적 삶을 살아갈 수 있게 되는 것이다.

 한패보기는 시간과 장소에 구애받지 않고 일상생활 속의 여러 일에 즉각적으로 활용할 수 있는 최적의 실용방법이다.

- 문갑이나 화장대 위에 잉쾌를 비치하고 문득 스치는 단상들과 특정 사안의 귀추와 향배를 물어 생각을 정리할 수 있다.
- 거실이나 현관에 비치하여 외근과 출타의 목적과 관계된 사항은 물론

유념할 신변의 대응방안을 미리 강구하게 한다.
- 가방이나 주머니에 휴대하여 이동할 때나 잠시 짬이 생길 때 원하는 사항의 해결방안을 마련할 수 있다.
- 책상서랍이나 응접장소에 두고 의사결정이나 중요한 업무를 결정하는 보조수단으로 이용할 수 있다.

한패펼쳐는 실행과 결과 도출이 단순하여 가볍게 여기기 쉽지만 절차는 간단해도 엄연한 신성접근의 의식이다. 불경하고 삿된 마음이 틈입하지 않도록 그 순간만은 절대 경건함을 갖춰야 한다.

한패펼쳐로 흔히 찾는 해결책

- 오늘[또는 특정한 날] 운세의 기조는 어떠한가.
- 현재 시점에서 가장 신중하게 대처할 사항은 무엇인가.
- 어떤 일[사람]이 나에게 도움이 될 것인가. 해가 될 것인가.
- 애매한 부분이 많은 가운데 당장 결정할 중요사항의 결단.
- 불확실하거나 불명확한 사항에 대한 결과예측 및 방향설정.

한패펼쳐에서 특별히 유념할 것이 있다. 똑같은 패라 할지라도 상황과 처지, 시간과 장소, 사물의 이치를 잘 따져야 한다. 아울러 '이것 아니면 저것'의 획일적 선택이 아닌 더 유용하고 현명한 대안을 속에서 이끌어낸다는 포괄적 관점을 놓치지 않아야 한다.

두패펼쳐 - 건곤반(乾坤盤), 두패보기

두패펼쳐는 한패펼쳐의 미진한 부분을 보강하며 현안에 대해 좀 더 깊은 숙고가 필요한 결정이나 판단을 할 때 유용하다. 그런 점에서 두패펼쳐를 하는 경우는 그다지 많지 않다.

그러나 두패펼쳐만의 장점도 있다. 두 가지로 압축되거나 제한된 대상을 똑같은 비중에 놓고 치우치지 않으면서도 균형의 추가 바른 쪽을 향하도록 결정의 정당성을 제시해 준다는 점이다.

하늘과 땅의 심오한 섭리를 깨닫듯 자연스럽게 해법과 연결해 준다는 의미에서 '건곤반'으로도 불린다.

잉괘는 단순한 상징 이미지만으로 결과를 유추해 내는 것을 넘어 음양오행의 간지와 띠의 성향을 더함으로써 심층적인 해법에 접근한다.

음양의 대립성은 세상의 기본이치요, 두패펼쳐의 속성이기도 하다. 큰 것이 있으면 작은 것이 있고, 높은 곳이 있으면 낮은 곳이 있다. 어려운 일이 있으면 쉬운 일도 있으며, 부자가 있고 가난한 사람이 있다. 심지어 악이 있음으로 해서 선도 있고, 죽음이 있으니 삶도 있는 것이다.

존재의 모든 것들이 상대적인 대립성을 가지고 있다. 그렇다고 대립이 서로 맞서 대치하는 적대성만 가지는 것은 아니다. 서로 보완하며 상생과 상극의 줄다리기를 통한 공조의 길도 열어간다.

이런 긍정적 대립성을 활용하는 데는 두패펼쳐가 안성맞춤이다. 단순한 이중성을 가리는 것이 아니라, 이해관계나 적합성과 효용성 등의 차별성을 따져 최적의 결과를 낼 수 있기 때문이다.

■ 상대성을 이용한 펼쳐

기회나 대상의 조건이나 가치를 좋은 점과 나쁜 점, 충분과 불충분, 부정과 긍정 등으로 서로 상대적인 특성을 대립시켜 비교우위를 가르는 펼쳐 방식이다.

취업이나 진학을 위한 응시에서 복수의 합격으로 더 나은 곳을 선택할 경우나, 한 남자[여자]가 두 여자[남자]를 대상으로 더 적임자를 고를 때, 집을 새로 장만하고자 할 경우에 맘에 드는 두 곳 중에서 선택하거나, 당장 구입할 것인지, 다음기회로 미룰 것인지 등의 경합요소를 가늠하여 선택하는 수단으로 삼는다.

펼쳐의 위치는 옆으로 나란히 놓거나 위아래로 놓거나 상관없다.

펼쳐를 시작하기 전에 미리 질문할 대상의 순번을 먼저 펼치는 패를 '긍정'이나 '가', 나중 펼치는 패가 '부정'이나 '나'식으로 조건과 가치를 전제하여 질문요지의 위치를 미리 정해놓고 펼친다.

'사례 1'의 경우의 질문을 '가1'이라는 회사와 '나1'이라는 회사에 응시하여 동시에 합격통보를 받고 선택의 기로에 있다고 치자. 여러 조건과 장래성 등에서 엇비슷하여 선택이 쉽지 않을 때 당연히 잉괘는 결정의 방향을 알려준다. '가1[을축]'의 경우는 두말할 것 없이 완벽한 이상적 대상이다.

'사례2'의 경우에 사귀고 있는 두 상대를 놓고 혼인 적임자를 물을 때도 잉괘는 확실하게 지명한다.[펼쳐의 두 패로 직접 느껴보라!]

■ **영향의 상관관계로 추단하는 펼쳐**

두 패를 뽑는 순서에 따라 먼저 뽑는 패가 중심이 되고 다음 뽑는 패를 중심에 작용하는 외적 요인으로 파악하는 펼쳐방식이다.

대립적 관계를 이용한 적대성과 상호보완성을 이용하여 특정 상황[입장]에 어떤 영향을 미치는가의 관계성으로 해답을 얻는다.

사례 3		사례 4	
가3[경진]	나3[무신]	가4[정미]	나4[무진]

'사례 3'의 경우를 보자. 질문은 "새로 시작하고자 하는 일이 제대로 성사될 것인지?"다. 먼저 뽑힌 '가3[경진]'은 시작하는 일 자체다. 그 일이 올바르게 기획되고 타당성이 있는지를 가리킨다. 그리고 나중에 뽑힌 '나3[무신]'은 기대하는 성과, 즉 목표하는 바의 완결성을 나타낸다.

간단히 해설해 보자.

추진하는 일이 상당히 비정형적인 일이다. 일반적으로 쉽게 접할 수 없는 특이한 일이거나, 독특한 시각으로 차별화된 비결을 가미한 일이거나, 극단적으로는 보통의 상식이 통할 수 없는 음성적이거나, 담합에 의한 세간에서 백안시하는 종류의 것일 수 있다. 그러나 내부적인 치열한 열정으로 어려움을 극복하며 외부의 긍정적 동조까지 얻으며 뜻을 이루지만 과정에 지난함이 따를 것이다.

'사례 4'의 경우는 질문의 형태에 따라 달라지겠지만 경쟁이나 격렬한 대치상황의 입장에 서있다. 명운을 건 한판 승부를 펼치거나, 모든 것을 순리의 내맡기고 결과에 순응해야만 될 형편이다.

■ 다가섬과 물러섬의 이치를 이용한 펼쳐

친하여 가까이 달라붙거나 버성기며 차츰 멀어지는 현상을 펼쳐로 포착하는 방식이다. 봄이 오면 꽃소식과 함께 대지의 만물은 흥이 나 달려오지만, 동장군은 겨울철새 등과 더불어 슬며시 물러간다. 늙어지면 병치레와 회한은 한사코 달라붙지만, 젊은 시절의 꿈과 낭만은 하염없이 멀어진다. 사랑할 때는 온갖 것이 아름다운 매혹으로 휘몰아 감싸오지만, 열정의 거품이 빠지면 싸늘히 외면하며 돌아선다.

이처럼 오는 정 가는 정, 친해지는 것 멀어지는 것, 붙드는 것과 뿌리치는 것을 이해관계의 이치를 따져 분석한다. 즉 '나를 향해 오는 것[정응(正應)]'과 '나를 등지고 가는 것[거응(去應)]'의 향배(向背)로 판단하는 두패보기다.

사례 5	사례 6
가5[병자] 나5[계유]	가6[무자] 나6[정축]

'사례 5'의 질문은 "현재 유수의 학교에서 원하는 공부를 열심히 하고 있다. 그런데 생각만큼 능률이 안 오른다. 해외 유명학교로 옮기거나 진로 자체를 바꿔야 하나?"다.

'가5[병자]'는 현 상태를 유지하면 이로운 작용의 상황을 보여주는 패로 영광을 발현한다. 반면 '나5[계유]'는 부정적 요소를 나타내는 패로 낭만은 있지만 현혹과 갈등에 휘말릴 조짐을 예시한다.

잉괘는 힘은 들지만 현재를 인내해야 결과도 좋다고 응답한다.

'사례 6'은 "선친으로부터 물려받은 토지를 좋은 조건으로 사겠다는 작자가 있다. 재정적으로 여유가 생기면 좋긴 하겠지만 그렇게 절실하지는 않다. 팔아야 하는가?"의 질문이다.

'가6[무자]'는 팔지 않고 그대로 두는 경우다. 대상 물건으로 인해 다툼이나 복잡한 문제가 발생할 수 있음을 암시한다. 팔지 않을 경우에 등지고 멀어지는 것으로 '나6[정축]'의 패가 나왔다.

여기서 유의해야 할 점은 첫 번째 패는 질문자에게 닥치는 사항이고, 두 번째 패는 질문자로부터 멀어지는 사항이라는 점이다. 그렇다면 멀어지는 재산을 가만히 앉아 두고 볼 수만은 없지 않은가. 재산을 지키기 위해서는 팔되 다른 형태로 보존해야 할 것이다.

■ 특별한 두패펼쳐〔두손 펼쳐〕

사람의 손에는 무궁무진한 신비가 있다.

물건을 쥐거나 만질 수도 있다. 눈으로 물건을 볼 수는 있지만 그 물건이 딱딱한지 부드러운지, 뜨거운지 차가운지 등의 구체적인 정보는 손이 구별한다. 또 눈으로 보지 않고 주머니 속의 동전이 십 원짜리인지 백 원짜리인지 감촉만으로 알아맞힌다. 손에는 인체의 어느 부위보다 신경망이 몰려있어 예민한 촉감을 가지기 때문이다. 진화와 관련하여 인류는 손을 사용하여 도구를 개발하고 사용할 수 있게 됨으로써 두뇌의 크기가 커지게 되어 지능이 발달하는데 크게 기여하였다.

인류의 위대한 진화를 선도한 손은 신이 내린 축복의 선물이다. 신을 향해 기도하고 신을 위한 제물을 준비했던 손을 활용하여 잉쾌에서는 펼쳐하며 잠재된 신성을 직접 도출할 수 있게 되었다.

펼쳐의 방법은 질문사항이 양자 대립을 이루는 것을 위주로 한다. '어느 것이 과연 옳으냐[시비(是非)]', '어느 쪽이 더 나으냐[우열(優劣)]', '어느 순서로 행하여야 하냐[완급(緩急)]', '어느 것에 더 비중을 두어야 하냐[경중(輕重)]' 등의 질문일 경우가 해당한다.

- 질문 당사자는 질문의 내용을 정확하고 간단명료하게 설명하고 패를 골고루 섞는다.
- 쾌리어[직접 펼쳐할 때는 그냥 본인 스스로]는 질문자의 양손에 의미 설정[어느 손을 정하든 상관없지만, 가급적 오른손은 긍정의 의미로 하고 왼손을 부정의 의미로 정한다]을 한 후 질문자로 하여금 경건한 마음으로 두 손을 펼쳐 내밀도록 한다.
- 쾌리어는 질문의 요지를 되새기며 한 번 더 섞은 후에 무작위로 뽑은 패를 겉장이 위가 되도록 질문자의 손에 각각 올려놓는다.
- 질문자는 조용히 눈을 감고 패와 무언의 교감을 나눈 다음에 양 손의 패를 바닥에 그대로[속장이 보이지 않은 상태] 내려 놓는다.
- 쾌리어는 두 패의 내용에 따라 미리 설정한 부정과 긍정의 조건에 어떤 식으로 잉쾌가 답하는지를 설명한다.

이 펼쳐는 질문자를 잉쾌와 직접 공명케 함으로써 문제해결을 한층 쉽게 한다는 장점이 있다.

세패펼쳐 - 삼원반(三元盤), 세패보기

모든 빛과 색의 바탕이 되는 세 가지 것을 '삼원색'이라 한다. 삼원색의 원색은 다른 색을 섞어서는 얻을 수 없는 독립적인 색이다. 삼원색을 모두 혼합하면 빛은 백색이 되고 색은 흑색이 된다. 그리고 두 가지 이상의 색광이나 색상의 재료를 혼합하면 전혀 다른 색이 나온다.

세패펼쳐도 이러한 이치와 같다. 펼쳐로 뽑힌 세 패는 당시에 묻고자 하는 사항을 도출하는 원천의 삼원이 된다.

이 삼원패가 원색의 빛과 색료가 되어 세상사와 인생사의 다양한 모습을 펼쳐 보인다. '하늘[天]과 땅[地]과 사람[人]', '과거와 현재와 미래', '나와 너 그리고 다른 사람이나 그 무엇'들과 관련된 오묘한 조화의 세계를 펼치는 것이다.

세패펼쳐는 크게 보아 '하늘과 땅과 인간'이라는 삼각관계의 비밀을 푸는 직관적 작업이다. 모든 세패 연결은 여기에서 출발한다. 신성은 사람의 일에 관여하고 사람의 일에는 땅의 물질이 반드시 개입된다. 하늘은 우주 작용의 원리이고 땅은 모든 물질을 형성하는 근본이기 때문이다. 사람살이의 동력과 활동의 근거가 이 두 요소에 의해 발현되고 응결되며 변화한다.

하늘의 섭리를 잘 궁리하고, 땅의 이치를 터득하면 자연스럽게 사람살이의 문제도 알 수 있다고 했다.[상궁천도(上窮天道) 하진지리(下盡地理) 중통인성(中通人性)]

세패펼쳐는 근본부터 명확히 짚어가며 관계가 맺어지는 이치를 폭넓게 따져 인간사 문제를 훑어 꿰뚫는다. 현실인식과 진단, 그리고 처방의 경로로 자연스럽게 문제의 답이 맺히게 한다.

한패펼쳐가 직관적 구조라면 세패펼쳐는 통합적 분석구조로 펼쳐의 완결판에 해당한다. 그만큼 여러 목적에 이용하는 황금구조로 일반적인 질문이나 추론에 두루 쓰인다.

물론 사안에 따라 정교하고 면밀한 답을 얻기 위해 더 많은 패로 연결망을 구성하면 복잡한 문제를 푸는데 도움을 받는다.

■ **펼쳐의 요령**

세패펼쳐는 좌우로 나란한 배열의 펼쳐나 삼각형의 펼쳐를 활용한다. 단, 삼각형 펼쳐는 시행자와 질문자가 다를 경우 마주보는 자세에서 혼란을 줄 수 있으므로 삼가는 것이 좋다.

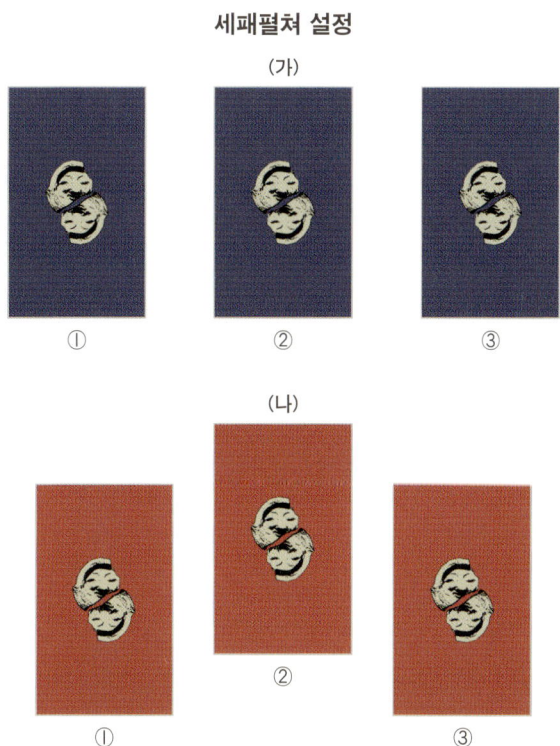

세패펼쳐 설정

- 시점이나 단순한 연결성 문제의 경우는 좌우나 삼각형의 모형에 상관없이 펼쳐의 순서대로 '과거 - 현재 - 미래', '발단 - 진행 - 결과', '대립-조화-변화'를 염두에 두고 시행한다.
- (가)에서는 ②의 패가 중심과 본질의 주체가 된다. 먼저 펼친 ①은 주체에게 끼치는 직접요인으로 이미 그 영향권 안에 들었거나, 이롭게 작용하는 사항으로 주체의 현재를 만들어 낸 동기이자 원인요소가 된다. 즉 과거, 시작, 잉태 등의 긍정요소다. 나중의 ③은 주체[②]의 현재에 변화를 가하여 새로운 형태의 존재의미를 만들어 내는 변동요소가 된다. 긍정과 부정의 요소를 망라한 미래, 결과, 완성 등에 결정적 역할을 하는 필연의 요소다.
- (나)의 펼쳐는 ①의 패가 주체가 되어 ②는 원인요소[(가)의 펼쳐에서 ①의 역할], ③은 변동을 일으키는 필연요소가 된다.

이처럼 세패펼쳐의 설정은 '나와 나에게 영향을 끼쳐왔던 직간접 요소'와 '현재의 입장과 상태'가 종합적으로 응결되어 미구에 나타날 일까지를 밝혀내고자 하는 방식의 기본구조이다.

이외에도 질문이나 밝히고자 하는 사항의 조건을 세가지 이야기 형태로 배치할 수 있으면 시간[과거, 현재, 미래], 관계[나, 상대, 일반], 공간[가정, 직장, 사회], 처신[희망, 우려, 방해], 의식[몸, 마음, 영혼], 태도[감정, 생각, 행동]를 막론하고 무엇이든 세패보기로 구성할 수 있다.

나와 학교[직업]와 가정, 나와 친구와 연인, 내 마음과 상대의 생각과 현실의 한계, 내적인 마음과 외향의 표현과 그에 따른 타인의 반응, 당면의 문제에 순응하는 경우와 맞대응하여 돌파하거나 회피하는 경우, 받아들이거나 무시하거나 도피하거나, 인연맺음과 진도의 향방과 결실의 추이 등등.

세패펼쳐의 위치에 따른 역할을 부여하는 설정의 원칙은 없다. 다만 먼저 펼치는 패를 먼저 일어나는 일로 하고, 두 번째의 패를 주체적 입장이나 현실적 처지로 삼으며, 맨 나중의 패를 발현되어 나타나는 결과나 구하는 결론의 내용으로 삼는 것이 기본이다. 그 밖에 각 패의 위치에 따라 어떤 의미를 부여할 것인가는 질문의 상황과 질문자의 입장에 따라 달라질 수 있다.

■ 펼쳐의 예시

■ 과거, 현재, 미래의 진행상황 추리

맨 처음의 패는 현재의 상황을 빚은 과거에 일어난 경험이나 사실을 나타낸다. 다음의 두 번째 패는 현재로 실체화된 진행상황 그 자체를 나타낸다. 마지막의 세 번째 패는 나아가야 할[혹은 나갈 수밖에 없는] 방향을 제시하거나 나타낸다.

여기서 펼쳐는 현재를 형성하는데 상당한 인과로 작용한 과거의 원인요소와 현재에 처한 입장과 앞으로 나타날 가능성의 미래를 차례로 상징적으로 보여준다. 이렇게 나타나는 진행의 시나리오는 개략적인 큰 그림으로써 운명적 확정사항으로 성급히 추론하여서는 안 된다. 펼쳐의 시행 당시 개별여건이 그같이 형성되어 있다는 것으로 의지나 자각의 정도에 따라 변화를 모색할 수도 있기 때문에 신중한 접근이 필요하다.

기축[26]   계유[10]   병자[13]

　지난날을 회상하는 것만으로도 괴로움과 부끄러움이 스멀거린다. 스스로 만든 사슬에 갇혀 초조와 불안을 억누르고 세상을 원망하며 울분과 한탄 속에서 길을 찾아 몸부림치며 헤매었다.[기축]

　다행히 좋은 인연으로 나를 다스릴 수 있는 기회가 왔다. 그 동안 마음 붙일 애착의 대상을 그리며 매사에 과잉반응을 보이던 분노의 근원을 해소해 줄 존재가 꿈처럼 다가왔다. 이제까지의 습벽을 바꾸고 개조해줄 인연이 명백히 내 품안에 들어온 것이다.[계유]

　그래도 여전히 불안해하며 주춤거리지만 어쨌든 의지를 세워 정진한다면 정신의 힘이 강해지면서 마음의 경계가 넓어진 자신을 만나보는 행운을 누리게 된다. 더불어 좋은 인연으로 새로운 목표가 세워지고 안정을 얻는다. [병자]

　자신의 가능성을 몰라서 방황하고 무언가를 무작정 찾아 헤매는 시절이 있다. 이런 때 자아발견을 촉발하는 인연을 만나면 일시적 희열을 넘어 운명까지 바꾸는 계기가 된다.

■ 인간관계와 물질관계의 추리

사람살이의 중요한 문제 중에서 특히 밀접한 사항인 인간관계와 살림살이의 물질적 관계인 경제문제를 중심으로 펼쳐해 보자.

인간은 사회적 동물로서 태어날 때부터 관계를 형성하면서 살아간다. 혈연, 학연, 지연 등의 수동적 관계와 개인적인 성향이나 직업적 이해관계와 이념, 종교, 취미 등의 공유로 누군가와 관계를 맺으며 살아간다. 이 같은 인간관계는 부모와 자식, 스승과 제자, 선후배, 상사와 부하의 관계처럼 나이, 촌수, 계급, 지위 등에 의한 수직적 관계와 교우, 연인, 부부처럼 수평적 관계들이 복잡하게 뒤엉켜 돌아가는 것이다. 이처럼 관계로 시작해서 관계로 끝난다고 볼 수 있을 정도로 사람살이의 핵심 사항이기에 다소 장황하게 늘어놓는다.

현대인의 사람살이에서 인간관계에 못지않게 중요한 것이 물질의 경제적 요소임은 누구나 동의한다. 심지어 '물질적 충족 없이는 행복도 없다'고 대놓고 외치는 세상이다. 그런 시각의 옳고 그름을 떠나 그 가치성은 모두가 공감하고 실제로 세상살이에 그만큼 힘을 발휘하고 있음에 물질욕구에 관련한 사항도 함께 예시한다.

관계와 물질적 욕구에 관한 사항은 사람이 살아가는데 영원히 함께 지고 가야할 기본가치이자 필요조건이다.

현실문제에 적극적으로 대처할 수 있는 유용한 펼쳐를 살펴보자.

■ 인간관계에 대한 추리〔사랑의 전말〕

병인[3]   양[+]   신사[18]

첫 번째 패는 한 사람의 생활태도를 보여준다.[병인]

빈틈없이 챙기고 만사를 철저한 계획에 맞춰 정확하게 추진하는 완벽주의자의 면모가 그대로 드러난다. 호랑이의 눈매로 탐색하되 서두르지 않고 때를 기다린다.[호랑이] 모든 환경조건도 원만하다.[☱] 근본적으로 바탕에 열정을 품고 있어 언제든 폭발의 가능성이 잠재해 있다.[화(火)]

모든 준비를 완벽히 끝내고 천생의 단짝을 기다려왔다. 농사를 짓듯이, 전쟁을 준비하듯 차근차근 두근거리는 마음으로 만반의 대비를 한 것이다. 달콤한 솜사탕 같은 사랑을 꿈꾸며, 그 누구도 넘보지 못할 보금자리 성채에서 완벽한 행복을 구현하고자 하는 의지가 넘친다. 어느 날엔가 반드시 찾아올 행운의 입맞춤을 기다리는 믿음이 비장하기까지 하다.

두 번째 패는 그 사람에게 닥쳐온 현재를 이야기한다.[양(陽)]

뭔지 모를 불덩이가 가슴을 훑으면서 느닷없이 사로잡는다. 세상의 모든 것이 사라져버리고 새로 나타난 존재와 나만 보인다. 태양이고 존재의미가 된다. 세상이 풍만해지고 '보이는 것', '느끼는 것'들이 모두 감사요 기쁨과 환희다. 현실과 환상의 경계에서 쾌락의 열기에 휩싸여 한바탕의 유희 속에 주인공으로 맹활약한다.

세 번째 패는 이야기의 종말이며 세패펼쳐의 수레바퀴가 멈춰서는 지점이다.[신사]

무서운 집념의 바탕[병인]은 부추김[+]과 찬란한 광휘[태양]의 소용돌이와 상승작용을 일으켜 온통 자기를 불사른다. 애초의 철저한 계획적 추진성과 절제력을 잃은 채 강력한 흡인력에 빠져 정체성마저 모호하게 변했다.[뱀] 당장의 인연에 사로잡혀서 이성적으로 자신을 통제하려는 시도조차 할 수 없는 상태에 이른다.[☣]

불을 즐기고 그 것에 지나치게 빠지면, 언젠가는 자신이 그 즐기던 불에 타버리는 수가 있다.[완화자분(玩火自焚)]

가끔은 평범한 진리를 잘 알면서도 불현듯 그것에 빠져 허우적대는 안타깝고 허무맹랑한 일을 의외로 많이 본다. 하물며 그것이 지독한 사랑인 경우에야 더욱 어쩔 수 없지만…

아미패를 포함한 모든 패를 가지고 펼쳐한 사례다. 아미패가 품는 의미는 광대하다. 이 펼쳐에서는 그 의미를 좁은 차원으로 함축하여 범위를 좁혀보는 실례를 선보인 것이다.

■ **물질관계에 대한 추리〔재테크-주식투자의 허와 실〕**

주식투자를 두고 흔히들 투기라거나 투자라거나 하면서 왈가왈부하는 경우를 본다. 경제학의 전문용어나 포트폴리오 등은 잉쾌를 활용할 때는 별의미가 없다. 문제는 그 효용성과 실리적 가치다. 실질적 이익을 따지는 것이 경제학이요, 그것을 유익하게 활용하는 것이 경제다. 경제를 분석하고 예측하는 것은 경제학의 영역이다. 분석이나 가치에 관한 검증은 스스로 하되, 잉쾌는 불확실한 추세 속에서 기존의 습관화된 고정관념을 벗어나 어떤 결정이 이익을 취하는데 유리하냐의 방향을 제시할 뿐이다.

주식투자의 사례를 살펴보자. 시중의 역학 서적은 대개 사주팔자와 해당 상장기업의 종목을 오행속성에 맞춘다거나 개인별 대운 등의 운기에 맞춰 같은 오행분류의 종목이 유리하다는 식으로 투자를 권유한다. 이는 억지로 가져다 붙여 때려잡는 방식에 불과하다.

물론 잉쾌에서도 잉쾌수나 유가증권 코드번호[혹은 단축코드] 등을 대입하여 구체적으로 투자하는 방법이 있지만 심화단계에서 논하기로 하고, 여기서는 의사결정의 선택에 관한 사항만을 다루기로 하자. 오행의 기운이 상응한 사람과 종목의 선택으로 투자가 성공한다면 특정 종목이나 업종은 동류의 오행을 가진 사람이 독차지하여 과점주주가 되어야 한다. 그러나 어디 사실이 그렇던가. 절대 아니다.

경제적 이익은 그야말로 신출귀몰 그 자체다. 주식도 마찬가지다. 수많은 변수에 의해 시도 때도 없이 변하는 것이 그 특성이고 묘미다. '묻지 마 투자'는 실패의 지름길이다. 그렇다면 기술적 분석으로 투자에 모두 성공하는가. 그것만으로는 어림없다. 문제는 기미를 제때 포착하기 위해 대상의 실체가 움직일 수 있는 방향을 미리 예측하여 겨냥과 동시에 주저 없이 방아쇠를 당겨야 명중시킬 수 있다.

주식의 역동적인 움직임을 예측하여 성공적인 투자를 이루기 위한 잉쾌의 변화예측 그물을 펼치는 실례를 보자.

① 무술[35]　　② 을해[12]　　③ 수[100]

　　투자와 관련한 펼쳐를 할 때는 반드시 원하는[투자하고자 하는] 종목이나 대상의 범위를 미리 정해야 한다. 당시의 여러 여건이나 환경 등의 판단에 따른 종합변수를 무시하고 '이거는 된다'는 막연한 심증으로는 잉쾌도 가릴 수 없기 때문이다. 잉쾌는 기본적 분석과 기술적 분석을 거친 후, 단지 당시의 시점에서 개인별 운기가 해당종목[대상]에 배팅함이 적정한지 여부만을 알려준다.

　　'갑'이라는 종목을 염두에 두고 투자['사자'건 '팔자'건 상관없지만 여기서는 사는 것으로 하자]해도 좋은지 여부를 알아본다고 치자.

　　펼쳐의 ①은 투자대상을 선정한 개별적 판단이나 시장여건과 추세적 상황을 말한다. ②는 선정된 대상의 현재적 가치나 객관적 평가의 내용에 해당한다. 마지막 ③이 투자의 지침이 되는 잉쾌가 제시하는 행동으로 옮겨야하는 방향이 된다.

　　유의할 점은 ②의 평가가 좋거나 가치가 인정된다고 해서 투자여부가 여기서 결정돼서는 안 된다는 점이다. 잉쾌는 개별가치를 분석하는 것이 아니라 운기에 따른 의사결정의 적정성을 제시하기 때문에 반드시 ③의 의미에 초점을 맞춰 행동해야 한다.

시장에서의 승리자와 패배자의 차이는 똑같이 전개된 상황 속에서 어떤 국면이 그 시점에서 결정적인가를 짚어내느냐에 달려 있다.

①의 패로 추론하면 '갑'이라는 종목에 투자를 하고 싶은 마음에는 이전에 다른 투자로 인한 손실을 만회하려는 욕심의 일면이 보인다. 아울러 시장상황조차 전반적으로 투기장세의 혼돈을 보이는 불확실한 실정이다. 자기 방식대로 추측하여[훈련되지 않은 개의 후각으로는 단순히 자기 앞의 먹을 것만 맡을 뿐이다] 함부로 결정하기에는 위험요소가 너무 많다.[무술]

②의 펼쳐로는 다행히 '갑'이라는 종목의 선택은 무난하다. 기반이 튼튼하고 꾸준한 성장이나 안정성도 기대할 수 있다. 거기다 과거 배당 수익률도 양호할 것으로 보인다.[을해] 여기까지만 봐서는 당장 투자를 결행하여야 할 충동을 느낀다. 그러나 일면의 조건이나 상황만으로 장세나 주가의 추이를 예단하기에는 불확실성이 많은 것이 주식시장이다. 호재가 있어도 주가는 얼마든지 내려간다.

③의 마지막 펼쳐는 흐름을 읽어야 한다고 주문한다. 문제는 타이밍이라는 것이다. 겨울은 암중모색하며 봄의 도약을 준비하며 마중물을 마련하는 기간이기도 하다. 지금은 원하는 고수익이나 단기차익 실현의 욕구와는 맞지 않다는 신호를 암시하고 있다.[수]

자, 이런 때는 어떻게 해야 하는 가? 틀림없이 손안에 들어줄 것 같은 이익이지만 때론 눈앞의 작은 것을 포기하면 더 큰 것을 얻을 기회를 가질 수 있다는 점을 상기하자. 그런 연후 결정하라.

주식거래가 경영이나 지분의 확보차원이 아니라면 수익이 우선이다. 좋은 주식이라고 마냥 품고 기다려서는 절대로 원하는 이득을 취할 수 없다. 또한 별 볼일 없는 주식일지라도 상승기류를 탈 때가 있다. 문제는 무시로 고저장단의 기복을 나타내며 변화하는 추세를 비집고 들어가 손실을 보지 않고 수익률을 최대한 높이는 일이다. 끊임없는 굴곡주기 속에서 매매시점을 절묘하게 짚어야 한다.

주식시장에서는 시장이 항상 옳다. '기를 쓰고' 덤빈다고 올바로 선택되지 않는다. '기를 제대로 읽어야' 옳은 길을 찾게 된다. '기'를 바르게 읽는 것은 내재가치는 물론이고 성장성까지 간파하는 일이다. 기의 기미를 꼭 집어 짚어내는 일은 잉쾌가 전문이다.

■ 운기의 변화와 추이에 관한 궁금증

수시로 변하는 것이 운기다. 운기가 변하면 그것의 영향을 받는 것들도 따라 변한다. 세상만물이 그렇게 변하고 사람의 마음 또한 마찬가지다. 이런 변화로 말미암아 희로애락의 감정이 생겨나고, 그것으로 인해 세상살이가 천국과 지옥을 넘나들기도 한다.

이번에는 사랑하는 사람의 마음을 알지 못하여 애가 타는 경우를 상정하여 상대의 진심을 알아보는 법을 펼쳐보자.

사랑은 불현듯 찾아오지만 예약된 절차에 따라 흐르며 익어간다. 서로를 밝히고 서로의 향기로움에 취해 현실을 벗어나 아득한 몽환의 세계에 빠져 한 몸이 되어 춤을 춘다. 늘 푸른 소나무의 기상처럼 영원을 꿈꾸는 사랑의 맹세는 그대로 아름다움이다.[병자]

사랑과 애정에 돈의 그림자가 어리기 시작하면 행복의 가치는 점차 욕심 쪽으로 기울기 시작한다. 어찌 보면 예전보다 훨씬 충만해 보인다. 사랑

도 있고, 풍족한 부유함에 날마다 흥이 솟는다. 누가 보아도 부러운 생활이다.[경인]

병자[13]   경인[27]   계유[10]

그러나 어느 날 문득 사랑에 허기를 느끼며 내면에 채워지지 않은 또 다른 욕망이 슬며시 고개를 치켜든다. 충만했던 옛사랑의 기억은 희미해져 가고, 무엇인지 어렴풋한 알 수 없는 공허가 어리며 새로운 활력을 찾기 위해 이리저리 기웃거리기 시작한다.[계유]

아직은 완전히 떠난 것은 아니다.

마음의 허전함을 채워줄 정열이 필요하다. 단지 과거의 아름답던 시절의 상기만으로는 다시 돌이킬 수 없다. 당장의 허기를 달래줄 새로운 자극이 필요하다. 사람은 너무 많이 가져도 허전할 수 있고 고달플지라도 충만한 경우가 있다. 지금까지의 타성적 관행과 단조로운 환경에 일대 변화를 꾀해야만 한다.

사람의 감정은 변하기 마련이다. 특히 자본주의 시대의 자본은 인간의 심성을 교묘히 변질시킨다. 현실에 안주하여 무신경하면 어느 순간 믿었던 사랑도 순식간에 썰물에 휩쓸려 떠내려가 버린다.

늘 경계해야 하고 살피며 온기를 유지하는 일이 사랑의 마음이요 감정이다. 사랑은 사람을 따뜻하게 해주는 불이기도 하지만, 사람을 온통 태워버리는 불이기도하기 때문이다.[병자]

■ 기타 – 만사만물에 대한 사유와 추리

이번에는 사회생활과 관련하여 실례를 들어보자.

가령 "새 직장에 신입으로 들어갔는데 바로 직속상관이 나에게 무관심하고 탐탁찮게 여기는 것처럼 느껴지는데 어떻게 해야 할까?"의 질문을 받았을 경우다. 학교에서 선생님이나 다른 급우들과의 관계에서도 같은 방법으로 응용하여 추리할 수 있다.

정미(44)　　　　기미(56)　　　　신묘(28)

세패보기는 앞에서도 설명했듯이 여러 방식으로 해석을 할 수 있다. 어떤 해석방식을 취할 것이냐는 질문에 맞춰 처음부터 펼쳐를 진행할 수도 있고, 펼쳐의 내용에 따라 어떤 식으로 해석해야할지를 정할 수도 있다. 여기서는 사회생활의 인과관계를 추리하는 것이므로 문의자와 상사, 그리고 둘 사이에 보이지 않는 무언가에 대한 정체를 밝혀보는 식으로 진행한다.

첫 번째 패인 '정미'는 문의자인 '나'를 나타낸다. 두 번째 패인 '기미'는 상대 즉 '상사'를 나타낸다. 맨 나중의 패 '신묘'는 두 사람 사이에 놓인 직간접적인 장애와 문제를 푸는 열쇠를 쥐고 있다.

문의자로서의 '정미' 패는 새 직장에 대한 나름의 원대한 계획과 포부를 갖고 의욕이 넘친다. 모든 난관에 맞서 어떤 경쟁이라도 물리치고 반드시 목표를 이루겠다는 의지가 충만하여 매사에 공격적 자세로 일관한다. 이런 적극적인 행동이 상사를 대상으로 하지는 않겠지만, 무의식적으로 상사에게 부담을 주거나 불편한 감정을 일으키게 하는 요인이 되지 않았는지 짚어 볼 필요가 있다. 의도하지는 않을지라도 상대는 윗사람이며 경험자로서 충분히 적의를 느끼고 경계할 수 있는 상황을 자초한 경향이 보인다. 상사와 직접적인 경쟁관계는 아니지만 주위 상황을 감안하지 않은 성급한 행동은 화를 자초할 수 있다. 무릇 진정한 능력자는 자기의 능력을 함부로 들어내지 않는 법이다. 문의자는 의욕이 앞서 첫 걸음부터 경계를 받는 주목의 대상이 되는 것을 자청한 듯하다.[정미]

반면 상사를 나타내는 '기미' 패를 보면 그 또한 보통을 넘는 카리스마를 갖고 주도권에 대한 집착이 강한 사람이다. 어지간한 처세로는 견디기 힘들 정도의 자기중심적이며 저돌적인 성정을 가진 것으로 보인다.[기미]

두 패만으로도 소통이나 관계개선의 여지는 전혀 없는 것으로 여겨진다. 더구나 '기미' 패로 미루어서는 상사는 과거의 곤혹스럽고 아픈 상처가 있을지 모른다. 하급자에 대해 극도의 불신을 품고 의혹의 눈초리로 경계를 늦추지 않고 있을 것이다. 비슷한 경험을 통해 마음의 문을 굳게 닫아걸고 여차하면 선제적으로 대응할 태세를 취하고 있다.

이와 같은 상황에서 상사의 마음을 열기 위한 길을 '신묘'는 제시한다. 무작정 잘 보이려 하지 말고 자신을 최대한 낮추고 상사의 풍부한 경험과 관록의 권위를 한껏 높여주면서 도움과 시혜를 입는 식으로 접근할 필요가 있다. 눈치껏 구걸하듯 진심을 다해 지속적으로 구애하면 철벽같은 상사의 마음을 누그러뜨리고 화해의 계기를 마련할 수 있을 것이다.

사람은 의식적인 친밀감보다 적극적으로 다가서며 진정성을 보이면 스스로 마음의 문을 열게 된다. 그 동안 문의자의 모습에서 이전에 받았던 상처를 떠올리며 방어 차원에서 단절을 시도한 것일 수 있기 때문이다. 앞으로 관계를 호전시키기 위해서 문의자는 상사에게 성의와 관심을 더욱 기울이며 참을성 있게 다가서는 노력이 필요하다.

여기서는 인과를 다루는 실례만 들었지만 '사람과 유형의 물건', '사람과 무형의 대상' 등과의 추리도 얼마든지 가능하다.

넉패펼쳐 - 사섭반(四攝盤), 넉패보기

사랑에는 네 단계가 있다고 한다.
첫 단계는 '나는 사랑 받고 싶다.'
둘째 단계는 '나는 사랑할 수 있다.'
셋째 단계는 '나는 나를 사랑할 수 있다.'
넷째 단계는 '주위의 모든 것을 사랑하고 그 것들로부터의 사랑도 받아들일 수 있다.'

애정을 받고, 다른 사람에게 사랑을 전하고, 그리고 자기 자신을 사랑하고 나면 온 세상의 모든 것과 사랑을 주고받는 무제한의 보편적 사랑에 이르게 된다.

넉패보기의 펼쳐도 '사랑의 단계'처럼 어떤 사안에 대한 안목을 점차 확장하고 보완하며 세상사의 존재방식에 대한 생각을 정리하여 원하는 답을 유추해내는 방식이다.

첫째 패는 내가 받고 싶은 것, 즉 원하는 것이나 부족한 것.

둘째 패는 내가 남에게 줄 수 있는 것, 능력이나 베풀 수 있는 것.

셋째 패는 스스로의 현재, 즉 나의 참모습이나 입장과 처지.

넷째 패는 원하는 목적의 답을 얻기 위한 행동이나 사고의 나아갈 방향을 나타낸다.

이외에 펼쳐의 의미설정이 그때그때 상황에 따라 달라지는 것은 여느 펼쳐와 동일하다.

대표적인 방식으로는 문제의 포인트별로 진행순차가 전개되는 '기승전결(起承轉結)'의 펼쳐를 들 수 있다. 이 펼쳐는 네 패의 순서에 따라 문제가 제기된 단초[기(起)], 이어서 발생되는 과정[승(承)], '기'와 '승'의 인과로 빚어진 작금의 상태[전(轉)], 앞의 제반 상황의 문제를 풀어줄 방향제시[결(結)]로 의미를 갖는다. 이는 과거, 현재, 미래 형식의 세패보기에 별도의 조언이나 주의 또는 미래나 결과를 유리하게 이끌어 갈 방향제시 패를 하나 더한 변형으로 볼 수 있다. 여기에 맹자의 '사단설'을 응용하여 인(仁), 의(義), 예(禮), 지(智)를 기준하거나 질문의 내용에 따라 여러 형태로 각 패에 의미를 부여하여 넉패보기를 다양하게 펼칠 수 있다.

이 펼쳐의 질문은 "현재 동네에서 부동산중개업을 하고 있는데 경기가 예전 같지 않아 수입이 시원찮은데다 시간은 남아돈다. 경기가 회복될 때까지만이라도 다른 일을 병행해서 해볼까 하는데 가능한지?"다.

그동안 남모르는 어려움 속에서 고군분투하며 잘 견뎌 왔었다. 굳은 의지와 집념으로 어떻게든 상황을 바꿔보기 위해 노력하고 주변의 성원도 받아 한편으로는 약간의 희망도 보이지만 여전히 완전히 충족하지 못하고

있는 입장이다.[무신]

뭔가 새로이 시작하여 현재의 상황을 타개하고자 하는 열망이 주체할 수 없을 정도로 강렬하다. 주변을 둘러보면 모두가 잘나가며 열심히 살아가는데 혼자만 뒤처진 것 같아 안타까움이 더한다. 더구나 주변에서 다른 일을 하면 잘할 것이라며 부추기기까지 하니 마음은 더욱 초조할 뿐이다.[목(木)]

그러나 어쩌랴. 주변 환경이 여의치 않아 보인다. 새로운 일을 감당하기에는 특별한 기술이나 능력도 없고 소요자금도 충족치 않아 별도의 도움에 기대야할 처지인데.[병신]

무리해서 창업이나 새로운 일을 추진한다면 다른 사람만 이롭게 하고 사회적으로나 개인적으로 큰 곤욕을 치를 수 있다.[신축]

무신(45) 목(300) 병신(33) 신축(38)

자신을 인정받고 상황을 반전시켜보겠다는 의욕이 앞서면 감정조절이 안되고 운기에 영향을 미쳐 자꾸 실책만 범하고 만다. 어려운 때일수록 차분하게 생각을 정리하며 분수를 지키는 것도 지혜다. 순리를 따르며 현재에 충실하다보면 언젠가 기회는 다시 온다.

닷패펼쳐 - 오엽반(五葉盤), 닷패보기

다섯은 동양역학에서 완성의 수다.

거의 모든 세상살이를 다섯에 포괄시켜 생각하고 느끼며 판단했다. 오행(五行)으로, 오복(五福)으로, 오덕(五德)으로, 오색(五色)으로, 오곡(五穀)으로, 오방(五方)으로, 오미(五味) 등등 일반 생활의 영역뿐만 아니라 의학과 지리학은 물론 점성술과 역술 따위의 각종 술수학에도 두루 활용하며 삶을 이어왔다.

서양에서는 '5'의 상징적 의미로 세상사를 모두 통달한 깨달은 인간이라고 보기도 한다. 이 숫자의 생김새로 위의 가로줄은 하늘과 연계되어 있는 모습이며 아래의 곡선은 땅에 대한 사랑의 표시로 본다. 이 단계에 도달한 자는 현자 즉 성인이다. 그는 보통의 인간이 가지고 있는 동물성을 벗어나 세상만사를 공평무사하게 바라보며 본능과 감정에 휩쓸려 경솔하게 행동하지 않는다. 그는 두려움과 욕망을 이겨낸 존재이다. 그는 보통의 인간과 차원이 다른 세상을 느끼며 인간과 땅의 세계를 사랑하고 감싼다.

닷패보기는 세상사 문제를 공정한 현인의 안목으로 판단하고 분야별로 포괄적인 연계관계로 명확하게 유추해 풀 수 있는 펼쳐다.

펼쳐의 방식은 '나란히 펼쳐'와 '별모양 펼쳐'가 있다. 질문의 내용에 따라 선택하면 된다.

(가)의 펼쳐의 기본적 의미는 펼친 순서에 따라 설정된다.
①의 패는 '나를 위해 작용하는 것'
②의 패는 '나에게 반대로 작용하는 것'
③의 패는 '내가 이미 알고 있으나 의식하지 못한 것'

④의 패는 '내가 모르고 있는 것'

⑤의 패는 '나에게 필요한 것' 즉 내가 취해야 할 행동이나 당장의 문제를 해결하기 위해 결단해야 할 문제가 된다.

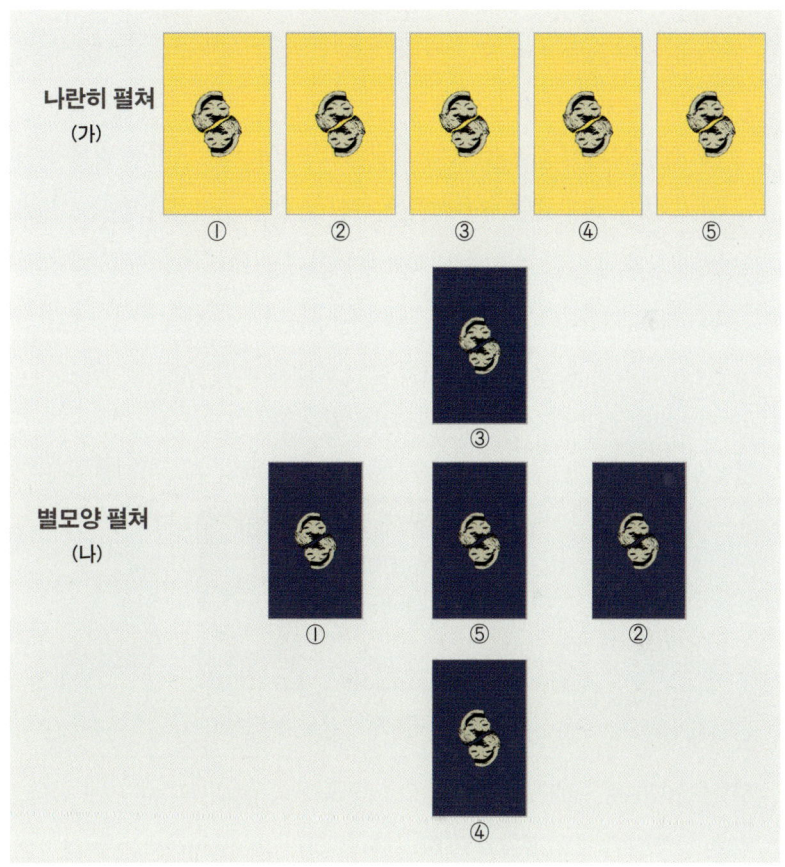

(나)의 펼쳐는 동양의 전통풍수사상을 응용한 펼쳐로 일명 '풍수펼쳐'로 펼친 위치에 따라 그 의미가 설정된다. 그 기본의미를 보자.

①의 패는 동방의 좌청룡(靑龍)에 해당하여 '인(仁)의 자비' 즉 내가 베

풀 수 있는 능력이나 수행할 수 있는 권한을 의미한다.

②의 패는 서방의 우백호(白虎)에 해당하여 '의(義)의 책무' 즉 나를 움직이게 하는 보이지 않는 힘으로 나의 의지와 상관없이 따라야 하는 억누르는 요소가 된다.

③의 패는 남방의 주작(朱雀)에 해당하여 '예(禮)의 도리' 즉 내가 언제나 받들고 존중해야 할 절대가치가 된다.

④의 패는 북방의 현무(玄武)에 해당하여 '지(智)의 지모' 즉 내가 바라고 원하는 것의 해결 방안이나 나아갈 방향을 제시함과 동시에 진산(鎭山)으로써 나를 보호하는 요소가 된다.

⑤의 패는 중앙의 명당이며 혈(穴)에 해당하여 '신(信)의 믿음' 즉 믿을 수 있기도 하고, 믿을 수 없기도 하는 양면적 모습의 나 자신이다.

어느 정치신인이 정계에 입문할 기회가 왔다. 새로 치러지는 전국단위의 선거에서 자신은 본향지역의 출마를 원하나 강력한 경쟁자가 있어 인접한 지역에도 염두에 두고 있다. 두 지역 모두에 연고가 있고 자신에 대한 성향이나 여론도 엇비슷한 것으로 나타나 고심하는 중이다. 질문은 "어느 지역의 출마가 유리하여 당선가능성이 있는가?"이다.

①의 패는 문의자가 출마를 원하는 지역의 적합성을 보여준다. 백호가 용맹한 기세로 포효하며 자기의 존재를 알린다. 그 지역을 장악한 백수의 왕으로서 위용이 천하를 압도한다. 본거지에서의 충분한 영향력을 발휘할 수 있음을 보여준다.[금(金)]

②의 패는 인접지역의 문의자에 대한 호응도와 여론의 추이를 나타낸다. 필승을 위한 열정이나 인물의 됨됨이는 유권자가 인정해야 한다. 정작 표심의 주인공들이 반응을 보이지 않고 무덤덤하면 승산이 없다.[임인]

③의 패는 선거구 이외의 대국적 정세나 소속정당의 지지도 등 선거 결과에 직접 영향을 줄 요인을 나타낸다. 선거 분위기나 정당의 선호도 모두에서 문의자의 처지에 유리한 추세가 역력하다.[병진]

④의 패는 문의자가 당초 마음먹은 지역이 아닌 인근 지역의 숙원사항이나 민심의 동향을 나타내는 다수 유권자의 표심을 나타낸다. 그 지역의 유권자들은 자기네들을 볼모로 하는 인상을 받는 것 같다. 마음속의 다른 인물을 밀어내고 힘으로 밀어붙인다는 반감이 눈에 잡힐 듯하다.[무술]

⑤의 패는 앞의 패들에서 나온 내용들을 종합하여 문의자가 결단하고 취해야 할 최선의 방향을 제시한 패이다. 실속을 꽉 채우는 모양새다. 명분과 실리가 공히 충족하는 길을 찾으라는 신호를 준다. 문의자가 당초 원하는 지역의 적합성을 나타내는 패가 '금(金)'의 호랑이 패였음을 상기하면 결론은 자명해 진다. '신유'의 패 또한 '금'의 패로 호랑이 같은 민첩하고 대담한 자세로 임하면 어떤 경쟁자도 제압하고 원하는 것을 얻을 수 있음을 암시해 준다.

닷패펼쳐는 이외에도 특별하게 '아미패'만을 이용해 적성 판단이나 진로설정을 위한 질문에도 간단히 답을 이끌어낼 수 있다.

칠패펼쳐 - 칠성반(七星盤), 칠패보기

북두칠성은 칠성으로 불리며 우리 민간신앙의 특별한 의미로 한 자리를 차지하여 왔다. '하늘의 목구멍과 혀[天地喉舌]'에 해당한다는 옛이야기처럼 하늘의 중추를 상징하고 천체의 기상을 관장하는 신으로 숭배하여 왔다. 하늘이 인간의 운명을 좌우한다는 의식이 북두칠성이 인간의 운명과 숙명 그리고 재수를 결정짓게 하는 것으로 연결돼 온 것이다. 삶과 밀접한 농사와 관계되는 비를 내리게 하고, 사람의 복록과 수명을 관장하고 방위와 계절을 알려주는 역할을 하는 등 사람살이의 길흉화복을 주관하는 것으로 여겼다. 무당들은 수호신으로 삼는 구리거울에 칠성을 문자와 그림으로 새기기도 했으며, 칠성각과 칠성판 등으로 삶과 죽음의 사람살이 전반에 영향을 미치는 것으로 생각하였다.

칠패보기는 이와 같은 북두칠성의 영험함을 펼쳐로 구현하여 삶 속에

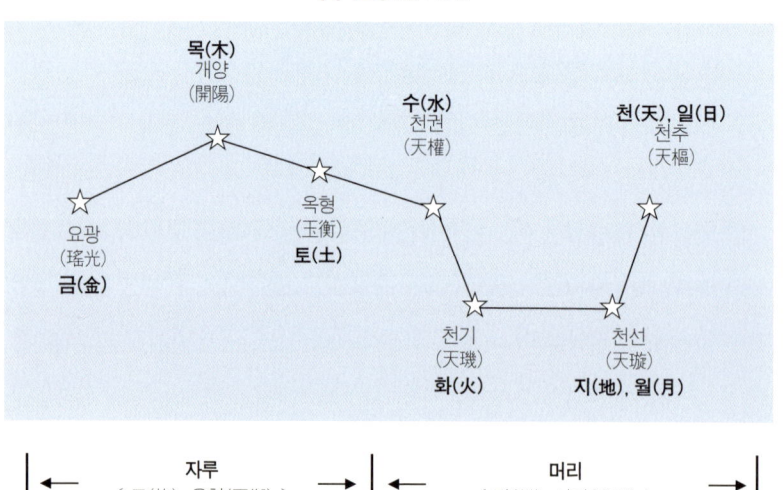

스민 여러 이야기와 변화를 살펴서 알고자 하는 것이다. 더불어 칠정(七情 : 喜, 怒, 哀, 樂, 愛, 惡, 欲)을 이용하여 펼쳐하면 복잡한 세상살이 문제까지 속 시원히 풀어 볼 수 있다.

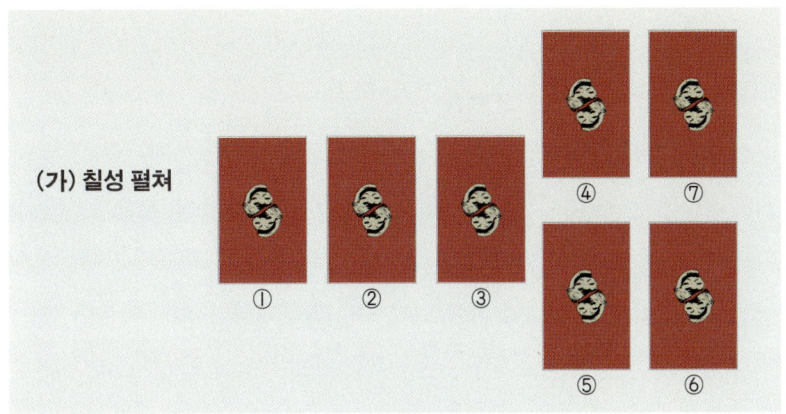

칠패펼쳐는 옛 전통 속에서 칠성이 인간세계에 끼친 위상을 현대적으로 해석하여 삶 속에 숨은 비의를 캐내어 좀 더 나은 생활을 추구하도록 하는 의미를 부여하여 준다.

북두칠성의 자루〔표(杓)〕에 속하는

①의 패는 '요광(瑤光)'으로 불교와 도교의 해석으로는 파군(破軍)이 된다. 단체나 조직 등의 분열이나 침체를 나타내며 '나를 압박하고 해롭게 하는 것'이다. 오행으로는 금(金)에 해당한다.

②의 패는 '개양(開陽)'으로 무곡(武曲)이라 하여 글자 그대로 밝음이 열리는데, 이는 세력과 힘으로 쟁취하는 요소다. '내가 쓸 수 있는 비장의 무기나 능력'을 말하며 결국은 나의 용기요 행동이다. 오행으로는 목(木)에 해당한다.

③의 패는 '옥형(玉衡)'으로 염정(廉貞)이라 하여 곧은 마음으로 현실을 잘 살펴 헤쳐 나가야 할 방향이다. 당장의 의욕이나 욕망을 내려놓고 현재의 상황에서 '버리고 비워야 할 것들'이다. 오행으로는 토(土)에 해당한다.

북두칠성의 머리〔괴(魁)〕에 속하는

④의 패는 '천권(天權)'이며 문곡(文曲)이다. 칠성의 중심을 유지하는 별이다. 펼쳐로는 '찾아야 할 권리이고 꼭 지켜야 할 가치'다. 오행으로는 수(水)에 해당한다.

⑤의 패는 '천기(天機)'이며 녹존(祿存)이다. 미래에의 소용을 위해서 '챙기고 간수하여야 할 필수적인 요소'이다. 사람도 좋고, 물건도 좋고, 정보도 좋다. 긴요할 때 반드시 도움이 될 귀중한 자산이다. 오행으로는 화(火)에 해당한다.

⑥의 패는 '천선(天璇)'으로 거문(巨門)을 뜻한다. 아름다운 새 세상의 하늘 관문을 열고 날개를 펼친다. '새로운 길을 여는 돌파구이자 탈출구'를 의미한다. 음(陰)을 포괄하는 별로 땅[地]과 달[月]을 가리킨다.

⑦의 패는 '북두칠성의 우두머리로 만천하에 생기를 돌게 하는 중추라는 천추(天樞)'며 탐랑(貪狼)이다. 운명이 걸린 최후의 명제를 가지고 '모든 역량을 집중해야 할 핵심과제'를 의미한다.

이 펼쳐는 특히 개인의 인생역정을 알아보거나 생애설계에 유용하며 단체나 조직의 목표와 존재의미를 재조명하고 리모델링하는데도 활용하면 좋다.

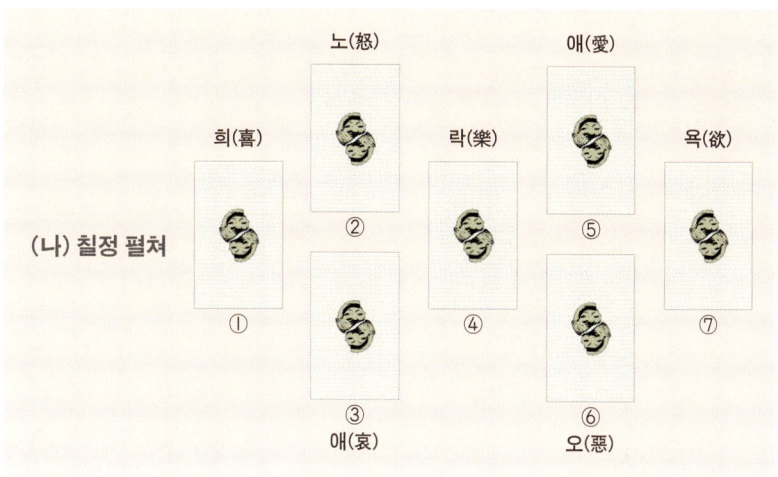

　사람살이의 여정은 때론 즐거움에 한껏 들뜨다가 어느 순간 어려움에 빠져 비참함에 떨어가며 행복과 불행의 냉온탕을 넘나들며 삶을 이어간다. 그럼에도 불구하고 내일에의 희망을 품고 비범한 노력을 기울이며 미래에 대한 믿음으로 열심히 살아가야하는 것이 인생이다.

　이 펼쳐는 주로 인간의 감정에 대한 고찰을 통해 자신의 내면을 짚어 현실에서의 자기존재의 실체를 확인하고 자아를 찾는 정신수양에 도움이 된다.

　'상황이 너무 어려울 때', '뭔지 모를 불안에 쫓기는 느낌이 들 때', '무엇을 위해 살아가는지 삶의 의미에 회의가 들 때' 등의 혼돈과 감정이상 상태를 정리하고 각성하여 의식의 전환을 꾀하고자 하는 경우에 유용하다.

①의 패는 '기쁨[희(喜)]'의 표상이며 '내가 가장 행복해하고 희열을 느끼는 것이 무엇인지, 반대의 경우는 나의 기쁨을 방해하는 것이 무엇인지'를 나타낸다.

②의 패는 '성냄[노(怒)]'의 표상이며 '내가 가장 분노하고, 원망하는 실체는 무엇인지'를 나타낸다.

③의 패는 '슬픔[애(哀)]'의 표상이며 '내 가슴에 새겨진 슬픔과 비애의 근원과 대상'을 나타낸다.

④의 패는 '즐거움[락(樂)]'의 표상이며 '내가 즐기고 좋아하는 것이 무언인지, 반대의 경우는 나의 즐거움을 가로막는 것이 무엇인지'를 나타낸다.

⑤의 패는 '사랑[애(愛)]'의 표상으로 '내가 진심으로 마음을 주거나 주고 싶은 것은 무엇인지, 반대의 경우는 나의 사랑에 걸림돌이 되는 것은 무엇인지'를 나타낸다.

⑥의 패는 '증오[오(惡)]'의 표상으로 '내 마음을 철저하게 헤집고 격분케 하는 적개심의 실체는 무엇인지, 반대의 경우는 그것을 유발하는 것이 무엇인지'를 나타낸다.

⑦의 패는 '욕망[욕(欲)]'의 표상으로 '내가 간절히 바라고 쟁취하여 이루고자 하는 것의 실체'를 나타낸다.

항목이 중복적이라고 생각할 수 있으나 인성의 미묘한 흐름을 잘 포착할 수 있는 세밀한 분류로 내면점검에 도움을 준다.

막연한 감정의 추상성을 구체화하여 본질적 속성을 명확히 함으로써 약점과 강점을 가려서 의식을 전환하고 새로운 가치를 발견할 수 있게 유도하는 것이다. 명상의 심화단계에서도 활용하여 정신수양을 도모할 수도 있다.

구패펼쳐 - 구궁반(九宮盤), 구패보기

기차가 어둠을 헤치고 은하수를 건너면
우주 정거장에 햇빛이 쏟아지네.
행복 찾는 나그네의 눈동자는 불타오르고
엄마 잃은 소년의 가슴엔 그리움이 솟아오르네.
힘차게 달려라 은하철도 999

'9'는 희망이다. 영원한 진행이고 한없는 동경이다. 끝없는 탐구이자 궁극을 향한 무한정진이다. 구패펼쳐는 행복을 찾는다. 그리움도 녹인다. 희망을 달군다.

주역에서 '9(九)'는 양을 상징한다. 숨어 있고 감춰진 것들을 양지의 세계로 들어나게 하여 문제를 해결하고 새로운 모색을 강구하게 하는 펼쳐가 구패펼쳐다.

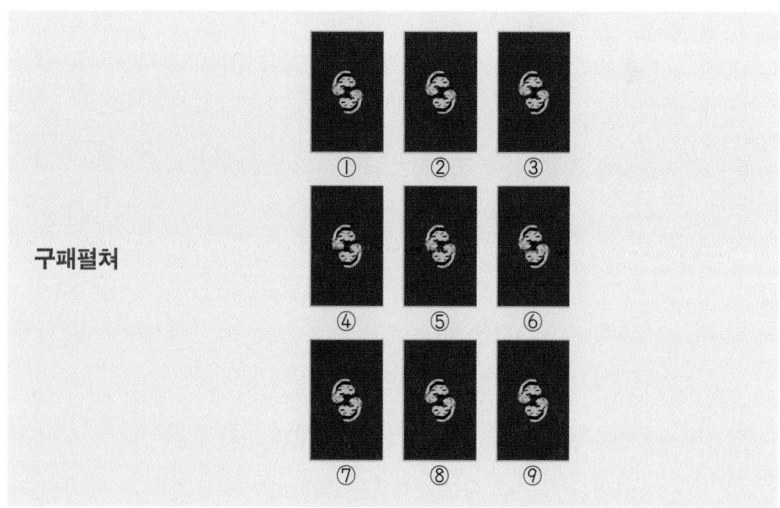

구패펼쳐

마방진의 형태로 '나[본인, 문제]'를 중심으로 세상의 모든 것[환경]이 팔방으로 감싸며 펼쳐진다. 일찍이 역법의 시원을 이루는 「낙서(洛書)」에서 신령한 거북의 등에 새겨졌었다는 모형으로 잉괘의 신비적 영능을 살려 세상만사의 궁금증과 당면문제를 푸는데 적합한 펼쳐다.

①의 패는 본인의 존재[문제]를 잉태한 원초적 사건이나 배후로 본인의 의지와 상관없이 만들어진 과거의 상황이나 흔적을 의미한다. [운명, 환경과 여건]

②의 패는 본인[문제]의 현재를 만들어 낸 직접적 요인이며 동기다. [문제의 근원, 발단]

③의 패는 감수하고 인내하며 희생해야 할 것으로 무슨 문제든 모든 것을 다 가지면서 이뤄낼 수는 없다. 습성이나 고정관념을 바꿔야 문제에 접근할 수 있는 것이다. [문제해결을 위한 변화]

④의 패는 본인을 제어하고 통제하며 장악하는 실체이며 때론 족쇄가 되어 장애가 되기도 한다. [문제의 직간접 영향요소]

⑤의 패는 본인의 현 상황이자 내면의 심리를 나타내며 당장에 처한 입장과 처지다. [문제의 핵심]

⑥의 패는 입장을 바꿔서[역지사지(易地思之)] 생각해 보기다. 본인이나 문제에만 집중하다보면 본질을 벗어나 상대나 문제를 왜곡함으로써 해결의 실마리를 놓칠 수 있다. [접근방법의 전환]

⑦의 패는 내면의 비밀을 알아내는 눈의 역할을 한다. 문제해결을 위해 긍정적으로 작용하는 요소로 본인에게 유리하거나 도움이 되는 것을 적극적으로 품어 내 편으로 삼아야 한다. [개방적 사고]

⑧의 패는 본인이 원하는 것을 얻기 위해 성찰하며 준비하는데 있어서 시

급히 해결해야 할 당면과제. 구체적인 계획과 방향을 설정[로드맵]한다. [문제해결을 위한 결단]

⑨의 패는 질문이나 궁금증의 해결방향과 조언을 나타낸다. [결과, 해결의 열쇠]

구패펼쳐는 다양한 인간관계의 문제와 생활에 얽힌 매듭의 상관관계를 이용함으로 펼쳐과정은 다소 복잡하여도 문제해결과 각종 궁금증의 인과를 따져 판단함으로써 그 유용성이 크다.

열두패펼쳐 - 십이지반(十二支盤), 열두패보기

경맥 펼쳐

동양의학에서는 인체에 열두 개의 경맥이 있다하며 이를 십이경맥이라고 한다. 경맥에는 경락이 있어 혈(穴)을 가지고 있으며, 이것을 경혈(經穴)이라 하여 침이나 뜸을 놓을 수 있다.

십이경맥은 온몸에 기를 순환시키는 통로의 역할과 유기체를 하나의 통일체로 연관시켜 주는 기능을 수행한다. 이 경맥은 또한 병질의 기운도 함께 통하는 통로가 되기도 한다. 십이경맥의 기능에 장애가 생겼을 때는 일정한 병증의 징후가 나타나므로 이것을 이용하여 병을 진단하며 병을 치료하는 데 이용하기도 한다.

경락은 신체를 해부해도 결코 관찰되지 않는 독특한 성격을 가진, 실체는 없지만 인체에서 중요한 기능을 하는 동양의학적 사유의 결과물이다. 동양의학이 전제하는 것은 '신체의 각 부분이 전체의 신체를 반영한다'는 유기체적 신체관이다.

열두패펼쳐도 이와 같이 사람살이에서 비롯된 질문들을 각각의 개별요소가 전체적인 문제의 단초라는 전제 아래 열두 단계로 나눠 진단하고 종합적 해법을 제시한다. 특히 전개 방법을 '십이운성윤회법'에 의탁하여 세상사 질문을 조직적으로 풀어낸다.

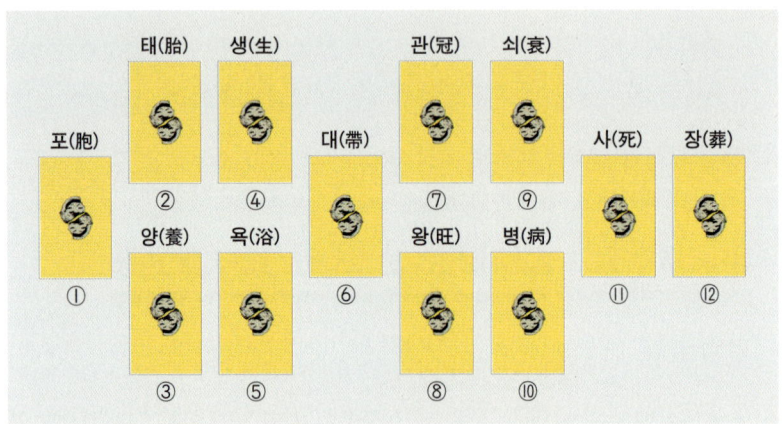

경맥펼쳐를 구성하는 '십이운성윤회법'으로 설정의미를 보자.

①의 패는 모든 일의 근원이자 잉태 이전의 분위기에 해당하는 포(胞)이다. 태생적 한계, 숙명적 업보, 타고난 기질 등의 인과적이고 천부적인 성품이나 현재상황 이전의 발원을 나타낸다.[전생]

②의 패는 모든 일의 바탕인 원형질이자 고유한 특성으로 태(胎)에 해당한다. '잠재적 문제', '내면의 자아', '무의식적 감정' 등으로 자만, 습벽, 신념, 아집, 가치관에 준하는 요소를 나타낸다.[개성]

③의 패는 양(養)에 해당하는 패로 가꾸거나 스스로 길러서 외부로 들어내 보이는 모양이나 내용을 말한다. 실제 모습과 달리 꾸며지거나 가려져

포장된 가식적 이미지로 외형으로 나타나는 대외관계나 심리적 경향을 나타낸다.[가면]

④의 패는 생(生)으로 존재에 대한 강력한 실천의지를 성원하는 긍정적 요소다. 협조, 후원, 촉진, 고취시키는 삶의 디딤돌 역할의 우호적 요소를 나타낸다.[아군]

⑤의 패는 욕(浴)에 해당하며 위협요소이자 방해요소다. 반드시 씻어내고 닦아내야 할 극복의 대상으로 겁탈, 견제, 장애 등 삶에서 직간접적인 걸림돌 역할을 하는 배타적 요소를 나타낸다.[적]

⑥의 패는 대(帶)에 해당하며 당사자나 당면한 사실의 현재의 상황이다. 질문자 본인을 가리키는 패로 당장의 현실적 처지나 입장을 의미한다.[자신]

⑦의 패는 관(冠)에 해당하며 질문자가 세상을 바라보는 방식을 의미한다. 세상과 관계를 맺는 자세나 태도로 '자신감' 혹은 반대의 경우에는 '열등감'으로 나타난다.[인생관]

⑧의 패는 왕(旺)에 해당하며 세상의 흐름을 나타낸다. 시류나 환경의 추이로 본인의지와 상관없이 형성된 외부의 영향력을 나타낸다. 일방적이며 불가항력적인 거부할 수 없는 돌연한 힘이자 결정적 변수.[환경]

⑨의 패는 쇠(衰)에 해당하며 마음속의 희망[긍정적인 패일 경우]과 두려움[부정적인 패일 경우]을 나타낸다. 당장의 상황[문제]에서 대처하는 마음의 자세나 대응의지를 상징한다.[의지]

⑩의 패는 병(病)에 해당하는 패로 문제나 갈등의 본질이다. 알 수 없는 혼돈이나 착각상태나 망상에 빠진 요소를 상징한다. 타성적인 의존성과 모순적 행동이나 사고일 수 있다.[핵심]

⑪의 패는 사(死)에 해당하는 패로 이제까지의 제반 펼쳐로 전개될 가까운

미래의 상황이다. 앞으로 전개될 사건이나 상황을 묘사하며 미래에 펼쳐질 강력한 경향이다.[미래]

⑫의 패는 이 펼쳐의 결론을 나타내며 마감하는 장(葬)에 해당한다. 문제나 상황의 처리방안과 해법을 제시한다. 이 패는 모든 펼쳐의 정황을 고려하여 통찰한 내용으로 고정된 결과를 확정하기보다는 문제해결을 위한 실용적 방향을 상징적으로 처방한다.[결과]

열애 중인 여자와 결혼을 집안에서 반대하는 남자의 고민

①의 '갑술' 패로 미루어 학구적이고 선비적인 가풍 속에서 예의범절을 몸에 익힌 다소 고지식한 혈통을 이어받아 왔음을 보여준다.

②의 '기유' 패는 자신을 둘러싼 현실에 대한 강력한 반발 심리를 나타낸다. 절박한 욕망은 내면에 욕구로 잠재되어 움츠리고 있다. 결혼반대에 대한 남자의 처절한 분노가 그대로 드러난다.

③의 '임인' 패는 평소 주위의 기대에 부응하는 듯 내면을 잘 드러내지 않

고 자신만의 세상을 구축한다. 어쩌면 사랑의 감정도 스스로 내면의 갈증을 풀고 위안을 찾기 위한 방편일 수 있다.

④의 '기묘'로 연인관계의 속내를 짐작해 볼 수 있다. 애정이라고 생각하는 감정이 실은 신뢰감에서 우러난 우정의 변형임을 시사한다. 물론 마음에 안정과 평온을 주며 심리적 보호자 역할을 한다.

⑤의 '을축' 패는 역시 본연의 길을 걸어야 함을 알려준다. 가문의 전통이나 본인이 숙련하여온 과정은 쉽게 허물 수 없는 견고한 성채다. 자신의 현재가 있기까지의 바탕을 보여준다.

⑥은 '무자' 패로 여전히 내면에서 충동하는 감정적 욕망을 엿볼 수 있다. 이성적인 판단보다는 당장의 본능적 정서에 빠져 집착을 결혼으로 풀어 보려는 조바심이 그대로 드러난다.

⑦의 '수(水)' 패로 미루어 순리를 거스르지 않는 합리적 사고를 통해 능히 현실을 자각하여 문제점을 바로잡을 가능성이다. 냉정을 되찾으려는 움직임이 인다.

⑧의 '정유'로 연인에 대한 감정의 변화를 감지할 수 있다. 하늘의 별도 그 운명이 바뀌고, 사랑도 어느 순간 그 진정성이 변한다. 참으로 오묘한 것이 사람의 마음이다. 철석같던 마음 한쪽에 금이 가며 뜨겁게 하늘을 태우던 불꽃도 신기루가 되어 사위어 간다.

⑨의 '경진'은 어둠속에서 밀담한다. 애정균열과 의견대립이 나타나고 이런 상황을 관계자들이 주시하며 추동하고 있다.

⑩의 '계미'는 그 동안의 신뢰가 혼령에 사로잡힌 듯 한낱 미신꺼리로 전락하고 칼날에 선 것처럼 불안함을 보여준다. 사랑은 왜 이렇게 아플까. 둘 사이에 숨겨져 있던 각자의 자기애가 걷잡을 수 없는 갈등으로 떠오른다.

⑪은 '임오'로 두 사람에게 닥쳐올 미래의 모습을 그려낸다. 깊은 회한과 안타까움을 안고 이루지 못한 사랑을 추억할 것이다.

⑫의 패 '을묘'는 새로운 시작을 위한 결단을 촉구한다. 결혼보다는 자기 길을 개척하며 미련을 거두고, 당당히 홀로서서 나아갈 것을 주문한다. 희망과 낙관을 주며 아쉬움을 삼키라는 주문이다.

신수보기

열두패펼처의 대표적 질문 중에는 '연간 신수보기'가 있다. 새해가 시작되면 누구나 삶의 긍정적 변화를 기대하며 한해의 신수에 따라 마음의 준비를 한다. 단순히 어떤 운세의 기조를 살핀다기보다 능동적으로 대처하여 더 나은 삶을 살기 위해서다. 좋은 기회를 살리기 위해 지혜를 모으고 미리 준비하는 의미가 있다.

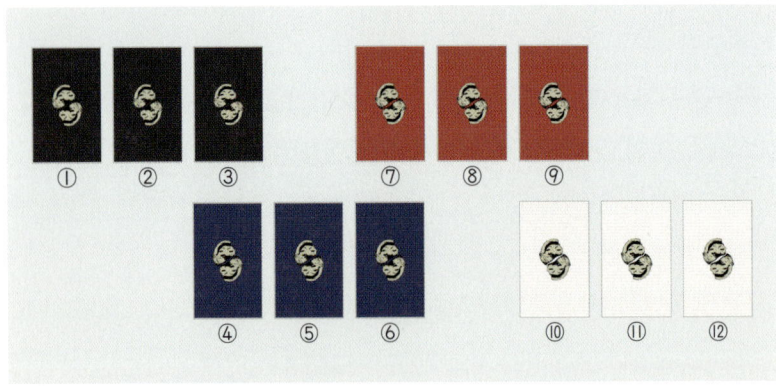

열두패펼처의 신수보기는 한해 1년 열두 달의 운세를 미리 알아보는 것이다. 첫 달부터 차례로 열두 패를 펼치면 된다. 음력이든 양력이든, 연초를 기준하든 중간의 특정한 달을 기준으로 하든 질문자의 의도에 따르면 된다. 여기서 유의할 점은 동일한 계절단위[3개월]로 가급적 묶어 생각해야 한다는 점이다. 각 계절의 마지막에 해당하는 달과 다음 계절의 첫 번째 달은 상관관계가 크다. 그래서 이를 겹치게 배열하여 그 의미를 각별하게 연계하도록 하였다. 역학의 원류에서는 이런 점을 감안하여 계절별로 춘하추동의 사이에 토성을 배치했다. 순조롭고 원만한 계절적 기세의 매듭을 풀어가기 위한 장치를 마련한 까닭이다.

신수보기 실례

신수나 연결된 형태의 질문을 할 경우에는 솔직히 잉괘의 한 질로는 정확한 해법을 찾을 수 없다. 운이란 수시로 움직이며 순환하고 머물며 맴돌아 한 가지 운기가 한 해에도 몇 달씩 계속되거나 사이사이에 똑같이 되풀이된다. 한 질로만 실행한다면 먼저 뽑힌 패는 제외되고 나머지 패로만 다른 달의 운세를 뽑아 결국은 같은 운기가 다시 나타남을 알아챌 수 없어 전체적인 운세추이가 왜곡되기 때문이다. 그렇다고 열두 달 모두를 따로

할 수는 없지만 상하반기별로 두 질 정도로는 시행해야 운기변화의 오류를 최소화할 수 있다. 한 질만으로 시행할 때도 먼저 뽑은 패를 기록해두고 그 패를 다시 섞어서 펼쳐하면 상관이 없다. 하지만 그럴 경우는 매번 펼쳐 놓고 진행하는 것보다는 신비성은 물론 신뢰감도 함께 떨어질 수밖에 없는 것이다.

여기서는 각 달별로 새로운 잉쾌를 사용했다.

1월은 '정유[34]'로 시작된다. 무거운 분위기에 마음 또한 침체상태다. 지난해에 짓눌렸던 마음의 짐들을 아직 떨치지 못한 상태지만 북두칠성을 길잡이로 희망의 굳은 다짐이 필요하다.

2월은 '무극[0]'으로 여전히 무력감이 밀려오고 암담한 실정이다. 지난 모든 것과 복잡한 현실의 혼돈에서 아직도 헤맨다. 무(無)의 백지상태로 마음의 평화를 찾고 중심을 잡는 일이 우선이다.

3월은 '갑술[11]'로 뒤늦은 감이 있지만 도전을 향한 행보가 시작된다. 그간 다져온 경험과 지식을 바탕으로 큰 그림을 그리기 시작한다. 주변 상황도 상당히 우호적으로 사회생활 전반에 활기를 띠게 된다.

4월은 '병술[23]'의 기운으로 마뜩찮다. 3월 '갑술'의 기운을 이어받아 모처럼 생기를 찾아서 의욕을 불태워보지만 좀체 성과가 없다. 주변의 도움이나 성원이 절실하지만 냉기만 흐를 뿐이다. 하늘만 바라보며 공허함을 감당하며 기다릴 수밖에 없는 처지다.

5월은 '화(火)'로 가부간에 승부를 결하고자 하는 초조함이 마음을 사로잡는다. 어떻게든 돌파구를 마련해보고자 안간힘을 쓰며 할 수 있는 모든 방법을 동원하여 매진하며 동분서주한다. 그러나 아직은 가시적인 성과가 나타나지 않는다.

6월은 다시 '병술[23]'이다. 주변이 긍정적으로 움직이기 시작한다. 그동안의 집념이 불씨가 되어 서서히 온기를 뿜으며 연쇄작용을 일으켜 확산의 기미를 보인다. 여기서 멈추거나 주춤거려서는 안 된다. 지속적인 열정이 필요하다.

[여기서 잠깐 '4월의 병술'과 '6월의 병술'의 해석이 차이가 나는 점에 대해서 짚고 가자. 이런 점이 잉쾌가 갖는 묘미다. 똑같은 패라 할지라도 상황과 처지에 따라 그 의미가 달라진다. 4월의 '병술'은 화성의 패로 전달인 3월의 '갑술' 패인 목성으로부터 상생의 도움을 받지만 아직 미미한 수준으로 '병술'만의 기운으로는 충분히 활력을 못 찾는다. 반면 6월의 '병술'은 3월 이후 목성의 상생를 시작으로 병술 자체의 끈질긴 노력과 화성의 본체인 '화(火)'의 패로 절정에 이르는 일련의 화성 만발의 화통을 이어받아 그야말로 충만한 상태다. 당연히 같은 패라도 그 의미나 쓰임에 차이가 날 수 밖에 없는 이치다. 깊이 새겨야 할 사항이다.]

7월은 '갑자[1]'로 바야흐로 생기를 찾으면서 희망과 포부를 다진다. 미래를 낙관하며 더욱 분발하여 도전정신이 고조된다. 여기서도 6월의 미진했던 화기를 다시 일으키며 의욕에 재시동을 건다.

8월의 '경신[57]'은 부분적인 성취의 결과를 보여준다. 작은 성취를 시작으로 무슨 일이든 할 수 있다는 자신감을 갖게 된다. 또한 주위 사람들로부터 인정받게 되어 앞으로의 일에 큰 도움이 된다.

9월은 '병진[53]'으로 진정한 의미에서 주위의 신뢰를 받으며 영향력을 갖는다. 스스로도 존재가치를 느끼며 다른 사람이나 사회적 조직과도 화락하여 행하는 일들이 순조롭고 형통한다. 8월의 '경신'이 일으킨 성과가 그대로 반영되며 내실이 더해진다.

10월은 '기묘[16]'로 희망의 메시지가 연이어 날아온다. 고르고 평온한 화력이 토양을 비옥하게 하고 주변의 협력에 힘입어 생활 전반이 편안하고 인간관계도 한결 원만해지고 소통도 원활하다.

11월은 '경인[27]'의 패다. 공교롭게도 10월의 토성이 금성인 '경인'을 생하며 평온 속에서 알찬 결실이 두둑하다. 수확은 그대로 부로 축적되고 흥겹고 안락한 날들을 맞는다.

12월은 '임인[39]'이다. 숨고르기가 필요한 때다. 맹수인 호랑이도 배가 부르면 휴식을 취하는 법. 가끔은 인생을 음미하면서 되돌아보며 지난 일들을 노래하는 것도 수양이다. 겸허한 자세로 마음을 낮추고 자기의 참모습을 찾는다. 고목에 피는 새싹처럼 자신감과 희망이 솟고, 봄을 반기는 나비처럼 세상을 넓게 관조하며 또 다시 펼쳐질 미래를 준비한다.

자유펼쳐

잉쾌에 숙달하고 취급요령이 어느 정도 숙달되면 질문에 따라 나름의 해법이 떠오른다. 이럴 때는 굳이 정형화한 고정적 펼쳐에 얽매일 필요는 없다. 펼쳐는 바른 해법을 제시받기 위한 수단일 뿐이지 반드시 따르고 지켜야 할 규범이 아니기 때문이다.

추사는 "난을 칠 때 고정된 방법에 얽매어선 안 되며, 그렇다고 일정한 기준도 없이 아무렇게나 치는 것 또한 안 된다."[사란유법불가(寫蘭有法不可) 무법역불가(無法亦不可)]고 했다. 난초를 일정한 형식에 따라 그리게 되면 그 오묘하고 섬세한 자태를 다양하게 표현해낼 수 없으며, 그렇다고 난의 특성을 도외시한 채 느낌만을 앞세워 그리게 되면 생생한 자연미를 살려낼 수 없다는 얘기다.

자유펼쳐의 경우도 기본 펼쳐의 요령을 완전히 터득해야 미로탐색이 가능하다. 그렇다고 그 형식만을 너무 집착해도 모든 질문에 완전한 답을 구할 수 없다. 공식에 따른 기계적인 펼쳐보다는 질문의 내용과 특성에 알맞은 '맞춤의 펼쳐'가 필요한 이유다.

자유펼쳐는 직관에 의한 주관적 설계로 그때그때 질문에 적합한 구조를 어떻게 구성하느냐가 관건이다. 분명하게 뇌리를 스치는 어떤 영감에 의해 즉흥적으로 펼쳐할 수도 있지만 평소 잉쾌와 꾸준히 교감함으로써 혜안이 길러져야만 질문에 알맞은 펼쳐가 영혼 깊숙한 곳에서 우러나오는 법이다.

자유펼쳐는 '복불복'의 게임이 아니다. '맞으면 좋고, 안 맞으면 말고'는 있을 수 없다. 반드시 정성을 기울여 옳은 답을 내야한다.

모든 경전의 머리말은 중요한 핵심 내용으로 시작한다.『역경(易經)』의 시작 말인 건괘(乾卦)의 해설인 '원형이정(元亨利貞)'을 통해 자유펼쳐를 구성할 때 길잡이로 삼아 활용해보자.

'원형이정'은『주역』의 해설서인 십익(十翼)의 문언전과 단전에 언급되며『중용』에서는 천지와 우주의 창조원리로 설명하고 있으며 그 원론적 의미는 '사물의 근본이 되는 원리'를 말한다.

한마디로 모든 사물이 생겨나서 자라고 이루어지고 거두어짐의 전 과정을 나타낸다. 자유펼쳐에서도 이와 같은 '원형이정(元亨利貞)'의 원리적 분석 틀이 성립되지 않으면 그저 작위적인 꾸밈에 불과해 진다.

'원'은 계절로는 봄으로 만물의 시초며 근원으로 잉쾌에서는 질문의 문제가 되는 요인에 해당한다. '선의 근본[원자선지장야(元者善之長也)]'이라 하여 문제의 근본을 말하므로 이를 제대로 파악해야 치유나 해결의 가닥을 잡게 되는 것이다.

'형'은 여름에 해당하며 원으로 말미암은 것들이 본격적으로 뿌리를 내리고 자라며 왕성하게 활동의 범위를 넓히는 단계다. '기쁘게 합치하는 것[형자가지회야(亨者嘉之會也)]'이라 하여 질문에서 문제가 된 사항이 가지를 쳐서 여러 갈래나 양상으로 확대해가며 다각적인 영향을 끼치는 형세를 나타낸다.

'이'는 가을에 해당하며 각종 요소를 결합해 열매가 영글어 맺혀지는 단계다. '이로움은 의로움으로 화합[이자의지화야(利者義之和也)]'하는 것으로 사물에서 이득을 얻는 만큼 의리로 실행되어져야함을 강조하며, 질문의 핵심적 내용이 응축되어 나타남을 보여 준다.

'정'은 바야흐로 겨울로 만물의 거둠을 뜻하는바 그간의 제반 활동과 현상이 마침내 이르게 되는 근간이며 종착이다.[정자사지간야(貞者事之幹也)] 질문에 대한 마무리에 해당하는 결론으로 방향과 행동지침을 제시한다.

'원형이정'은 결국 '기승전결'을 이끌어내는 형식의 문제로 자유로운 펼쳐를 위한 모형이다. 이를 기준으로 질문의 내용과 성격에 따라 각각의 조항을 세부적으로 나누거나 중첩적으로 결합하여 적절히 응용한다면 여러 문제에 자기만의 독특한 자유펼쳐를 훌륭히 전개할 수 있을 것이다.

간단하고 단순한 문제해결을 위해서는 '원형'이나 '형이' 혹은 '원형이'를 합하여 멀리서 혹은 큼지막하게 망원경을 통해 두패나 세패로 펼치고, 복잡다단하여 여러 상황이 서로 얽힌 문제를 풀기 위해서는 원, 형, 이, 정을 더욱 세분하여 잘게 나누어 현미경을 들이대듯 닷패나 칠패 또는 그 이상으로 펼쳐를 세분하여 전개할 수도 있다.

■ 자유펼쳐의 기본적 전개구조

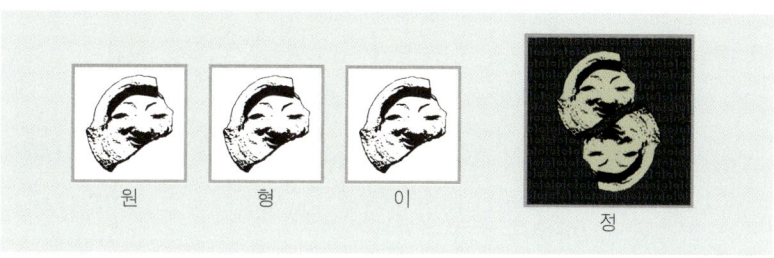

원　　형　　이　　정

　자유펼쳐의 요령은 기본적인 모형을 토대로 여러 가지로 응용하여 활용하면 된다.

　여기서 한 가지 자유펼쳐에서 특별히 추가해야 할 사항이 있다. 모든 질문에 대한 답은 잉쾌가 말하고 풀어낸다. 그러나 어떤 경우에 잉쾌의 언어를 제대로 이해하지 못하는 경우가 있다. 이런 경우에 숨겨진 비의를 읽기 위한 열쇠의 패를 추가로 선택하여 전체 맥락 속의 최종 해법을 도출한다. 이는 쾌리어에게 영감을 깨우치는 방법으로 펼쳐의 전개가 끝난 후에도 전혀 감을 잡을 수 없거나 돌발질문에 즉각적으로 대응할 때 제한적으로 사용한다.

　신통력을 가진 여의봉의 패로 소위 말하는 조커(Joker)나 와일드카드(Wild card)와 같은 역할을 하는 회심의 종결 패이므로 반드시 단일 문제에 단 한패만을 행사하여 모범답안을 구해야 한다. 지극히 미심쩍거나 혼란스러울 때 선택된 패의 나머지를 골고루 잘 섞은 후 정심으로 선택하여 한패를 뽑아 답을 구한다.

간단 펼쳐

잉쾌카드 없이 해설서[본 책]를 이용하여 원하는 사항을 간단하게 물어 답을 얻는 약식으로의 편이한 전개방법이다.

시행하는 요령은 그야말로 간편하여 원하는 질문을 마음에 오롯이 품으면서 이 책 말미의 '잉쾌패의 상징 해설 편' 한 페이지를 무작위로 들춰 해설과 상징 등을 통하여 원하는 답을 유추한다. '단패보기'를 주로 하지만 질문을 나누고 쪼개서 복합적 문제도 다룰 수 있다.

간단 펼쳐는 다른 방식으로도 일상생활에서 쉽게 전개할 수 있다.

무시로 접하는 숫자나 수와 관련된 것들을 연계하여 추론하는 방법이다. 생활하면서 자연스럽게 접하는 수와 관련된 것들을 수치로 가공하여 잉기수에 맞춰 그 의미를 해설하여 푸는 것이다. 자동차 번호, 전화번호, 읽는 책의 페이지, 수험번호 등 아무번호나 숫자도 상관없다. 당시의 기분이나 마음이 가는 대로 자연스럽게 수를 나누고, 연결하여 잉기수와 고리를 엮으면 된다. 그런 연후, 바로 그 당시에 처한 상황에서 풀고자 하는 바를 해당 패의 해설에 따라 읽어내는 것이다.

이외에도 시간[시각], 날짜, 심지어 사물이나 생물의 수효, 글자[한글, 한자, 영문 등]를 파자하는 등의 방법 등으로 그때그때 간편하게 응용할 수 있다.

02
잉쾌의 질서
- 작업의 정석

사람이 온다는 건
실은 어마어마한 일이다

그는
그의 과거와
현재와
그리고
그의 미래와 함께 오기 때문이다
한 사람의 일생이 오기 때문이다

― 정현종, 방문객 중에서

한 사람의 삶이라는 좁은 공간 안에도 우주만큼의 넓은 세계가 있다. 잉쾌는 사람의 일을 위한 일을 한다. 사람의 일을 읽고, 풀어내고 밝히는 일을 하는 것이다. 사람이 잉쾌에게 오는 것은 그의 과거와 현재와 미래의 어떤 일을 알아보기 위해서다. 자칫 부서지기 쉬운 사람들의 마음을 어루만

지고 삶들의 여러 갈피를 바람처럼 더듬어 홀연히 변신하며 잉쾌는 사람들을 위무하며 환대한다.

잉쾌는 사람들의 마음과 삶의 형상과 추이의 변화상황을 대리하여 조화로 나타낸다. 잉쾌와 사람이 일체감을 형성하지 않으면 그 변신의 조화는 진상으로 바로 연결되지 못하고 허상에 그치고 만다.

잉쾌가 흔쾌하게 조화를 연출하기 위해서는 이를 다루는 사람이 지켜야할 윤리가 그래서 필요하다. 잉쾌로 사람들의 궁금증이나 삶의 수수께끼를 풀고자할 때는 각별히 경건하고 청정한 마음의 자세가 선행되어야 하는 것이다.

'잉쾌의 도리'는 잉쾌와 교감코자 하는 구도의 길이자 잉쾌에 대한 예의이며, 잉쾌로 답을 얻고자하는 사람이 지녀야할 마음가짐이다. 잉쾌에 묻고자 하는 일에 관계된 기본적 사항을 망라하여 신중하게 접근하고 정확한 해답을 도출해내는 일련의 작업의 과정과 유의사항을 담는다.

잉쾌는 마법이나 미신이 아니다. 초자연적인 신비한 힘이나 불가사의한 에너지에서 나온 것이 아니라 사람의 잠재의식이나 영적 신성에 숨겨져 있던 것들을 사고의 표면으로 끌어올려 표출하는 것이다.

잉쾌는 역학기호와 상징의 도구다. 잉쾌의 철학적 의미는 세상의 모든 것들이 서로 유기체로 밀접하게 관계되어 특정한 때와 장소의 일이 다른 모습으로, 그 일과 상관없는 곳에서 우연적이지 않은 방식으로 나타난다는 '동시성의 원리'의 의미를 갖는다. 더 깊고 멀리는 '우주만유 사물의 장래에 펼쳐질 상황은 그 조짐의 실마리를 미리 보여준다.[유물장지 기조필선 有物將至 其兆必先 -『공자가어(孔子家語)』]는 선견지명의 동양 우주관에 연원한다.

잉쾌는 자연을 넘어 사회와 인간, 인간과 인간의 관계를 고찰한다. 원하는 것을 묻고 펼쳐지는 순간 잉쾌의 음양오행과 육십갑자는 일제히 영기를 작동하며 인과의 이치를 패를 통해 전개한다.

이와 같은 잉쾌를 제대로 구현키 위해서는 이해와 통찰의 능력과 함께 다루는 과정에서의 의식의 정화와 잉쾌의 권능에 대한 외경심을 갖추는 것이 무엇보다도 중요하다.

그렇다고 맹목적으로 숭배하거나 절대적으로 맹종해서는 안 된다. 잉쾌는 침묵으로 답을 알려준다. 인간정신을 깨우는 영매의 역할을 하므로 거기에 합당한 인간적 도리를 충실히 해야하는 것이다.

예의를 지켜 도리를 다하고, 많은 시간을 함께하며 격의 없이 친해지면 잉쾌는 낯을 가리지 않고 상황에 따라 웃고 울며, 기뻐하고 찡그리는 표정 등의 감정을 드러내며 진실로써 응답한다.

점술의 준비

잉쾌의 핵심적 기능은 점술의 활용이다. 점술은 과거와 현재와 미래에 대한 초현실적 각성을 일깨우고 해명하는 일이다. 점술은 자신의 노력으로 진리와 구원을 얻을 수 있는 길을 안내한다. 전개는 삶의 속성 속에 내재한 영적 패턴을 밝히는 방법인 것이다.

잉쾌에 묻는 사람들은 각자의 입장[질의]을 털어놓고, 잉쾌는 어떻게 행동해야 할지 알려준다. 그 알려주는 역할을 대신 수행하는 사람이 쾌리어나 시행자이다.

여느 일도 마찬가지지만 점술이라는 통찰의 과업을 시행하는 데는 정화된 몸과 마음의 상태가 엄격하게 요구된다. 새롭고 창조적인 능력을 생산하기 위함보다는 삶의 깊은 속삭임과 순식간의 영기를 읽어내기 위해 심신을 감응의 준비상태로 만들어야 하기 때문이다.

가끔 사람들을 만나면 때와 장소를 가리지 않고 즉석에서 "내가 지금 어떤 문제가 있으니 잉쾌로 알아봐 달라"고 한다. 참으로 난감하고 어이없는 일이다. 잉쾌의 점술은 공장에서 찍어 나오는 공산품이나 공식에 의해 답이 풀어지는 수학문제가 아니다. 논리적 사고나 예술적 사유는 물론 판단력이나 이해력과도 다른 고도의 집중과 정서적 안정을 통한 몰입을 필요로 한다는 점에서 일반 세상의 일과 다른 초현실의 영적 작업인 것이다.

신성하기까지 한 잉쾌의 작업을 산만한 장바닥 같은 곳에서 재미삼아 심심풀이로 시행해서는 절대로 원하는 답을 얻을 수 없다. 분위기는 물론이려니와 몸과 마음이 정화되고 충분한 이완상태가 되어야 잉쾌와 진정한 대화를 나눌 수 있다.

잉쾌의 점술은 신체적 불안정이나 정신적·심리적으로 평정하지 않은 상태에서는 그릇된 망념이 파고들어 허상을 만들어 낸다. 심신을 조절하고 주의력을 집중시켜 잉쾌를 단순한 관상(觀想)을 넘어 심상(心想)으로 관조하기 위해서는 필수적 준비단계를 거쳐야 한다.

심신의 평정

■ 몸가짐 바로하기〔조신(調身)〕

서두의 시에서처럼, 아무리 사소한 질문이라도 사람의 일생과 관련된 일을 알아보고자 잉쾌에 질문한다. 헌데 허투루 몸가짐을 대충한 채 나서면 잉쾌가 받아들이지 않을 뿐더러 질문자의 신뢰와 호응을 잃어 결국 점술의 목적을 원만히 달성하지 못하게 된다.

몸은 사회와 만나는 경계선의 최전방에서 타인의 평가를 직접적으로 맞닥뜨리는 실체다. 자기의 정체성은 우선 외모로 표현된다. 잉쾌 취급자로서의 고유성, 즉 개성을 지키기 위해서는 우선 몸에 대한 규율을 준수하고 예절을 지켜야 한다. 치장을 통해 화사하게 멋을 내기보다는 내면과 위상에 걸맞게 적절히 표현되어야 하는 것이다. 경건한 태도와 단정한 복장, 부드럽고 자상한 언행은 잉쾌와 질문자에게 신뢰를 형성하여 영기의 교감을 원활히 한다.

■ 마음가짐 다지기〔조심(調心)〕

마음이 하늘도 만들고, 귀신이나 축생 혹은 지옥도 만든다.
마음을 따르지 말고 마음의 주인이 되라.
〔심위법본 심존심사(心爲法本 心尊心使)〕

마음가짐 다지기는 정신을 오로지 잉쾌의 대상에만 집중하여 바로 그 순간만은 일체의 것과 단절하여 정신을 집중하는 상태가 되어야 한다.

잡념이나 일상사에 신경이 어수선한 상태로는 아무리 잉쾌가 영능의 혜안을 제시해도 귀신에 홀린 듯 온갖 잡념이 날뛰고, 지옥의 혼란에 얽혀들어 정확히 점술의 핵심을 짚어내지 못한다.

마음의 주인이 되어야 문제의 해결방안을 구하기 위한 핵심에 접근하고, 문제에 대한 정확한 인식과 해결을 위해 몸소 실천하는 자세가 확립되어 의식이 명철해진다. 마음속의 부정적 심리를 차단하고 긍정적인 역량을 환기시켜 안정적이고 평온한 정신을 가져야 하는 것이다.

명상이 무심의 경지에서 의식을 자신의 내면으로 되돌려 자아를 관조하여 내적 문제를 치유하거나 자아의 개혁을 위하는 것이라면, '마음가짐 다지기'는 순전히 당장의 잉쾌작업을 위해 긴장하며 몰입하기 위해 망념을 떨치고 주의집중에 들어가는 성찰이다.

- 먼저 조용히 눈을 감고 잉쾌의 표지 그림인 '얼굴무늬 수막새'를 떠올리며 숨고르기를 통해 마음을 안정시킨다.[짧은 시간일지라도 마음다지기로 여기며 잉쾌 이미지에 침잠한다]
- 신체 에너지가 고르게 안정되면 생리적 문제를 넘어 정신적인 근원의 문제로 넘어가 잉쾌와 혼연일체가 되는 자기최면에 든다.[질문자와 대담을 하거나, 잉쾌를 다루는 과정을 동시에 수행하면서도 심령과 일체화하는 의식적 최면상태를 유지한다.]
- 잉쾌에 묻는 질문의 해결을 위한 세밀한 관찰과 통찰력을 흡수하기 위해서 마음을 이완하면서 온몸의 감각기관을 활짝 열어 자연스럽게 진실과 접속할 수 있는 편안한 상태에 이른다.

■ 생각 집중하기〔정념(正念)〕

인간의 생각은 무슨 일이든 이루어 낼 수 있는 힘을 가지고 있다. 삼매(三昧)라는 말이 있다. 산스크리트어로 사마디(samadhi)를 음역한 말로 현재의 행위에 정신을 온전히 집중한 상태로 어떠한 잡념이나 외부적 감정도 당장의 평온한 마음을 깨트리지 않는 최고도의 집중상태를 말한다. 잉쾌의 '생각 집중하기'도 삼매의 경지로 온 의식을 점술행위에 집중하여 패가 의미하는 바를 완전하게 깨닫게 되는 상태다. 이러한 경지는 세 단계를 거쳐

도달한다.

첫 번째 단계는 '무상(無相)'이다. 마음에 구름이 끼지 않은 하늘과 같은 상태로 만들어야 한다. 생각은 구름과 같다. 구름을 깨끗이 걷어내어 하늘을 맑아지게 하는 것이다.

두 번째 단계는 '무향(無向)'이다. 향하고 싶어 하는 특정한 길이 없고, 어떤 방향을 더 좋게 여기는 마음도 가지지 않는다. 패가 펼쳐지는 과정이나 결과에 티끌만큼의 마음의 편향이 없어야 한다.

세 번째 단계는 '공(空)'이다. 이 경지에 도달하면 모든 것이 동일한 것으로 지각된다. 선과 악, 유쾌한 것과 불쾌한 것, 가까운 것이나 먼 것이 없다. 모든 것이 동등하다. 모든 것이 동등하기 때문에 어느 것에 대해서도 다른 태도를 취할 필요가 없다.

'잉쾌 삼매' 경지가 바로 이 중화로써 이루어지는 중용과 중도다.
삼매로 집중되면 잉쾌도 자연스럽게 진상을 드러내어 화답한다.

질문의 디자인

질문이 이해할 수 없거나 애매하다면 잉쾌에 말을 걸지 말라.

묻고자 하는 사항이 불명확하면 정확한 해답이 구해질 수 없다. 궁금증이나 풀고자 하는 문제가 상세하고 체계적으로 정리되지 않은 채 막연하면 그 해법 또한 무엇을, 어떻게 해야 되는지 종잡을 수 없게 되어 점술이 아닌 두루뭉술한 잡술이 되고 만다.

좋은 질문은 충실한 해법을 낳는다.

단순히 질문자의 의도를 읽어내는 것만으로는 의미가 없다. 질문자가 자신이 고민하는 특별한 관심사를 정확하게 진술하게 하고, 그것을 어떻게 효과적으로 채워줄 수 있도록 질문을 디자인하느냐가 중요하다. 이를 위해서는 질문을 함축하고 정리할 필요가 있다. 질문자의 장황한 넋두리나 사소한 생각까지도 모두 새겨서 질문의 본질이 무엇인지를 간단명료하게 요약해야 하는 것이다.

- 먼저 질문자의 상황과 입장에 초점을 맞추면서 질문을 완전히 이해하도록 경청한다.
- 의도가 불명확하면 솔직히 물어서 질문의 내용을 확인한다. 잘못된 실수를 피할 수 있을 뿐만 아니라 쾌리어의 열의와 관심에 질문자는 오히려 신뢰감을 갖게 된다. "다시 한 번 말씀해 주시겠습니까?" "더 분명히 설명해 주시겠습니까?"
- 질문의 요지를 정리한다.

■ 질문의 대상

중국의 유학자이자 상수역학의 비조로 추앙받는 북송의 소강절은 점을 치는 점사를 18가지로 대별하여 천시(天時), 인사(人事), 가택(家宅), 옥사(屋舍), 혼인(婚姻), 생산(生産), 음식(飮食), 구모(求謀), 구명(求名), 구재(求財), 교역(交易), 출행(出行), 행인(行人), 알현(謁見), 실물(失物), 질병(疾病), 관송(官訟), 분묘(墳墓) 등의 항목으로 구분하였다. 잉쾌의 점술 대상은 여기에 개별적 욕망이나 심리적 추이까지 확장하여 인간사와 천태만상의 세상사 모두를 아울러 헤아리고 통찰한다.

■ 질문의 주체

질문자 본인 혹은 특정한 제3자 중에 질문 속에서 실질적 주체가 되는지를 따진다. 가령 "나와 사귀고 있는 남자친구가 지방으로 발령이 났는데 앞으로의 관계는 어떻게 될까요?"의 경우는 묻는 주체는 분명 '나'이지만 점술로 구하고자 하는 주체는 '남자친구'가 된다. 때에 따라서는 사람이 아닌 사물이나 장소, 행위, 방향이나 건강과 성취, 상태, 추이 등 무형의 것이나 정신적 대상이 주체가 될 수도 있다.

■ 질문의 시제와 범위

점술은 원칙적으로 과거에서 현재, 그리고 미래의 무한대까지 범위나 대상에 제약은 없다. 질문자가 오랫동안 품어온 삶의 비의에 대한 질문일 경우 그 시제가 먼 과거의 일이나 먼 나중의 일이 될 수도 있지만 잉쾌의 점술은 대체로 현재를 기준으로 3개월 정도의 미래까지를 적정하게 증험한다고 본다. 이는 계절적 영향력의 추세가 동일하게 미치는 3개월 단위의 범위로 절후의 중도에 걸린 경우는 최대 6개월까지 그 통찰의 한계를 넓힐 수 있다.

가령 '연애 운이 어때요?' '언제 쯤 연애는 할 수 있겠어요?'라고 질문을 받더라도 '금명간 연애할 수 있을까요?' '금년 가을까지 연애상대를 만날 수 있을까요?'로 내용은 변질시키지 않으면서 본의는 그대로 살릴 수 있도록 각색하여 진행한다.

■ 질문의 축약과 단순화

모든 것은 가능한 한 최대로 단순하게 만들어져야 한다.
더 이상 간단해 질 수 없을 때까지 말이다.   - 알베르트 아인슈타인 점술의 질문은 사람들의 개성만큼이나 다종다양하다. 모든 질문에 일률적으로 부응할 수 있는 방법은 사실상 없다. 잉쾌로 예언을 하거나 신비적 마술을 행하는 것이 아니기 때문이다. 질문자가 직면한 문제에 대해 정확한 정보를 투입[input]하여야 잉쾌는 그 자료를 토대로 방향을 제시하며 삶을 긍정적으로 변화시킬 수 있는 새로운 대안[output]을 내놓는다.

잉쾌가 제공하는 예측정보는 "지금 바로 이 시점에서는 이렇게 보인다." 즉 "주제와 시제와 여러 인과의 상황들을 종합해볼 때 이러저러한 일이 진행되고, 그 결과는 어떻게 이어질 것 같다."라는 영적 맥락의 상담으로 이루어진다.

도움을 주고자 하면서 정작 도움의 결정적 단초인 질문의 초점이 맞지 않으면 헤맬 수밖에 없고 결국은 무리한 결과가 도출된다.

전반적인 상황의 나열보다는 구체적 현안만을 꼭 짚어서 단순화해야 한다. 복잡하거나 여러 문제가 얽힌 질문은 내용을 잘게 분해하여 각각 별도의 단일 질문으로 따로 나누어 취급하여야 한다.

가령 "동업을 하고 있는데 그 사람의 내심을 몰라 장차 그와 동업관계를 계속해야 되는지?"를 묻는 경우 ①동업자가 어떤 사람인지를 본다, ②동업자가 질문자를 진정한 동반자로 여기는지를 본다, ③더해서 두 사람이 동업하는 사업의 성취가능성을 본다. 그런 연후 ④두 사람이 동업관계를 지속해도 좋을지를 마지막으로 본다. 이렇듯 질문을 조각으로 나누어 풀어내면 접근이 간단하며 결과의 추출도 한결 용이해진다.

반드시 '육하원칙'을 따를 필요도 없다. 대체적으로 일상에서 행하는 단발성 점술의 질문은 짧게 축약해서 주어와 목적어의 골격만 명확하면 나머지는 효과적인 펼처로 다 해결할 수 있다.

어떻게 되느냐, 될 것 같으냐, 해도[하면] 되느냐, 할 수 있는가, 어떤 것이 좋겠느냐, 무엇이 필요한가, 무슨 까닭인가.

모든 질문이 꼭 의문형이 될 필요도 없으며 원하는 것이나 심리적 갈증을 느끼는 문제를 꼭 짚기만 하면 된다. 욕구나 가정에 대한 문제를 펼쳐에 적합하도록 짧고 단순하게 편집하는 것이다.

"그렇게 해보고 싶다, 가지고 싶은데 잘 안 된다, 무엇인지 모르겠다, 모든 것을 던질 각오가 됐다, 어떻게든 세우고자 한다"를 "그렇게 해서 될 것인가, 가질 수 있겠는가, 어느 것이 더 적합한가, 모든 것을 걸만한 가치가 있는가, 의지와 각오가 성취로 이어질 것인가"식으로 살짝 바꾸면 훌륭한 질문이 된다.

03
감응의 기술
- 독법과 해설

잉쾌는 예지력이 아니라 감지의 능력, 즉 감응의 기술을 요한다. 펼쳐가 아무리 정확한 내용을 구성해도 제대로 감지하지 못하면 혹세무민의 사술이 되어 오히려 해가 될 수도 있다.

한패의 이미지가 천 가지로 변화하며 다른 패와 어울려서는 만 마디의 말을 머금지만 결코 직접 말을 하지 않는 그 침묵의 의미를 알아차리기 위해서는 신화적 감수성과 능동적인 상상력을 필요로 한다. 인간의 인식기능은 불완전할 뿐만 아니라 각자의 경험과 내적 성찰 정도에 따라 한계를 가지고 있다.

그래서 잉쾌는 사실적 이미지만으로 생기는 인식의 오류를 최대한 걸러낼 수 있도록 신화적 영매로 음양오행과 함께 역리적 비표를 포함시켜 응감하는 감도를 한층 향상시켰다.

이미지와 상징기호로 점술을 행하고 불가측의 상황을 짚어 내는 것이 어떻게 보면 불합리한 수단처럼 보이지만, 건전한 철학적 힌트로 세상사에 의미 있는 발언을 할 수 있도록 되어 있다.

　잉괘는 각별히 친절하거나 무한한 관용을 가지지 않는다. 모든 상황에서 수시로 변하는 것은 세상이고 사람들이지 잉괘가 변하거나 영합하지 않는다. 그냥 무심히 진실을 통찰할 수 있는 기미를 제시할 뿐이다. 잉괘는 말하지 않고, 감추지도 않으며 진실의 신호를 무심히 보낼 뿐이다. 잉괘가 안내하는 신호를 믿고 청정하고 열린 감정[마음]으로 받아들여야 한다. 그러려면 항상 깨어있어야 한다. 기술적인 솜씨보다는 예술적이고 영적인 감성을 요구한다. 그래야 순응성에 더해 융통성이 자연스럽게 우러나온다. 잉괘의 지혜는 결코 편협하지 않다. 지식과 달리 한 가지로만 고정된 사고를 강조하는 것이 아니다. 그리하여 해설도 다각적이고 다양한 면모를 보인다. 곧 시시각각 각양각색의 모습으로 편승해 연출된다.

　잉괘는 사람의 의식 속에 이미 존재하고 있는 것을 명확하게 하거나 규명하여 서로 연결하고, 구체적인 자각을 일깨워 새로운 운신의 방향을 마련하게 해준다. 외부의 변화를 빠르게 파악하고 대응하는 능력이 인류역사에서 중요한 생존능력이었음을 상기할 때, 잉괘의 이런 선행적 예고기능은 삶의 가치를 크게 높일 수 있는 계기를 마련하게 해준다.

　잉괘는 어떤 일을 직접 일어나게 하지는 못한다. 단지 과거의 일과 현재 진행되는 일과 미래에 일어날 일의 단서를 보여줄 뿐이다. 패를 읽고 해설하는 것은 그 단서를 찾아 알기 쉽게 풀어서 적절하게 대응하게 하는 일이다. 해설의 단서 즉 힌트나 조짐의 실마리는 그림 이미지나 상징기호 등의 모습을 통해 드러난다. 때로는 아주 분명하게 나타나기도 하지만, 알아차리기 어려운 미묘한 방식으로 그 모습을 어슴프레히 드러내기도 한다.

계시와 혜안이 통합되어 만나는 접점이 바로 여기다. 패를 정확히 읽고 판별한 해설은 미지의 것들을 상상의 관문을 거쳐 익숙한 현실의 세계로 끌어내어 오는 것이다.

잉쾌의 해설은 문제해결을 위한 것이다. 단순히 위안을 주거나 문제가 무엇인지 알아보기 위한 것이 아니라는 점을 명심하자.

독법의 균형 - 독법의 유의사항

펼쳐의 패를 읽을 때 특별히 유의하여야 할 점은 동일한 패일지라도 상황과 처지[입장], 시간과 장소, 대상의 특성, 사물의 이치 등 여러 요소를 고려해야 한다. 모든 패는 여러 가지 의미를 가진 일형다의(一形多義)의 성격을 품고 있다. 한 패에 한 가지 의미만 고집하는 일형일응(一形一應)의 천편일률적 해석으로는 세상의 인간만사 잡다한 이치를 모두 밝힐 수 없다. 당시 당사자가 처한 제반 여건에 따라 적절하게 변용하여 대응하는 수기응변(隨機應變)의 융통성이 반드시 필요하다.

- 관점 : 대상 패의 상징이나 기호 중 어떤 것이 당시의 질문요지에 가장 합당한 것이냐를 판단하여 중심소재로 삼는다. 또한 같은 패라도 새로운 방식으로 다시 살피자. 신선한 상상력이 불현듯 작용하게 된다. [상징 이미지, 음양오행, 기호, 숫자 등]
- 상황과 맥락을 고려해야 한다. 함께 펼쳐진 패의 조합을 상호유대성과 작용관계를 면밀히 연계하여 판단한다. 특히 단패의 핵심적 의미에만 연연하지 말고 전반적 구조의 틀 속에서 융화하고 대척하는 상승과 길항의 작용관계를 잘 짚어내야 한다.

- 전체는 부분의 합이 아니라는 점을 명심해야 한다. 각 패가 갖는 고유의 의미를 넘어 함께 엮어내는 새롭고 확장된 특성에 주목해야 한다.
- 패의 흐름을 읽어야 한다. 패들 상호간에 연결된 물길을 따져야 어떤 이야기를 들려주고자 하며, 핵심이 무엇인지 흐름의 가닥을 잡는다.
- 질문 당시의 상황과 처지[입장], 시간과 장소, 대상의 현상을 정확히 인지함은 물론 미세한 변화의 기미까지도 감안해야 한다.
- 패를 눈으로만 읽지 말고 가슴으로 읽어라. 그리고 머리로 풀어라. 주어진 해석 이상의 의미를 볼 수 있어야 더 깊은 뜻을 헤아릴 수 있다.
- 이미지에 대해 스스로 반복하여 질문하며 자유로운 상상력 속에서 직관의 빛이 해당 패의 상징에 그대로 투영되어 드러날 수 있도록 지속적인 정신적 학구적 통찰력 향상에 노력해야 한다.

소강절의 「관매역수(觀梅易數)」에서는 똑같은 괘(卦)를 얻을 경우에도 점괘의 해석을 열 가지의 다른 관점인 점복십응결[占卜十應訣]로 응용하여 판단하였다. 잉괘를 읽는 접근법도 이를 변용하여 적절하게 구사할 수 있다.

- 바로 대응[정응(正應)] : 각 패의 고유하고 핵심적인 상징의미를 그대로 적용하는 방법으로, 묻고자 하는 일을 펼쳐에 나타난 패와 단도직입적으로 연결하여 관련성을 읽는다.
- 성향 대응[호응(互應)] : 묻는 일의 방향성 즉 길흉, 호불호, 당락, 이해, 득실 등의 단순 비교형 질문에서 패가 갖는 해당 성향[☠, ⚇, ≈]을 기본 바탕으로 하여 상징을 읽는다.
- 유동성 대응[변응(變應)] : 원서에서는 점괘를 추출할 때 변괘(變卦)

라는 유동적인 변수를 이용해 판단하는 방법이나, 잉괘에서는 패의 소속 오행 속성에 따른 계절성을 중심으로 전반적인 변화의 양상과 추이를 결부하여 추론하며 읽는다.
- 방향성 대응[방응(方應)] : 방위를 위주로 하여 묻는 바를 추리해 내는 방법이다. 패의 오행 속성이 어느 방향성을 갖느냐를 중심으로 상징의 의미를 중점적으로 읽어낸다.
- 날짜 대응[일응(日應)] : 펼쳐에 나타난 패와 실제 점술을 시행하는 당일의 일진에 해당하는 패의 상징을 연계하여 읽는다. 명리학을 체득한 사람은 육십갑자의 해당 일진의 천간과 지지의 결합으로 맺힌 의미를 반영하면 읽기의 혜안을 가질 수 있다.
- 느낌 대응[각응(刻應)] : 원서에는 눈[目], 귀[耳], 마음[心]의 세 가지 중요한 요소[삼요(三要)]를 통해 이치를 밝히는 것을 뜻한다. 잉괘에서는 당장의 점술을 시행하면서 유달리 심상치 않게 느껴지는 주관적 감응을 바탕으로 상징을 읽어낸다. 상당히 신비적인 요소지만 실제로 정신을 집중하다 보면 자기도 모르게 문득 소스라쳐 일어나는 야릇한 감정, 즉 계시와 같은 예감이 작용한다. 스스로도 의아한 바로 이런 순간의 기억을 그대로 읽기에 연결하는 것이다.
- 상황 대응[외응(外應)] : 실제 펼쳐진 패와 함께 펼쳐지는 과정에서 우연하고 돌발적으로 발생한 상황을 연계하여 패를 읽는 방법이다. 시행하는 도중에 발생하는 무작위적인 환경적 요소를 읽기에 반영하는 것이다. 실례로 섞기를 하면서 불쑥 튀어져 나오거나, 우연찮게 갑자기 패가 뒤집히는 경우 등에 해당한다. 이러한 특수하고 불가측적인 일이 발생하는 것은 해당 패가 무언가 특별히 강조하고자

하는 메시지가 있다는 의미다. 반드시 그 내용을 참고하여 읽기에 적극적으로 반영해야 한다.

- 천기 대응[천시응(天時應)] : 점술을 행하는 당시나 점술에서 얻고자 하는 시점의 기후적 요소를 참작하여 읽기의 보조적 요소로 활용하는 것이다. 옛 사람은 인간존재의 미약함을 절감하고 만물을 관장하는 절대존재인 하늘의 뜻을 헤아린다는 다소 미신적인 사고가 작용해서 포함시켰을 것이다. 그렇다고 소홀할 문제는 아니다. 고금을 막론하고 천기의 순하고 불순한 기운이 인간의 의식과 행동에 작용하여 실제생활 전반에 영향을 끼침을 명심하자. 여기에 명리학의 측면에서 육십갑자의 개별간지 중에서 천간의 의미만을 톺아 살펴서 펼쳐의 상징 이미지와 연계하여 읽어도 좋다.

- 지리 대응[지리응(地理應)] : '천기 대응'과 마찬가지 맥락에서 점술과 관련된 지리적 여건을 읽기에 충분히 반영하는 것이다. 지리적 상황이란 질문자나 해법 사이의 지리적 거리상의 동일성이나 이격 상태, 환경적인 동질성이나 이질성 등을 감안하여 읽기에 투영한다. 명리적으로는 펼쳐의 해당 육십갑자를 분해하여 지지 부분에 대한 요소를 읽기에 중점적으로 반영해도 좋은 결과를 얻는다.

- 사람 대응[인사응(人事應)] : 점술은 묻는 사람의 일생이 와서 잉쾌에 묻는 것이라고 했다. 잉쾌가 사람과의 관련된 일을 밝히는 것인데 사람을 빼면 완전할 수 없다. 묻는 자의 내면까지는 속속들이 알아낼 수 없더라도 쾌리어의 직관에 의한 일반적이고 관행적인 촉기로써 감별한다. 특별한 감성으로 펼쳐와 상대를 연계하면 해설의 깊이가 한층 심오해진다.

이상 열 가지 응변의 이치는 역학의 달인에 의한 지혜의 소산이다. 지금 시점에서 이를 응용하고 변용해도 전혀 손색없는 통찰의 정수로 잉괘의 신비에 더욱 가까이 할 수 있는 길잡이가 될 것이다. 다만 이 모두를 일률적으로 적용하기보다는 사안 별로 각각의 펼쳐와 질문상황에 맞는 사항을 가려서 적절하게 활용함이 바람직하다.

더욱이 명리학적인 관점에서 응변의 범위를 패가 가진 음양오행의 원리인 생(生), 극(克), 비(比), 화(和)의 요소까지 구사할 수 있으면 더 높은 안목을 갖고 잉괘의 진면목에 다다를 수 있을 것이다.

해설의 해석

불을 보는 꿈은 이걸 뜻하고, 돼지를 보는 꿈은 저걸 뜻한다고 임의로 해설해주는 '꿈 해몽 사전'과 잉괘의 해설은 전혀 다르다.

잉괘의 해설은 훨씬 복잡한 과업이며 수시로 다양한 변조가 일어난다. 그렇기 때문에 고정관념을 벗어나 상황에 따라 유연하게 표현되는 잉괘의 해설은 더더욱 신비롭고 흥미롭다. 여러 예측 가능한 단서 중에서 그 상황에 걸맞은 가장 강력한 이미지나 상징기호에 착안해 추론을 세워야 한다. 바꾸어 말하자면, 똑같은 패로 이전에 다른 상황에서 비슷한 해설을 여러 번 했다고 해서 그것이 정답이고 항상 그렇다는 것은 절대 아니라는 말이다.

평생 외딴 섬에서 한 발짝도 나가보지 못한 사람이 난생 처음으로 섬을 벗어나 여행을 하게 되었다. 그는 먼저 대도시의 중심가에 있는 큰 호텔에 묵게 되어 휘황찬란한 현대문명을 만끽하며 하룻밤을 신나게 즐겼다. 다음날 그는 시골에서와 마찬가지로 이른 시간에 일어나 창 밖의 도시 풍경을 구경했다. 그런데 이게 웬일인가. 해가 커다랗고 웅장한 건물들 사이에서 빙긋이 고개를 내밀며 떠오르는 게 아닌가. 참 난리도 큰 난리다 싶었다. 늘 보아오던 해는 그대로인데 당연히 수평선에서 떠야 할 해가 삐죽삐죽한 건물들 사이에서 솟아 오른 것이 아닌가. 잘못 본 게 아닌가 싶어 몇 번이나 다시 봐도 그대로였다. 아마 어젯밤 도시풍경에 혼이 빠져서 헷갈릴 수 있다싶어 촌티를 내지 않으려고 내심으로만 걱정하고 온종일 구경을 하는 둥 마는 둥 혼란스럽게 보내고 일찌감치 숙소로 돌아왔다. 해질 무렵의 해지는 것을 다시 확인해보고 싶어서였다. 이번엔 반대쪽 창문에서 신경을 곤추세우고 숨을 죽이고 잔뜩 긴장하여 해지는 모습을 똑바로 확인했으나 역시나 해는 아침처럼 빌딩들 사이로 고즈넉이 잠겨 사라지고 말았다. 뭐가 잘못됐는지 모르지만 당최 혼란 때문에 도시에 머무르고 싶지 않아 남은 일정을 접고 서둘러 한적한 곳을 택해 장소를 옮겼다. 다음 여행지는 깊은 산속의 조용한 휴양소였다. 전날 대도시의 이상하고 터무니없는 경험으로 사실 제정신이 아니지만 이곳은 대도시처럼 복잡하고 정신없는 곳이 아닌 만큼 해도 정상적으로 움직일 것이라는 기대가 컸다. 다음날 작정하고 새벽과 저녁을 온통 초조한 마음으로 해의 뜨고 지는 모습을 확인하였을 때 그는 또 한번 망연자실하여 주저앉고 말았다. 괴상망측하게도 이번에는 산봉우리에서 뜨고 산봉우리 너머로 지는 것이 아닌가. 자신에게 문제가 있는 것으로 생각된 그는 남은 일정을 급히 취소하고 고향으로 바로 되돌아갔다. 그는 다음날 다시 확인했으나 그곳은 여전히 해가 수평선에서 떠서 수평선으로 지는 것이었다. 그렇게 예전의 상태를 확인한 후에야 자신이 있어야 할 곳은 마땅히 그곳이라고 안도하며 평온을 되찾아 일상으로 돌아가게 되었다.

잉쾌는 이 이야기의 '해'처럼 있는 그대로의 실태를 환하게 비추어 준다. 때로는 은근히 흐릿하게 비추면서도 당시에 처한 사실의 면모를 암시하듯 속삭이기도 한다. 촌로가 본 것처럼 그때그때 실제 상황을 나타내 주는 것이다. 그래서 해설은 보이는 그대로 느끼고, 사실 그대로를 믿고 따라야 한다. 공연히 짧은 지식과 경험을 내세우거나 만고의 진리를 찾아 두리번거리다가는 잉쾌의 진의를 왜곡하여 사실판단을 그르치게 될 뿐이다.

어떤 입장과 상황에서 질문자가 요구하는 해법은 바로 그 상황 속에서 찾아내야 하는 것이다. 당시의 실정에 꼭 맞는 해법이 필요한 것이지 보편적이고 일반적인 상식에 맞추거나, 거창한 정의 추구나, 합리적이고 체계적 원리를 찾는 것이 아니기 때문이다.

실질적인 체감 이상의 완벽한 감응은 없다!
〔Feeling, nothing more than feeling〕

인간의 삶은 사람들이 생각하는 것보다 훨씬 복잡하고 그 영역이 매우 넓다. 이것들의 얽히고설킨 꼬임을 밝히고 풀어내는 해설은 현실의 바탕 위에서 진솔해야 한다. 이성이나 합리가 작동하는 일반적 현상세계의 너머에서 인간생활을 조종하는 영적 시나리오의 책장을 들춰 미리 감지해 읽어내는 작업을 하는 만큼 독해는 잉쾌와 진심어린 교감이 있어야 하는 일이다.

잉쾌는 직접 말하지 않고 해설로 대신한다. 해설은 미래의 예시나 숨은 진실을 대독하는 셈이다. 그렇기 때문에 정확히 짚어 깔끔하게 표현해 내야 한다. 만약 세상의 사물이나 사실을 현상보다는 관념이나 추정에 의하여, 사실관계보다는 주관적 판단으로 해석하게 되면 잉쾌가 아닌 단순한 해설자의 생각에 그치고 만다.

　잉쾌의 각 상징들은 끊임없이 유동하며 변신한다. 살아있는 실체처럼 움직인다. 질문이 주어지면 거기에 합당하게 겉모습은 그대로지만 표정과 목소리와 분위기를 바꾸어 연출하며 연기한다.

　미처 생각하지 못했던 환상과 희망의 세계로 통하는 관문에 마주서게 하고, 신비로 통하는 열쇠를 쥐어주기도 한다. 마음을 밝히고 정신의 세계를 새롭게 정비하여 미래를 통찰하는 슬기를 제시하는 것이다. 여러 조짐과 기미를 미리 보여줌으로써 미래의 불안을 사전에 감지하여 마음을 안정시키고 정신적인 여유를 제공해 선제적으로 대처할 기회를 제공하는 것이다. 그래서 상징의 작은 조각도 소홀히 흘려버려서는 안 된다. 부분들이 전체를 이해하는데 필수인 것처럼 전체는 부분들을 이해하는데 필수이기 때문이다.

　초심자는 해설할 때 무슨 뜻인지 전혀 감이 잡히지 않을 때가 있다. 사실 그 패[배열]는 엄청난 이야기를 알려주고 있는데도 그것을 제대로 짚어내지 못해 당황하여 우물쭈물 넘어 가고 일정 시간이 경과한 뒤 정작 사건이 일어난 후에야 '아! 그때 그 패가 바로 이것을 의미한 것이구나'하는 경우가 있다. 패의 의미를 제대로 숙지하지 않고 막연한 감으로 해설하여 엄청난 실수를 범하고 만 것이다.

　잉쾌는 명확하게 질문의 확답이나 결론을 일러주지는 않는다. 잉쾌가 패를 통해 알려주는 것은 가능성의 유형이다. '지금의 여러 정황을 고려할 때 당장의 문제는 이렇다. 관계된 사람들과 제시된 분위기를 살펴보니 이러저러한 일로 진행될 것 같다.'

　해설의 참 목적은 궁금한 사항의 정답을 쥐어주고, 사람들의 문제를 해결해 주는 것이 아니라 문제가 무엇이며 풀어가기 위해서는 어떤 방안이 있는지를 알려주고 잘 알아서 처리하라고 제언하는 것이다.

질문자는 이를 바탕으로 새로운 방향을 모색하거나, 문제를 피해 우회해가거나, 반전을 시도할 수 있는 기회와 여유를 갖게 된다.

질문자가 스스로 방향을 잡아 자기 삶을 주도적으로 변화시켜갈 수 있도록 현실적 대안과 적절한 정보를 제공하는 것이다.

'예언하는 것이 아니라 사실을 짚어주고 지향할 바를 조언한다.'

상징의 의미는 국지적인 사실들이 전체에 영향을 미치고, 전체적인 것이 국지적인 것에 영향을 끼친다.

정확한 해설을 위해서는 각 패의 핵심적이고 고유의 상징의미[키워드]뿐만 아니라 간접적으로 연관하고 기능하며 작용하는 다양한 활용성들을 두루 숙지하여야 한다. 더구나 여러 패가 어울려 펼쳐할 때는 앞 패와 뒤 패, 그리고 패 사이 행간의 여백을 잇는 의미까지 조합하고 연결하여 이야기(스토리)를 매끄럽게 전개해야한다.

그러기 위해서는 패가 갖는 상징의미를 빛의 측면과 그림자의 측면은 물론 그밖의 여러 주름 사이의 면모들도 모두 살펴야 한다. 각 패의 상징의미 해설을 잘 체득하면 어떤 질문과 궁금증에 대해서도 한 가지 의미에 얽매이지 않고[불구일격(不拘一格)], 어떤 경우에나 능수능란하게 해설할 수 있다.

달을 가리키는 손가락만 보고 정작 해설하여야 할 대상인 달을 놓쳐버리는 실수를 범하지 말자.

참고문헌

강신주, 『회남자 & 황제내경』, 김영사, 2013
고혜경, 『나의 꿈 사용법』, 한겨레 출판, 2016
고회민, 곽신환 역, 『소강절의 선천역학』, 예문서원, 2011
그리오 드 지브리 저, 임산·김희정 역, 『마법사의 책』, 루비박스, 2003
김교빈 이정우 외, 『기학의 모험 1~2』, 들녘, 2004
김백만, 『가정 작명법』, 명문당, 2002
김준구, 『관매역수』 장서원, 2012
노자, 황병국 역, 『노자 도덕경』, 범우사, 1988
데릭 니더만, 강대훈 역, 『홀릭』, 경문사, 2014
란메이, 김진무 역, 『불교명상』, 일빛, 2011
레이첼 폴락, 이선화 역, 『타로카드 100배 즐기기』, 물병자리, 2007
뤼디거 달케, 송소민 역, 『운명의 법칙』, 블루엘리펀트, 2012
매브 애니스·제니퍼 파커, 장석훈 역, 『꿈을 잡아라』, 궁리, 2003
맹자 순자 편, 조긍호, 『유학 심리학』, 나남출판, 1998
문곡, 『문형 만세력』, 장서원, 2005
발타자르 그라시안, 박민수 역, 『세상을 보는 지혜』, 둥지, 1995
베르나르 베르베르 저, 이세욱·임호경 역, 『상상력 사전』, 열린 책들 2011
시라카와 시즈카, 심경호 역, 『한자 백 가지 이야기』 황소자리, 2005
신원봉, 『인문으로 읽는 주역』, 부키, 2009
아서 로젠가르텐, 이선화 역, 『타로 심리학』, 학지사, 2010
알프레드 아들러, 윤성규 역, 『성격 심리학』, 지식여행, 2015
앨런 피즈·바바라 피즈, 황혜숙 역, 『당신은 이미 읽혔다』, 흐름출판, 2112
오토 베츠, 배진아·김혜진 역, 『숫자의 비밀』, 다시, 2004
유소홍, 송인창 안유경 역, 『오행이란 무엇인가』 심산, 2013
이석영, 『사주첩경』, 한국역학교육원, 1994
잔스촹, 안동진 런샤오리 역, 『도교문화 15강』, 알마, 2011
정종수, 『사람의 한평생』, 학고재, 2009
제임스 힐먼(Hilman, James), 주민아 역, 『나는 무엇을 원하는가』, 나무의 철학, 2013
조지 C 셀든, 이경식 역, 『주식투자의 심리학』, Human & Books, 2006
차드 멍탄, 권오열 역, 『너의 내면을 검색하라』, 알키, 2014
최동환, 『한역』, 지혜의 나무, 2001
최학림, 『사주정해』, 가교, 1995
Kay Lagerquist & Lisa Lenard, 박은영 역, 『피타고라스 수비학 上, 下』, 홍릉과학출판사, 2011
토니 험프리스, 이한기 역, 『자존감 심리학』, 다산초당, 2017
한국문화상징사전편찬위원회, 『한국문화 상징사전』, 동아출판사, 1992
한동석, 『우주변화의 원리』, 대원출판, 2003

위대한 신비 _ 잉쾌

PART

VI

잉쾌패의
상징해설

INGQUETAINMENT

역(易)

아미(종)

∞

도
〔道〕

더 생각하거나 덧붙일
것도 없이 지극히
고요하여 움직임이 없는
듯 보이지만 일체에
감응하여 세상만사와 모두
통한다.

- 『주역』, '계사, 상'

이미지 요소분석

천지인의 삼재사상을 상징하는 삼태극을 동방의 청룡, 북방의 현무, 서방의 백호, 남방의 주작으로 두르고, 하늘의 별자리 '황도28수'로 감쌌다. 무한[∞]의 배경에 천인감응의 도(道)가 도도히 숨 쉰다.

상징 풀이

하늘 안의 하늘이자, 하늘 밖의 하늘. 온 세상의 모두로 삼라만상의 관계와 의미를 규정짓는 절대 자체. 삼재와 삼광의 삼위일체를 중심으로 사신의 신수가 세상만사의 섭리를 통해 서로 영향을 끼치며 만물의 생장 소멸과 변화를 주재한다.

상징의 의미

위로 하늘의 뜻을 궁구하고[상궁천도(上窮天道)], 아래로 땅의 이치를 알아내고[하진지리(下盡地理)], 사람이 중심과 주체[중통인성(中通人性)]임을 천명한다.

위대한 신비, 최고의 행운, 신성, 지혜의 정수, 전지전능, 천우신조, 신성불가침, 진리, 절대, 조화와 포용, 무궁무진, 기적과 이변, 불가사의, 대망, 불멸, 계시, 위기모면, 기사회생, 영예, bliss. 선(善), 궁극.

명리학적 통유성

역(易)은 '세상만사와 두루 통하는 천하의 지극히 신령스러운 것'으로 도(道)의 궁극적 지향점이자 종착점이다.

우주운행을 주관하여 삶속의 일상적 질서가 '역'의 섭리에 의해서 이루어지고 '도'로써 실천되는 원천이다. 역의 뜻은 변한다는 의미의 변역(變易), 모든 것이 변한다는 사실 자체는 변하지 않는다는 불역(不易), 역의 이치를 알고 나면 간단하고 쉽다는 간역(簡易)이 있다. 운명을 기획하며, 순리로 발현되도록 추동하며 변화를 주도한다.

수리학적 쓰임

무한대[∞]는 무량수로 헤아릴 수도, 잴 수도 없는 유일무이하며 지고한 절대의 수다. 중중무진이며 무진장이다.

확실한 '행운 수'를 얻은 것일 수도 있지만, 불확실한 '미지의 변수'를 얻는 것이기도 하다. 단, 범위가 크고 넓어 무한한 잠재력과 가능성을 갖는다. 다른 숫자와 연계되면 확장성과 실용성을 높이는 상승과 촉매의 작용을 한다.

품성과 기질

경계가 없다. 시작도 끝도 헤아릴 수 없는 무한이자 모두다. 중용과 통섭의 원리를 구현하는 핵심적 주체로 정신적인 지혜를 베푸는 만사의 궁극이다. 사랑을 시현하고 모든 존재를 선도하며 아우르며 희망과 열정의 에너지를 전파하는 중추. 신령이 서린 완전무결한 만능의 존엄성.

운명의 길 닦기

영원성과 완전성을 갖춘 고귀함 속에 있다. 참과 거짓의 분별이 불요한 순진무구와 신성불가침의 독보적 가치를 가진 지혜의 샘, 창조의 원천, 불변의 진리를 향해 지금의 자기 자리를 돌아보고 더 큰 조화의 연출을 위하여 분발하여야 한다.

무극(無極)

아미[종]

0

오묘
[玄]

모든 혼돈 속에 우주가
있고, 무질서 속에
비밀스러운 질서가 있다.
- 칼 융

이미지 요소분석

정막. 소용돌이. 무[0]는 세상 모든 것의 무대[空]요, 무엇이든 담아낼 무진장한 공간이다. 보이지 않지만 살아 숨쉬고 움직이는 오묘한 생명활동의 시원적 태동. '없음'이 아닌 '있음'의 잠재상태.

상징 풀이

무는 한계가 없어서 한 자리에 머물지 않고, 모든 것에 스며들고 작용한다. 세상의 모든 것은 '없음'의 바탕에서 존재가 잉태한다. 무는 심오한 메시지다. 아무것도 없기보다는 무엇으로도 채울 수 있는 무궁무진한 자유의 환기통이다.

상징의 의미

무를 알면 모든 것을 알 수 있다. 무미건조한 부재가 아니라 특정하게 규정지을 수 없는 무한의 가능성으로 끝없이 펼쳐나갈 풍부함이요. 진화의 모태이다.

무의식의 세계, 신비한 비밀, 무한성, 태동, 예측불가, 암중모색, 은미한 진행, 불모지, 은폐, 미지, 잠재력, 혼돈, 불투명, 허탈, 잠복기, 완충, 공황상태, 망각, 환골탈태, 침묵의 웅변, 정체불명, 무상, 공백, 휴식.

명리학적 통유성

천지개벽 이전의 하늘과 땅이 아직 나누어지지 않은 상태로 모든 것이 확정되고 정착되지 않은 혼돈의 시기. 음양오행과 사물의 개념이 확립되지 않은 혼륜이 난무하는 무명의 세상으로 명리의 이치로도 따질 수 없는 불명의 상황. 태극 이전의 탁기가 만연하여 어떠한 운동이나 조화도 이루어낼 수 없는 공적(空寂)의 혼미상태를 상정. 존재하는 어떤 대상도 특정하거나, 이름붙이거나, 평가할 수 없는 무한과 미지성으로 한계나 경계를 지을 수 없다.

수리학적 쓰임

'0'은 유령의 수다. '빔', '공', '영', '빵' 등으로 불리며 이상하고 돌연한 변화를 만든다. 다른 숫자의 뒤에 가만히 붙어 엄청나게 몸을 부풀리고, 곱하고자 바짝 붙여놓으면 순식간에 자기 속에 삼켜 사라진다. '0'의 마법은 음수[-]의 세계를 여는 관문으로 전환과 혁신을 일으키는 환상의 변수다. '미지수'인 'X'의 개념을 품고 있기도 하다.

품성과 기질

흑백논리나 옳고 그름이나 맞고 틀림이 다 무의미하다. 있는 그대로의 상태로 무의식이 아닌 의식할 필요가 없음이다. 혼융의 소용돌이로 전혀 새로운 무엇이 만들어지는 위대한 창조의 진통이다. 조화와 합의의 완충장치로 모호함 속에서 침묵으로 현묘함과 잠재력을 품어 기른다.

운명의 길 닦기

세상을 움직이는 거대한 힘은 나타내 보이지 않으면서도 절대적 힘을 발휘하여 창조적 동력을 만들어낸다. 세속의 현실에서 비켜서서 정해진 경계 없이 중립적이고 균형적인 가능성의 세계를 열기 위해 새로운 관점으로 사유하며 변화한다.

무극
(無極)

태극(太極)

아미(종)

1000

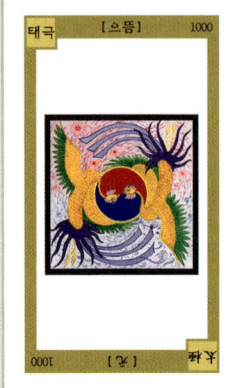

으뜸
〔元〕

세상은 두 개로 나뉜다.
수치와 규칙으로 잴 수
있는 세상과,
마음과 상상력으로
느낄 수 있는 세상.

– 리 헌트

이미지 요소분석

절대자의 메신저인 상상의 조상새 한 쌍이 부리를 맞대고 생명을 불어 태극을 형성한다. 태초에 완성된 이 으뜸가치는 음양을 대별하고, 조화와 안정을 구현하며 지극의 '1000'으로 '있음(有)'를 연다.

상징 풀이

태극은 음양이 합일하는 일체만물의 근원이다. '성인은 태극의 완전한 본체[聖人太極之全體-주희]'라 했다. 몸과 마음을 갈고닦아 일체사물에 대한 '중정인의(中正仁義)'를 세워 태극의 조화와 균형을 터득하여 지극의 경지에 다다른다.

상징의 의미

태극의 원리는 음양의 대립적이면서 상호보완적인 원리를 표상하며, 혼돈과 무정형의 상태에서 가치를 공유하여 새로운 정신과 실체를 이루어내는 것이다.

완전한 응집, 대립과 통합, 세력균형, 화합과 결속, 겸양과 배려, 상호존중, 단결, 협동의 결실, 필연, 양극화, 선의의 경쟁, 화해, 동반, 공동노력, 대척(대등), 야합, 양수겸장, 양다리 걸치기, 이심전심, 공감, 향연.

명리학적 통유성

만물의 존재와 가치의 근원으로 정립과 안정을 의미한다. 음과 양[陰陽], 강함과 부드러움[剛柔], 움직임과 고요함[動靜]의 단서를 태극은 양극에 품고 자연계의 모든 것을 생성하고 변화시키는 원형동력이자 조화의 주체이다. 동화와 균형의 상태를 이룸으로써 가치공유를 실현한다. 우주적 질서의 연속으로 인간의 도덕적 본성과 이어진다. 사물의 실체적 변화를 주도한다. 합함으로써 변하여 나뉘고, 나뉜 것이 다시 새로운 모색을 통해 합하고 뭉친다.

수리학적 쓰임

천(1000)은 천(天)이다. 인간적인 척도를 넘어선 궁극에 해당하는 지엄한 극치다. 인간의 감성을 극대화하고, 환상을 불러일으키며, 희망을 일깨우는 영원과 영생의 가치다. 오래도록 변치 않고 영구함에 이르는 천고불역(千古不易). 사물을 꿰뚫는 천리안의 힘으로 세상을 폭넓게 조망하고 통찰하여 영능을 발휘하게 하는 성취의 수. '즈믄'

품성과 기질

불가항력의 이분법을 인정하고 조화를 추구한다. 말초적인 쾌락보다 장기적이고 안정적인 조화와 균형을 지향한다. 이질적인 것을 포섭하여 융화하고 감정적 절충점을 잘 찾아내 엮어낸다. 최적의 균형을 만들어가는 과정에서 이원성의 장점을 조절하여 극적인 반전을 부르기도 한다.

운명의 길 닦기

태극
(太極)

궁극적 목표를 설정해 장기적인 대계를 정립하고, 상황을 단계적으로 분할하여 순차적으로 풀어 나간다. 상대적 변수를 염두에 두지 않으면 극한의 이해충돌의 상황을 빚는다. 언제든 분리나 결별의 사태에 대한 만전의 대비가 필요하다.

음(陰)

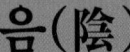

이미지 요소분석

땅[곤(坤)]을 뜻하는 사각의 틀에 주역의 음효(陰爻)를 덧붙여 세상과 존재속의 음(陰)의 의미를 포괄했다. 검정[黑]은 땅[地]과 어둠과 고요함이요, 끊긴 막대는 음의 속내로 가능성의 공간이다.

상징 풀이

땅의 형상은 네모지고[地方], 네모진 것은 고요하다[方者靜]. 세상의 만물이 가진 두 가지 개별성과 양면성 중, 정적인 요소를 아우르는 기표이자 신호로 음(陰)의 물성과 점술의 과학성을 동시에 지향하는 동양문화의 사회적 코드다.

상징의 의미

무겁고 탁한 기(氣)가 응결되어 땅이 된다.[『회남자』'천문훈'] 땅에서 기원한 기는 음성을 띠며, 수동적이며 정미한 특성으로 양기와 함께 우주만물을 이룬다.

은밀하고 조용한 탐색, 수렴과 암장, 모색과 신중, 물러서다, 움츠리다, 나눔과 덜어냄, 절약과 속도조절, 음모와 계략, 다이어트, 손실, 침체, 약화, 양보, 후퇴, 내면화, 기회를 엿보다, 은둔, 여성성.

아미(종)

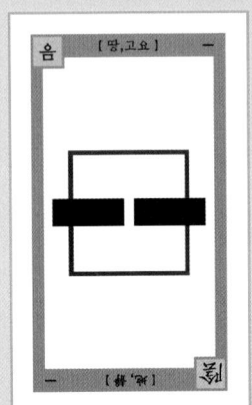

땅, 고요
[地, 靜]

덜어준다는 것은 넘치거나 부족한 바가 있는 것이니. 이 때문에 하나를 덜어내고 하나를 보탬으로서 평형을 구한다.

— 항안세, 『주역완사』

명리학적 통유성

음과 양은 기(氣)의 개념에서 출발한다. 서양의 에너지라는 용어로는 그 뜻을 온전히 설명할 수 없는 동양사상 속의 고유한 철학적 개념이다. 만유의 본질로 물질적인 것과 비물질적인 것을 막론하고 그 중심에서 작용하나 구체적으로 집어낼 수는 없지만 객관적으로 분명히 존재하는 그 무엇이다. '음'의 기는 생명과 존재의 순환과정에서 거두고, 모으고, 감추고, 갈무리하면서 드러내기를 꺼린다.

수리학적 쓰임

덜어내고, 나누고, 뺀다[-]. 가식과 치장이 없는 최소한의 것으로 의연함과 순수함이다. 청렴과 결백, 포용과 베풂의 미덕으로 청빈하면서 단출한 고결함을 그늘 속에서도 조용히 간직한다. 난제의 돌파구를 찾고자 할 때는 타성적인 진행방향을 바꿔 역발상으로 기회를 선용한다. 줄이고, 버리고, 내려놓음으로써 더 큰 확장의 계기를 만든다.

품성과 기질

도광양회(韜光養晦). 조용하고 묵묵히 실력을 쌓으며 기회를 엿본다. 과묵하게 내향적으로 파고들며 그늘지고 소외된 곳을 배려하며 나눔을 실천한다. 물러설 줄 알고, 잘못을 인정할 줄 아는 미덕이 있다. 적절한 속도조절을 못하여 크게 위축되면 꽁무니를 빼며 쉬 무너지고 마는 경향이 있다.

운명의 길 닦기

비워야 채운다. 빼고, 빼고, 빼고 나서 더 이상 뺄 것이 없는 상태에서 자신의 참모습을 발견하라. 더하려고, 얻으려고 집착하면 오히려 잃게 된다. 가장 가치가 큰 것이 무엇인지 살펴 꼭 지켜야할 것을 고수하되 나머지는 과감하게 버려라.

양(陽)

아미(종)

하늘, 활발
〔天, 動〕

베풀고자
하는 마음이 굳건하니
물을 필요도 없이
크게 길하다.
신뢰감이 생겨
나의 덕에 보답하리라.

-『주역』, '익괘_효사'

이미지 요소분석

하늘[건(乾)]을 뜻하는 둥근 원에 주역의 양효(陽爻)를 띄워 만물의 생성과 본질이 자연의 이치로 만들어지고 주관됨을 나타냈다. 까만 동그라미는 하늘이고, 빨간 수평막대는 활발한 역동의 양이다.

상징 풀이

하늘[天]은 우주의 순행 원리에 준하는 윤리도덕과 규범의 천도를 상징하며, 그 실천을 강요하는 절대성이다. 도덕적 훈계 이상의 사회적 규범으로서 불문율로 볼 수 있다. 양은 확장과 발전을 유발하는 근원으로 보탬과 향상의 진보성이다.

상징의 의미

맑고 밝은 기가 위로 올라가 하늘이 된다. 하늘로부터 기원한 기는 양성을 띠어 능동적이며 활발한 특성을 가지고 음기와 어울려 작용하며 만물을 화육한다.

더 높은 곳을 향하여, 밝은 앞날, 전향적, 상승, 성장, 전진, 개방, 나아가다, 개척, 확장, 이익과 증식, 저돌적, 무모한 팽창, 역동성, 강직, 반등, 풍요, 자유, 과대평가, 공세, 진보, 약진, 분열, 외향성, 남성성.

명리학적 통유성

양기 왕성. 양의 기가 활발히 움직이며 주체할 수 없이 쏟아지며 살아 움직이기 시작한다. 세상이 돌연 활기를 찾고 생식과 약동의 기운이 불어 역동적으로 들끓으며 생명을 발현하고 소생시키며 자라게 한다. 양기는 조화와 병존의 가치에 앞서 분출을 거듭하면서 생산하고 확장한다. 가없는 개방성과 저돌성으로 때론 방심하여 난관에 직면하여도 태생적 도전의 열정을 꺼뜨릴 수는 없다.

수리학적 쓰임

바야흐로 자본의 시대다. 끝없는 '더함'과 '늘림'이 삶을 규정하고 재단한다. 더 가지기 위해, 더 높은 곳을 향하여, 더 오래 살기 위해 한사코 덤빈다. 적당한 유연함과 신축성, 확장성이 없는 맹목적 팽창은 피폐다. 무한증식의 '더함'은 덧붙인 부담의 짐이다. 불균형과 부조화를 고려하여 '더함'의 미덕을 살리는 인의와 중용이 필요하다.

품성과 기질

개방적 성향으로 강력한 소신과 의욕을 앞세운다. 진보적이고 공세적인 자세로 개척하고 확장하고 단기적으로 추진하는 일에는 우월하지만, 깊이 사고하며 지혜를 겨루는 일에서 경쟁력이 달린다. 낙천성과 적극성으로 웬만한 타격은 금방 회복하며 이익과 욕구를 위해 열정적으로 전진해 나간다.

운명의 길 닦기

발전과 성장의 환경조건들이 적절하게 무르익었다. 무리한 욕심만 자제하면 원하는 목표를 이루는 것도 무난할 것이다. 의욕이 넘쳐 여러 가지를 한꺼번에 이루고자 과잉에 빠지면 난관을 초래한다. 제휴와 협동의 개방적 지혜를 발휘하라.

양 (陽)

목(木)

아미(본)

300

봄, 어짐
[春, 仁]

그대는
봄다운 봄을
맞이하여 보았는가.

– 김남주, 「잿더미」 중

이미지 요소분석

왕성한 생육과 활기를 머금은 봄의 계절에 거대 초목과 만화방창한 자연 속에서 청룡이 용트림하며 생기를 발산한다.

봄[春], 동쪽[東], 파랑[靑], 초목[木], 바람[風], 신맛[酸], 인자함[仁], 300

상징 풀이

만물이 융화하며 생동의 기운으로 충만하다. 새로운 시작이다. 목표를 향해 기지개를 켜고 첫걸음을 뗀다. 세상은 온통 희망과 환희로 가득하다. 찬란한 기회의 시기를 맞아 움츠렸던 과거의 기억을 털고 개척과 도전의 여정에 나선다.

상징의 의미

탄생의 때이며, 부활과 재생의 때이다. 생기 발랄하여 만물이 준동하며 자연계의 순환주기에 시동을 거는 전주곡을 울린다. 껍질을 깨고, 운명을 찾아 나서라.

새로운 시작, 태동, 이성보다 감성작용, 생기발랄, 기력 충전, 사랑에 눈뜨다, 희망, 약동, 회춘, 변화무쌍, 변덕, 모험과 일탈, 혈기왕성, 생명력, 아름다운 시절, 부활, 낙천주의, 호들갑, 공상, 분출.

명리학적 통유성

- 대표성 : 나무[목, 木]. 봄[春]. 파랑[靑]
- 천간 : 갑(甲)과 을(乙), 지지 : 인(寅)과 묘(卯)
- 생활분야 : 사회분야(社會分野) - 수 : 3[三], 8[八]
- 의료, 맛 : 정신신경계통. 간(肝), 담(膽). 신맛[酸]
- 생극 : 화(火)를 생함[木生火]. 토(土)를 극함[木克土]
- 방향성과 상징동물 : 동쪽[東]. 청룡(靑龍)
- 기타 : 어짊[仁]. 눈[目]. 천문기후 : 바람[風]

수리학적 쓰임

'300'은 목성을 띠는 자미패가 합성된 수다. 목성의 '잉기수'를 포괄하여 식물성의 끈질긴 생명력과 환경적응성을 바탕으로 새롭게 싹틔우고 시작하며 창출한다. 단계적 과정을 차근히 거치며 도전과 지속적 발전을 꾀하며 목표를 향해 정진한다. 한자리 수의 '3'과 '8'을 아우르며 '갑'의 건실함과 '을'의 유연함으로 점진적 발전을 꾀한다.

품성과 기질

식물의 성정은 곧으면서도 유연함을 타고난다. 자유롭게 활동하고 두루 이로움을 끼치지만 나약한 측면이 있어 풋풋함을 부축할 동반자가 필요하다. 동고동락하고 화친할 뭇 생물들과 숲을 이루어 조화하며 안정을 도모하면 희망과 화합의 발랄하고 아름다운 세상을 가꾸어 갈 수 있다.

운명의 길 닦기

봄은 생명이며 희망이며 환희다. 온갖 것이 꿈틀대며 생동하며 충동이 망동하고 춘심이 발정한다. 달뜨면 안 된다. 생육의 대덕을 미래를 펼치는 포부로 삼아야 한다. 신록의 향기와 혈기를 제대로 승화하지 못하면 미래를 보장받기 어렵다.

 # 화(火)

아미(본)

200

여름, 예의
〔夏, 禮〕

아아,
춤을 춘다. 춤을 춘다.
시뻘건 불덩이가 춤을
춘다.

– 주요한, 「불놀이」 중

이미지 요소분석

우아한 날갯짓의 화신〔봉황〕이 세상을 관조한다. 불을 품고, 불을 뿜으며, 불속을 휘젓는다. 온 세상을 화염에 가둔다.

여름〔夏〕, 남쪽〔南〕, 빨강〔赤〕, 불꽃〔火〕, 주작〔鳥〕, 쓴맛〔苦〕, 예〔禮〕, 200

상징 풀이

불은 빛이다. 타오르는 잉걸불은 지혜를 품는다. 익히고, 녹이고, 밝히며 세상을 새로이 만든다. 날개가 되어 그 날개에 양력을 불어넣어 훨훨 자유를 일깨우는 불의 향연은 몽롱한 잠에서 깨어나 뜨거운 열정을 북돋우고 정화하는 신성이다.

상징의 의미

끝없이 열망하고 확장하며 닥치는 대로 사위고자 화염을 뿜으며 춤춘다. 야망을 막아서는 것을 모두 한줌의 재로 만들 태세다. 액운을 쫓고 융성을 도모한다.

예술적 정열, 성장과 발전, 왕성한 발산, 풍요와 생산, 탐닉과 과잉, 열정과 정념, 액운퇴치와 정화, 약탈과 방화, 파괴와 폭력, 과도한 자기애, 충만, 확장, 창조, 위험수위, 남성성, 발산, 영감의 발현, 화마, 에너지.

理
이
치

명리학적 통유성

- 대표성 : 불[화(火)]. 여름[夏]. 빨강[赤]
- 천간 : 병(丙)과 정(丁), 지지 : 사(巳)와 오(午)
- 생활분야 : 과학분야(科學分野) - 수 : 2[二], 7[七]
- 의료, 장기 : 심혈관계통. 심장(心臟), 소장(小腸).
- 생극 : 토(土)를 생함[火生土]. 금(金)을 극함[火克金]
- 방향성과 동물 : 남쪽[南]. 주작(朱雀) -맛 : 쓴맛[苦]
- 기타 : 예의[禮], 혀[舌]. 천문기후 : 더위[暑]

數
수
리

수리학적 쓰임

'200'은 화성을 띠는 자미패가 합성된 패다. 화성의 '잉기수'를 대표하여 포괄하며 불같은 열정으로 적극적인 확산을 추구한다. '200'은 완벽의 수인 '100'이 안정을 박차고 도전의 결의에 나서는 수로 '벽(䁰)'으로 표현된다. '2'와 '7'을 아우르며, '병'의 치열함과 '정'의 온화함을 품는다. 시류에 맞는 벽(䁰)의 협동심으로 뜻을 세워야 한다.

象
상
형

품성과 기질

빨강이 용트림한다. 불은 꽃을 만들고 발화된 불길은 새로움을 창조한다. 열정의 용광로에 가진 것을 모두 태워 마지막 불똥 하나 남김없이 거두어 혁신의 보습을 만들어야 한다. 시간은 기다려주지 않는다. 화마나 맞불이 막아설 것이다. 불의 소멸은 생명의 꺼짐이니 이겨내야 한다.

占
점
복

운명의 길 닦기

능력을 믿어라. 심장이 뜨거우니 피의 분출은 엄청난 활력을 불어넣어줄 것이다. 맥락을 정확히 읽고 발화점만 정확히 짚으면 틀림없이 성취한다. 필생의 승부에 화력을 집중하라. 불구경이나 불장난식의 적당주의로는 아무것도 얻지 못한다.

화
(火)

토(土)

아미(본)

500

사계, 믿음
〔四季, 信〕

위대한 정령이여,
우리에게 이해할 수 있는
가슴을 주소서. 우리가
주는 만큼만 대지의
아름다움을 가질 수
있도록.

– 큰 천둥 '인디언'

이미지 요소분석

사방의 방위를 모두 포괄하며, 우주질서와 진호를 상징하는 신령한 동물들이 영성의 몸짓으로 어울려 조화로이 춤춘다.

토(土), 청룡, 주작, 백호, 현무가 어우러진 중앙(中央), 사계(四季), 믿음〔信〕, 500

상징 풀이

오행을 아우르는 회오리는 단순한 휘몰이가 아니라 중화의 믿음으로 빚어내는 상조와 상생의 어울림이다. 땅은 존재의 바탕으로 세상만물을 연결된 고리로 엮는 자연의 어머니이자 생명의 원천이다. 기르고, 거두고, 갈무리하며 순환시킨다.

상징의 의미

신격을 부여하여 상상하고 경외하는 사신이 서로 대립하고 연대하고 놀이한다. 관계망의 형상으로 중화와 조화성과 순환성의 질서와 통합과 포용을 그려낸다.

조화와 상생, 포섭과 관용, 완고한 규율, 연대와 제휴, 아집과 제어, 불편부당, 중용과 중심, 무미건조, 바탕과 모태, 경영과 경작, 믿음과 안정, 중후장대, 중앙, 휴식과 결속, 협력과 조합, 관용, 어울림, 조절.

理 이치　數 수리　象 상형　占 점복

명리학적 통유성

- 대표성 : 땅[토(土)], 사계(四季), 노랑[황(黃)]
- 천간 : 무(戊)와 기(己). 지지 : 진, 술, 축, 미(辰,戌,丑,未)
- 생활분야 : 정치분야(政治分野) - 수 : 5[五], 10[十]
- 의료, 맛 : 소화피부계통, 위(胃), 비장(脾), 단맛[첨(甛)]
- 생극 : 금(金)을 생함[土生金], 수(水)를 극함[土克水]
- 방향성 : 중앙(中央).
- 기타 : 믿음[信]. 입[口]. 천문기후 : 습윤[濕]

수리학적 쓰임

'500'은 되풀이의 매듭단위다. 실제로 오백생(五百生)이라 함은 몇 번이고 자꾸 태어남을 이르는 말로, 오랜 시간을 거듭 반복하며 소멸되지 않고 다양한 시도를 경험한 다음의 대단원의 마무리다. 토성의 영원성과 다양성이 잘 스며있는 자연스러우면서 끈질긴 생명력이다. 조화로 포용하며 계절의 순환처럼 강약과 완급을 조절해가는 중추다.

품성과 기질

자연을 통해 몸과 마음과 삶의 경험을 배우며 생태환경에 순응하는 자연주의자의 경건한 삶을 추구한다. 너그럽고 관대하며 결코 무리하지 않으나 돌연 연륜을 앞세워 완고하고 맹목적인 면을 내세우면 걷잡을 수 없다. 자기 확신이 강해 목표에 집중하며, 신앙에 깊이 매몰되기도 한다.

운명의 길 닦기

성의와 실천력으로 신뢰를 쌓으면 순탄하다. 인도주의적 활동과 이타주의의 삶이 제격인데 원칙과 신념을 교리처럼 강요하면 사람이 멀어진다. 권력과 명예에 집착하면 업적도 지워지고 만다. 연대하며 더불어 추구해야 명성을 함께 얻는다.

토
(土)

 # 금(金)

아미〔본〕

400

가을, 의리
〔秋, 義〕

가을바람 세차고
하늘은 싸늘하고
나뭇잎은 떨어지고
이슬 아닌 서리만 내리네.

– 조비 '연가행' 중

이미지 요소분석

구름은 용을 따르고 바람은 호랑이를 따른다. 힘과 용기와 의협심의 영험한 권위로 삿된 것의 범접을 막고 응징한다.

금(金), 권위와 신성을 띤 하얀 호랑이〔백호(白虎)〕, 가을〔秋〕, 의리〔義〕, 400

상징 풀이

초자연적 용맹성, 신성한 인도자, 강력한 지배자로 탐욕과 위선을 용납하지 않는 산중의 왕. 베풂에 반드시 보답하고 상서로운 기운을 전파하여 꿈에서 "호랑이 등을 타면 악한 일이 없으며, 집에 들어오면 벼슬이 무거워진다"고 했다.

상징의 의미

병액이나 사악한 것을 물리치는 힘을 가진 벽사진경의 대표적 착한 신령이다. 효와 보은의 동물로 인간의 길흉화복에 관여하며 신의 재물과 성역을 지킨다.

의협심과 정의감, 거두어 갈무리하다, 수렴작용, 기개, 혁신과 환골탈태, 강력한 추진력, 권위와 횡포, 살기등등, 하극상, 예리함과 단호함, 맹목과 강압, 노련함, 재물과 금권, 책임감, 투쟁, 강직, 철두철미.

명리학적 통유성

- 대표성 : 쇠[금(金)]. 가을[秋]. 하양[백(白)]
- 천간 : 경(庚)과 신(辛). 지지 : 신(申)과 유(酉)
- 생활, 의료 : 경제분야(經濟分野). 호흡, 외과계통
- 장부, 맛 : 폐(肺),대장(大腸). 매운맛[랄(辣)]
- 생극 : 수(水)를 생함[金生水]. 목(木)을 극함[金克木]
- 방향과 동물 : 서쪽[西],백호(白虎) - 수 : 4[四]와 9[九]
- 기타 : 의리[義]. 코[鼻], 천문기후 : 건조[燥]

수리학적 쓰임

'400은 비련의 수다. 온갖 악착과 광기를 쏟아 일단 결실은 맺었지만 머지않아 스러져야할 운명이다. 보름의 만월을 거쳐 달이 안전히 이지러짐을 의미하는 사백(死魄)으로 그 뜻을 남겼다. 물러설 때를 알아 운명을 수용하는 비장한 용기를 낼 때, 역설적으로 화려하게 살아난다. '4'와 '9', '경'의 저돌성과 '신'의 온유한 청아함을 품는다.

품성과 기질

단군신화의 호랑이는 곰과 함께 사람이 되고자 했으나 조급하여 금기를 지키지 못하여 실패했다. 강력함을 뒷받침할 집요함이 없으면 흐지부지하게 그럭저럭 살 수밖에 없다. 맹목적으로 강하면 쉽게 부러진다. 퇴로를 아예 차단하고 호시탐탐 목표에만 집중하는 근성을 길러야 한다.

운명의 길 닦기

쇠는 무기와 도구다. 악과 부정을 타파하고 정의와 평화를 창조하는 역할로 소명을 삼아야 한다. 거창하게 벌이기보다는 작은 조각들을 꿰맞추고, 모난 모서리를 다듬으며 단계적으로 추진해야 한다. 독단보다 인재를 활용해 관리하고 지휘하라.

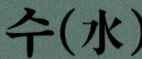
수(水)

아미(본)

100

■

**겨울, 지혜
〔冬, 智〕**

물은
담는 그릇에 따라
모나고 둥그렇게
그 모양을 달리한다.
〔水隨方圓器〕

– 한비자

이미지 요소분석

물은 검정이다. 검정은 생명의 미지를 묘사하는 오묘한 색상이다. 겉은 어둡지만, 속으로 빛을 간직한 지혜의 보고다.

수(水), 만경창파, 현무(玄武), 겨울〔冬〕, 운우(雲雨), 지혜〔智〕, 100

상징 풀이

물은 암흑의 상징적 죽음이라는 제의를 거쳐 정화되어 생명의 근원으로 다시 시작하는 과정을 밟는다. 겨울을 겪지 않으면 봄을 기대할 수 없다. 샘이 깊은 물이 마르지 않듯이 꾸준히 인성과 지혜를 함양해야 자연의 이치에 가닿는다.

상징의 의미

암흑 속 응고의 상태에서 개벽의 기운이 꿈틀댄다. 물이 생명의 액체로 재활과 정화의 기능을 가지면서 너그러움과 욕정, 순리와 변덕을 교차하며 넘실댄다.

인내와 지혜, 정화와 교류, 순수와 정도, 휴식과 재충전, 새로운 준비, 순리와 융통성, 냉철한 판단, 축적과 잉태, 음욕의 암귀, 유동과 적응, 만성적 고질병, 유연, 암약, 시류 편승, 수동성, 은거, 원천.

명리학적 통유성

- 대표성 : 물[수(水)]. 겨울[冬]. 검정[흑(黑)]
- 천간 : 임(壬)과 계(癸), 지지 : 해(亥)와 자(子)
- 생활, 의료분야 : 인문분야(人文分野), 생리비뇨계통.
- 장부, 맛 : 신장(腎臟), 방광(膀胱). 짠맛[함(鹹)]
- 생극 : 목(木)을 생함[水生木]. 화(火)를 극함[水克火]
- 방향성과 동물 : 북쪽[北], 현무(玄武) - 수 : 1[一]과 6[六]
- 기타 : 지혜[智]. 귀[耳], 천문기후 : 차가움[寒]

수리학적 쓰임

'100'은 완결이자 고귀한 완전의 수다. 희망과 비밀을 동시에 취합하는 숭배의 대단위다. 모든 것을 한데모아 정수로 뭉치게 하는 백합(百合)의 꽃인 것이다. 우리말의 '온'이 이를 대변하며 형태를 완전히 구비하는 '넋[백(魄)]'이다. 지고한 영성과 접하는 순백의 순수하고 근엄한 경지다. 임무를 완수했으면 물러섬을 준비해야 한다.

품성과 기질

쉴 새 없이 움직인다. 활동적이며 긍정적이다. 나름의 이상과 지혜로 새로운 것을 만들어내고자 하지만 설득력이 약해 동조를 쉽게 얻지 못한다. 물은 순행하지만 때로는 거스르며 휘감아 돌기도 한다. 때로는 눈이 번쩍 뜨일 강력한 소용돌이를 겪어야 강해지며 위상도 공고히 한다.

운명의 길 닦기

순수하고 소박하여 큰 욕심이 없다. 세속적인 것을 다소 경원하지만 결국은 평범함을 택한다. 소소한 난관을 겪지만 부드러움으로 서서히 극복해 나가면서 삶을 주도하게 된다. 재치와 지혜가 있어 청렴결백을 바탕으로 살아가면 큰 탈이 없다.

# 갑자(甲子)

자미(목)

1

하늘이 나를 세상에
태어나게 한 것은
필시, 무언가에 소용이
있어서이다.
〔天生我材必有用〕
– 이백

이미지 요소분석

될성부른 나무는 떡잎부터 알아본다. 현실 경험이 부족하여 미진하지만 순수한 열정으로 내일을 향해 끝없이 도전한다.

보름달, 휘황한 별, 달집태우기, 쥐불놀이, 소원꽂이, 색동옷차림 소년, 화톳불

상징 풀이

꿈과 이상은 겁없는 시절의 용기를 섭취하며 중구난방으로 활활 타오른다. 무진장한 열정과 의지로 시행착오를 극복하며 한발짝씩 전진해갈 것이다. 미래의 성공과 실패는 상관없다. 가끔 원인은 결과가 되고 결과는 그 원인이 된다.

상징의 의미

아직 가보지 않은 길이 아름답다. 가슴 설레며 많이 생각하고 궁리한다. 목적지는 정해지지 않았지만 힘찬 열정은 투지를 다잡으며 미래를 정조준하게 한다.

진취적 기상, 원대한 포부, 새로운 시작, 밝은 전망, 도전, 미완의 대기, 치기, 투지, 희망과 열정, 철없는 열광, 호기심, 천방지축, 낙관, 의욕과잉, 성취욕, 자유분방, 낭만, 자아미숙, 환상과 몽상, 활력, 약동.

명리학적 통유성

목성인 '갑(甲)'을 수성인 '자(子)'가 적극 생조하는 짜임으로 확고한 주체성을 띤다. 하늘이 보살피고 돌봐준다는 '천사대길간지'로 행운도 충만하다. 강인한 의지력과 대담한 행동력까지 있으니 웬만한 일은 다른 사람의 도움 없이도 능히 성취할 수 있다. 자기중심성을 내세워 가까운 이들과의 관계를 소홀하여서는 안 된다. 바탕이 흔들리지 않도록 기본을 잘 다져가야 한다.

수리학적 쓰임

'1'은 수의 으뜸이며 우두머리다. 뜻을 세우고, 계획을 세우는 '세움'의 수다. '첫'의 출발과 시작점이다. '활력', '발동', '희망'을 의미하는 수리의 기호다. 자신 안에 고요히 머물기보다는 꿈틀거리며 뛰쳐나가고자 약동한다. 뜻하는 바가 있다면 지체하지 말고 움직여라. 가급적 남이 가지 않는 길을 택하면 훗날 더 빛나는 공적을 얻는다.

품성과 기질

지식에 대한 욕구가 크고 서정적인 감정이 풍부하다. 결과보다는 열정을 즐기며 전력투구하는 순수함으로 사람들의 호응을 얻지만 단순하며 즉흥적인 성정으로 실수도 많다. 미지의 것에 무모한 도전을 감행하여 시행착오를 많이 겪게 되니 평소에 내성을 기르는 데 힘써야 한다.

운명의 길 닦기

삶이 너무 재미있고 하고 싶은 일이 많더라도 에너지를 분산시키지 말라. 호기심만으로 정교함이 없이 함부로 덤비면 인생이 공회전하여 실패의 지름길을 연다. 꿈을 지나치게 크게 꾸기보다는 압축시켜 집중해야 목적하는 바를 얻게 된다.

갑자 (甲子)

 壽 을축(乙丑)

자미(목)

2

어진 자는 장수하니
나를 잊음이
그렇게 하느니라.
〔仁者壽 其忘我之所爲乎〕
- 문중자

이미지 요소분석

'사랑의 기술'은 사랑하는 사람의 입신출세를 돕고, 오래도록 해로하면서, 건강히 만수무강한 삶을 누리는 지혜로움이다.

십장생도의 병풍, 목숨 수(壽)가 새겨진 복주머니, 예의관을 든 정숙한 내조자.

상징 풀이

영광과 지복을 겸비하니 세상에 부러울 것이 없다. 사랑을 주고, 사랑이 여물어 알찬 열매를 거두니 그대로 호사로다. 생이 다하는 순간까지 고귀한 삶의 가치를 지키기 위해 묵묵히 자기 길을 걷는다. 영원한 것은 진실함으로 남겨진다.

상징의 의미

출사를 거드는 여인의 몸가짐이 사뭇 진지하다. 온갖 어려움을 이겨내고 동고동락하며 합작하여 빚은 영예이기 때문이다. 천수를 향유하며 보람을 만끽한다.

출세와 성공, 영예와 영전, 헌신과 봉사, 경사, 환대, 결벽증, 행운, 보답, 명예욕, 들러리, 뒷바라지, 화려한 복귀, 대물림, 전폭지지, 유명세, 유산, 만수무강, 특혜, 금의환향, 사치, 인사치레, 상속.

理 명리학적 통유성

천간의 '을목'이 지지의 '축토'를 극하는 구조이나 음의 기운을 품은 '축토'는 적절한 통어의 기능을 수행하면서 극렬함을 흡수하여 전반적으로 유화하고 원만함을 유지한다. '진흙 속에 피어나는 연꽃'의 형상으로 흙의 물기가 풀의 운명을 좌우하여 환경의 영향을 많이 받는다. 오복의 '수(壽)'를 나타내는 만큼 유장한 지속성과 끈질긴 집중력을 발휘하며 최상의 건강과 수명의 복을 타고난다.

數 수리학적 쓰임

'2'는 버금이다. '둘'은 또한 둘러봄이다. 주변과 상황을 둘러보며 더불어 함께하는 것이다. '협조', '합의', '동행', '평행'의 의미를 가진다. 쌍(雙)은 '각각'이며 같으면서 다름의 다양성을 가지고 분화와 발전의 역사를 새로 쓴다. 2는 1로 나뉘면 두 개가 되니 분산과 분리의 속성이 있어 동행자의 이탈을 항상 경계하고 대비할 필요가 있다.

象 품성과 기질

온화하고 부드러우면서 내성적이며 차분한 성격이다. 겉으로 드러내지 않고 묵묵히 자기 역할에 충실하지만 정치적, 사회적 현실에 민감하고 영예와 과시적 성취욕이 남다르다. 세심함과 신중함으로 얼어붙은 땅을 밀어 올리는 새싹처럼 은근하고 집요하게 목적하는 바에 집중한다.

占 운명의 길 닦기

을축
(乙丑)

순백이었던 도화지에 한 폭의 명화를 완성한다. 각고의 노력 끝에 자기 분야에서 독보적 자취를 남기고 영예를 누리게 된다. 그러나 자만심으로 다른 분야를 곁눈질하거나 인간관계를 소홀히 하면 애써 쌓은 공적이 물거품으로 흩어지고 만다.

병인(丙寅)

자미(화)

3

모든 일은 항상 준비가
있어야 하고
대비가 철저하면
아무 문제가 없다.
〔惟事事 及其有備
有備無患〕
-『서경』

이미지 요소분석

방어는 최선의 공격이다. 유비무환. 안으로 내실을 기하고 밖으로 세력을 과시하지만 어딘지 모르게 각박하고 살벌하다.

철통방어 태세를 갖춘 옹성, 군기, 사다리, 조선시대 로켓추진 신기전(神機箭)

상징 풀이

산전수전을 승리로 이끌어 안정을 도모하는 수성의 단계다. 어렵게 확보한 영토를 다스리기 위해 확고한 본거지를 구축하고 만반의 기반에 무력까지 완비했다. 새로운 무기를 개발하여 세력 확장의 능력까지 갖추고 착실하게 성장한다.

상징의 의미

혁명이 불가능한 시대일지 모르지만, 늘 새로운 응전이 필요한 시대를 살아간다. 지킬 것을 지키며 더 큰 도약을 위해서는 적극적인 혁신과 변신이 필요하다.

만반의 준비, 경계강화, 견제, 아집, 결정적 찬스, 무력시위, 초강수, 비상사태, 기술혁신, 유비무환, 전략적 인내, 불통, 답보상태, 폭풍전야, 허점내포, 소통결여, 원천봉쇄, 폐쇄주의, 선제적 조치, 교두보.

명리학적 통유성

화려한 양의 향연을 벌인다. '목화통명'의 전형으로 양목의 '인(寅)'이 양화의 '병(丙)'을 떠받들며 일심동체로 종횡무진하면 그 눈부심이 세상을 능히 덮는다. '영세대길간지'의 오합의 패로 모든 일이 순조롭고 보이지 않는 은총을 입어 재능이 쉽게 성취로 이어진다. 그러나 '효신살'에 해당하여 가까운 사람의 변심으로 큰 타격을 받을 수 있다. 자신의 약점을 보완해 줄 각별한 우애관계가 요망된다.

수리학적 쓰임

'3'은 완성하는 수다. 삼(參)은 참여를 나타낸다. 천지인, 삼부인, 삼족오, 기독교의 삼위일체[성부, 성자, 성령], 불교의 삼보[불, 법, 승], 유교의 삼강 등이 조화로운 '석' 삼의 삼각형을 이룬 완성상태다. 양의 1과 음의 2가 모아져 3이 되니 '결속', '안정', '합체'의 뜻으로 성별, 상하, 귀천의 차별이 없이 포용하며 새로운 길을 펼쳐 나간다.

품성과 기질

지나치게 큰 꿈을 가지고 만사가 완벽해야 직성이 풀리는 결벽성을 보인다. 마른 장작에 불이 붙은 것처럼 정열적으로 정면으로 돌진하는 저돌성이 있다. 존재를 드러내고 싶은 인정욕구가 커서 능력과 힘을 과시하며 명분을 중시한다. 진취적 기상에다 합리적 사고를 더해야 형통한다.

운명의 길 닦기

기본적인 재물 복을 타고나 생계걱정은 안심해도 된다. 포부가 큰 만큼 축적한 능력을 크게 활용해야 한다. 사적인 이해관계를 넘어 대의를 위한 희생정신으로 큰 뜻을 품어야 한다. 권한을 넘는 힘의 남용으로 궁지에 몰릴 수 있으니 조심하라.

병인
(丙寅)

정묘(丁卯)

자미(화)

4

즐거울 의무가
충족되지 않았다면
모든 의무가
충족된 것이 아니다.
- 찰스 벅스턴

이미지 요소분석

아이디어는 재능을 앞선다. 무한한 가능성이 펼쳐지는 세계. 상상력이 거침없이 발휘되고 연주되며 새 세상을 열어간다.

무지개, 이미지로 갈무리된 봉황, 앙부일구(보물 제 845호, 해시계), 무궁화 꽃

상징 풀이

세상을 다르게 상상하고, 다르게 행동할 때 창의가 샘솟는다. 하늘에는 오만가지의 광휘 속에서 천상의 귀물들이 춤추고, 땅에는 아름다운 꽃들이 난무하며 인간을 새롭게 변화시키고 자극한다. 해시계는 개척과 창발의 발전눈금을 가리킨다.

상징의 의미

'빨주노초파남보' 꿈의 세계이자, 환상의 세계며 미래의 세계다. 누구나 꿈꿀 수 있으며 만들어낼 수 있는 가능성의 세계에 호기심과 창의성이 어울려 활기차다.

창조적 충동, 미묘한 변화, 상서로운 조짐, 조화와 균형, 행복한 시절, 은근한 매력, 희망과 환희, 치유, 비전과 발상, 가상현실, 첨단기술, 사치와 과시, 유혹, 예술적 영감, 미래설계, 찬란한 결실, 평화, 다양성.

명리학적 통유성

지지의 인수 '묘(卯)'가 유연하고도 관능적인 자태로 천간의 '정(丁)'을 애무한다. '정'은 충만한 기쁨과 은은한 사랑으로 '묘'와 일심동체가 되어 지혜와 총기를 발휘하며 조신하게 해로한다. '영세대길간지'로 다복한 음기의 오합의 패다. '묘'가 음목으로 '정'에 대한 생조가 활발치 못한 부분이 있지만 서로의 부드러움을 장점으로 잘 승화시켜 화합한다. '효신살'로 원활한 인간관계에 신경 써야 한다.

수리학적 쓰임

'4'는 억압의 수다. 자기를 내세우기보다 사방을 잘 살펴 최대한 스스로를 드러내지 않고 낮추어 잠복시키는 수다. '침묵', '은폐', '희생', '정체'의 의미를 내포하며 내면으로 침잠하여 동서남북 네 갈래 방향을 탐색한다. 한자의 죄(罪)나 벌(罰)은 그물망모양 '사(四)'의 형태를 머리에 이고 있다. 경거망동하며 함부로 나서지 말라는 경고다.

품성과 기질

내향성의 온순한 감수성과 감정의 동요를 유발하는 영감이 넘친다. 사람을 사로잡는 매력과 재치가 있다. 앞장서 적극적으로 나서기보다는 분위기를 만들고 뜻을 모으며 커다란 동력을 합성하는 힘이 있다. 신중하게 계산한 행동으로 실수는 작지만 승부사적 기질이 없어 답답하다.

운명의 길 닦기

남들이 안가는 길에서만 독창성은 찾아지는 것은 아니다. 내 생각과 다른 것들도 관점을 달리하면 훌륭한 비전을 창출해낼 수 있다. 성공을 위해서는 머리와 힘을 빌리는 협업과 어울림을 우선하라. 혼자 하는 것보다 더 큰 것을 이루게 된다.

정묘
(丁卯)

命　무진(戊辰)

자미〔토〕

5

○

오라 운명이여,
나는
너를 사랑하겠다.
- 니체『자라투스트라는 이렇게
말했다』중

이미지 요소분석

생로병사, 부귀빈천, 희로애락 등은 삶의 길에서 마주치는 운명의 갈래로, 영혼이 변화의 고동에 따라 흘러가는 길이다.

세상의 온갖 명운의 곡절과 사연을 여의주에 새겨 쥔 황룡(黃龍)이 비천한다.

상징 풀이

생존의 수단을 불멸의 의미로 바꿔 분투한다. 삶 자체가 소명이고 운명이다. 여의주를 가졌다고 모든 것이 저절로 이루어지지 않는다. 제대로 활용하여 그 진가를 만천하에 드러내야 한다. 진면목을 바르고 의롭게 펼치면서 의지를 세운다.

상징의 의미

희망은 운명의 낙관적 변조다. 현실을 긍정하고 스스로를 절제하며 운세의 보폭을 적당히 조절함이 천명을 올바로 따르는 일이다. 자유로움이 존재의 가치다.

천명과 소명, 새로운 임무, 신성의 작용, 조화로운 변화, 필연적 인과, 전환의 계기, 필생의 승부, 천직, 업보, 천부적 능력, 적재적소, 체념과 순응, 유종의 미, 새로운 운명의 개척, 끈질긴 생명력, 숙명, 대망.

명리학적 통유성

토성이 완고히 결합하며 천간 '무(戊)'와 지지 '진(辰)'이 합작하여 무진장한 강기를 품는다. '백호대살'에 해당하여 귀기와 살벌함을 갖고 오복의 '고종명'을 주관하며 땅위 존재들의 소명을 재단한다. 상상의 동물 용(龍)은 낙타[머리], 사슴[뿔], 토끼[눈], 소[귀], 뱀[몸통], 조개[배], 잉어[비늘], 매[발톱], 호랑이[주먹] 등 여러 동물의 합쳐진 만능의 신수이나, 딱 하나 역린은 치명적 약점이다.

수리학적 쓰임

'5'는 결합과 만남의 수다. 더 큰 완전을 위해 중간점검의 접점으로 절반의 성취를 의미한다. 손가락의 '다섯'처럼 개별 단위로는 완성이지만 전체적으로는 미완이다. 오행의 다섯은 한 묶음을 이루나 음양의 조화를 모두 갖추기 위해서는 반쪽이다. 항상 불완전하다는 자각으로 부단히 자기 함양에 힘쓰면 운명의 힘도 무한한 성원을 보낸다.

품성과 기질

신의와 정직으로 사람들의 어려움을 살피고 자발적으로 헌신하며 사명감에 불탄다. 과장된 호방함과 무리를 불사하는 독단적인 행동을 취하는 경우가 많다. 자존심과 명예욕을 적절히 제어해야 길운의 혜택을 충분히 누릴 수 있다. 신앙의 길과 적절히 조화하면 완성의 길과 통한다.

운명의 길 닦기

삶의 짐이 무겁다하나 남다른 뜻이 있으니 운명을 믿고 이겨내야 한다. 보통사람보다 더한 어려운 난관의 시련을 겪지만 결국은 소임을 완수하게 된다. 일반적인 일보다는 영적인 일에 종사하며 사람들에게 꿈과 용기를 주는 일에 적임이다.

무진
(戊辰)

≈ 기사(己巳)

자미(토)

6

벗어나지
않는 것일 뿐,
벗어나지
못하는 것이 아니다.
[特不肯解 非不得解]
— 유몽인,「해변(解辨)」

이미지 요소분석

독사의 독은 독사에게는 생명을 유지하는 체액일 뿐이다. 생존을 위한 일상적 도구도 타자에게는 악행의 무기가 된다.

똬리 속에 알을 품고 왕관을 쓴 뱀, 목책, 공포에 넋 나간 쥐, 풀숲에 숨은 쥐.

상징 풀이

권력을 가진 자의 오만 앞에 약자의 처지는 안중에 없다. 그러나 당장은 가족의 보살핌이 먼저다. 똬리에 사랑을 품고 행복에 겨워한다. 약육강식은 야생의 본질이지만 약자에게도 생존의 권리와 기회가 주어지는 것이 공존의 이치이다.

상징의 의미

뱀은 허물을 벗고 새로이 젊음을 얻는 놀라운 능력으로 재탄생의 신비를 상징하며 유연한 몸짓으로 미끄러지듯 움직이면서 자신의 삶에 위엄을 부여한다.

강자의 여유, 약자의 설움, 약육강식, 힘의 역학관계, 경계와 신중, 금기와 제한, 가화만사성, 심사숙고, 어설픈 권위, 눈독들이다, 모성, 자만, 허세, 엄포, 주눅, 가족애, 먹이사슬, 신분차이, 천적, 그림의 떡.

명리학적 통유성

지지의 '사(巳)'가 강한 불의 힘으로 천간의 '기(己)'를 바짝 달구며 충분하지 않은 수분마저 고갈시킬 정도로 땅의 이치를 얼른 파악하라고 재촉한다. 뱀은 온 몸을 땅에 밀착하며 땅의 비밀을 듣는다. 땅의 변화를 읽고 때맞춰 허물을 벗고 새롭게 생을 재정립하기도 한다. 다산과 풍요가 상징하듯 자기 몫을 잘 챙기며 재산증식에 능하다. 탐욕이 과하면 징그러움을 유발해 기피의 대상이 된다.

수리학적 쓰임

'6'은 전환이다. 오(五)로 집계된 결과를 다시 수정하여 발전시킨다. 음(陰)의 대표 수로 주역에서도 괘효(卦爻)를 따질 때 초육(初六), 상육(上六) 하는 식으로 음효[--]를 상징한다. 벌집과 눈송이의 육각구조[헥사곤]는 완전한 자연의 결정으로 음덕의 순리로 안정과 평화를 나타낸다. 나중을 위해 음지에서 힘을 기르며 때를 기다리는 수다.

품성과 기질

말보다 직접 행동으로 보여주는 스타일로 치밀한 계획에 의해 실천한다. 감정을 앞세우기보다 확신이 서면 웬만한 저항에는 흔들림 없이 꿋꿋이 밀어붙이는 추진력이 있다. 독립성이 강하고 외골수의 깐깐한 행동으로 대인관계의 마찰로 중요한 협력자가 돌아설 수 있음을 명심해야 한다.

운명의 길 닦기

강한 자만 살아남는 것은 아니다. 슬기가 있어야 한다. 힘이나 권위로 자기를 내세우면 사람이 멀어진다. 너그러움을 갖춰야 인정을 받는다. 때론 굽히고 양보하며 현실과 타협하면서 상황에 실려 가는 수동적 삶도 지혜의 방편임을 깊이 새겨라.

기사
(己巳)

 ≈ 경오(庚午)

이미지 요소분석

주체할 수 없는 욕망이 금단의 담장을 넘게 한다. 걱정보다 회의를 안고, 스스로에 반문하면서 어둠에서 길을 더듬는다.

자루를 지고 복면에 칼을 든 괴한, 담장, 큰 별, 나무속의 올빼미, 한옥, 조랑말

상징 풀이

캄캄한 밤중에 남몰래 담을 넘는 자의 정체는 누구인가. 무엇을 위함인가. 삶에 질문한다. 아직도 챙기고 채워야할 것은 많은데 시간은 자꾸 흐르고 하늘의 별과 나뭇가지 속의 올빼미는 무심히 지켜본다. 과연 희망까지 훔쳐올 수 있겠는가.

상징의 의미

사람들은 모두 비슷한 삶의 무게를 지고 살아간다. 어떤 사람은 그 짐을 늘리지 못해 괴로워하고, 또 다른 사람은 딱 그 만큼으로도 기뻐하며 행복으로 누린다.

위험한 선택, 비열한 술수, 정체불명, 불법행위, 탈선, 금기도전, 물밑작업, 비상수단, 염탐, 모험, 암투, 도난, 보안취약, 곁눈질, 표리부동, 불순한 의도, 무리수, 은밀한 행동, 허를 찌르다, 급습, 첩보, 강탈.

자미(금)

7

간직한
물건을 소홀히 함은
도적을 유인하는
일이다.
[慢藏誨盜]
-『주역』'계사전'

명리학적 통유성

지지의 '오(午)'가 강렬한 불길로 천간 '경(庚)'을 담금질하며 정관의 역할을 흔들림 없이 수행한다. 정관은 벼슬이요 관직이라 신의를 중히 여기며 정도를 밟는 것을 요구하지만, 다그침이 지나치면 엉뚱한 방향으로 빗나갈 수 있다. 거기다 포태법의 욕(浴)궁에 해당하여 말[午]이 서쪽[환상]만 바라보는 형상으로 환경에 휩쓸리기 시작하면 걷잡을 수 없으니 사치나 허황된 망상을 경계해야 한다.

수리학적 쓰임

'7'은 기회포착이다. '칠(七)은 시위가 아래로 내려가 처져 있는 절반의 활모양'이라 해서 기회만 주어지면 언제라도 즉시 활을 쏘아 목표에 적중할 준비를 하고 있다는 뜻이다. 무지개, 북두칠성, 음계[옥타브] 등도 일곱의 리듬으로 삶의 중요한 단서를 해석한다. 바야흐로 도전할 때다. 다만, 반드시 그 의미와 가치는 충분히 숙지하고 덤벼라.

품성과 기질

아집이 강하고 형식을 중히 여기는 스타일로 정도를 지향하나 고지식하다. 임기응변의 재치가 있어 상황에 적절하게 대처하여 이재에 수완을 발휘한다. 그러나 뜻하는 바가 이루어지지 않으면 수단과 방법을 가리지 않고 목적에 집착한다. 과감함의 이면에 잠재한 불온성을 깨야 한다.

운명의 길 닦기

이상은 원대하지만 실천방안이 마련되지 않아 좌절하기 쉽다. 사람들의 주목을 받고자 임시변통의 편법을 남발하면 제 발에 도끼를 찍는 우를 범하게 된다. 분수에 맞춰 순차적인 단계를 밟으면 시간은 걸리지만 사람들의 호응을 얻게 된다.

경오 (庚午)

# 富　신미(辛未)

자미(금)

8

적당한 재산을
가지고 있어야,
자기 의지나 신념대로
살아 갈 수 있다.
〔有恒産者有恒心〕
- 『맹자』

이미지 요소분석

잘 사는 인생이란 출세하고 돈벼락 맞는 화끈한 삶이 아니라 한결같은 행복감이 충만한 삶이다. 그래도 돈은 필요하다.

엽전이 주렁주렁 매달린 나무, 박쥐, 갈퀴로 엽전을 긁어모으는 여인, 돈바구니.

상징 풀이

황금알을 낳는 노다지는 없다. 그러나 성장과 안정된 부의 축적은 가능하다. "큰 부자는 하늘이 낳고, 작은 부자는 부지런함이 낳는다"고 했다. 세상을 읽는 안목을 넓히고 성실하고 꾸준히 노력하면 재물은 그 정신을 따라 접근해 온다.

상징의 의미

바람이 분다. 경제적 지복의 문이 활짝 열리고 공들여 길러온 것들이 결실을 맺어 바람 타고 쏠려온다. 금은보화는 삶에 의미를 주지는 못해도 불안을 덜어준다.

금맥을 잡다, 결실, 수확, 윤택, 경제적 성공, 합리적 축재, 운수대통, 골든타임, 재테크와 포트폴리오, 의외의 성과, 끝없는 욕망, 횡재, 황금만능주의, 사리사욕, 현실주의, 이윤증식, 수익사업, 발복, 근면.

명리학적 통유성

천간의 '신금(辛金)'이 지지의 '미토(未土)'를 만나 토생금(土生金)으로 생조를 받는 구조이나, 미가 워낙 건조한 토성이어서 생함을 받기보다는 오히려 제련된 금속의 힘을 이용해서 토양에 윤기를 제공한다. 이로써 미토는 보답을 넘어 동반자의 입장에서 신금의 발전에 적극 참여한다. 전체적인 기조가 화기를 띠며 완성된 축적을 도모함으로써 재화가 자연스럽게 쌓이고 풍요로움이 넘쳐난다.

수리학적 쓰임

'8'은 발전의 수다. 한자의 팔(八)은 양 쪽에서 서로를 받치는 형상으로 튼튼한 협력과 공조. 실제로 중국에서는 '발(發)'과 같이 발음하며 발전과 성황의 의미로 부귀한 취급을 받는다. 아라비아 숫자 '8'은 거꾸로 돌려도 변함없는 것처럼 아무리 어려워도 '밑져야 본전'인 더 이상 나빠질 수 없는 균형 속에서 분발만 하면 쉽게 얻을 수 있는 발복의 수이다.

품성과 기질

겉보기와 달리 강단이 있고 적극성이 있다. 지기 싫어하는 성질에 까다로움과 경계심을 가지고 있어 쉽게 돌변하기도 한다. 빈곤에 대한 심한 거부감이 있고 부자가 되고자 하는 욕망이 지나쳐 가까이 있는 행복을 놓치고 후회하기도 한다. 성공하려는 강한 의지와 적응력이 장점이다.

운명의 길 닦기

실력과 능력, 재물은 온전히 자신의 힘으로만 이루어진 것이 아니다. 남다른 재복을 타고나 물질적 풍요를 누리기는 하지만 채워지지 않은 욕망에 늘 갈등한다. 봉사와 신앙 같은 사회활동으로 베풂의 의미를 깨달아야 참된 행복을 얻게 된다.

신미
(辛未)

임신(壬申)

자미(수)

9

신은
모든 곳에 있을 수 없어서
어머니를 보냈다.
- 유태인 격언

이미지 요소분석

기가 막힐 일이다. 소중한 생명의 탄생조차 축복받을 수 없으니. 그래도 어머니의 사랑은 어떤 저주보다 더 강하다.

회오리를 형상화한 소용돌이 연무, 아기를 품에 안은 여인, 포대기 속의 갓난애.

상징 풀이

절대적인 불행에 빠졌다고 생각하는 순간 모든 것이 암담해진다. 슬픔에 빠질수록 책임감은 더욱 고문처럼 옥죄인다. 살아야 하고, 살려내야 한다. 실낱같은 희망이라도 붙들며 매달린다. 고난의 순간에 비명만 질러 댈 수는 없지 않는가.

상징의 의미

사랑은 고난을 이긴다. 어둠을 거두어 갈무리하며 극단의 인고와 도덕적 책임을 다해 광명의 날을 준비한다. 삶이 늘 아름답지는 않지만 전환의 계기는 있다.

암담한 현실, 모성본능, 내우외환, 업보, 악의 유혹, 혼돈과 집착, 불확실한 미래, 환경돌변, 원죄, 과잉보호, 설상가상, 길을 잃다, 고립무원, 슬픈 과거, 역경속의 분투, 평지풍파, 세대갈등, 가사와 생계.

명리학적 통유성

임수(壬水)에게 신금(申金)은 편인으로 금생수(金生水)의 혜택을 받아 물줄기의 원류가 튼실하고 유장하지만, 편향된 시각으로 자기감정의 오류에 빠지기 쉽다. 포태법으로도 장생에 해당하여 무언가 새롭게 넘치는 기운이 느닷없이 해일처럼 들고 일어나 휘몰아치면 격정에 휩쓸려 헤어나기 힘든 마성에 빠진다. 분위기나 대세에 광적으로 몰입하여 자신을 혹사하기 쉬우므로 감정조절이 시급하다.

수리학적 쓰임

'9'는 종국에 이른 마무리의 수다. 끝맺지 못한 아쉬움과 시원섭섭함이 '옛 구(舊)'로 미련을 남기며, 베토벤의 교향곡 제9번의 〈환희의 송가〉도 이런 의미가 투영됐다. 양(陽)을 대표하며 주역 괘효의 초구(初九)와 상구(上九)처럼 양의 효를 상징한다. '아홉수'는 고비와 시련의 난관으로 음[陰]의 것들과 조화롭게 협력하여야 무난히 넘긴다.

품성과 기질

사랑받고자 하는 열망이 강하여 자신의 의지보다는 타인을 의식하고 행동하는 성향이 강하다. 심하면 아부와 아첨하는 수준까지 이르러 가히 병에 가깝다. 눈치가 빨라 임기응변에 능하고 순간적인 기지가 뛰어나다. 내면의 갈망을 다스리고 이타심을 기르는 수양의 마음공부가 절실하다.

운명의 길 닦기

오리무중. 한치 앞을 내다볼 수 없는 혼돈 속에 빠질 수 있다. 평소에 기쁨과 편안함을 주던 것이 별안간 삶을 압박하는 요소로 돌변한다. 업보에 의한 시련이라 여기고 낮은 자세로 성심껏 대응해 나가야 한다. 진심과 열의만이 새 길을 연다.

임신
(壬申)

≈ 계유(癸酉)

자미(수)

10

사랑은
보이지 않는 곳에서
운명을 만든다.
– 영화 〈어떤 만남〉 중

이미지 요소분석

넋을 빼앗고 마음을 울린다. 딱 한 번의 마주침이 인생을 결정짓는다. 인연에 꽂힌 절묘한 공명은 운명의 불가사의다.

하늘에서 내려온 두레박, 선녀, 바위 뒤에 숨어 엿보는 나무꾼, 계곡물, 소나무.

상징 풀이

벼락같이 찾아온 사랑의 의미는 무엇인가. 금지된 사랑은 없다. 사랑의 늪에서 속계를 넘는 영원한 천계의 행복을 꿈꾸지만 사랑의 슬픈 숙명은 비켜가지 않고 이별의 고통을 안긴다. 날개옷의 선녀는 어디로 갔는가. 잠시 꿈속의 환영인가.

상징의 의미

우연과 필연, 사랑과 이별 사이에 삶의 비밀이 있다. 아슬아슬하고 극적인 순간들이 이어지며 인생은 흘러가고 사연을 만든다. 만남과 헤어짐이 운명의 갈래다.

기묘한 인연, 인생반전, 바보 같은 사랑, 운명의 장난, 뜻밖의 행운, 은밀한 탐색, 치졸한 꼼수, 돌이킬 수 없는 방심, 달콤한 함정, 위험한 외유, 횡재, 헛된 환상, 눈독(찜), 절호의 찬스, 사랑의 설렘, 일장춘몽.

명리학적 통유성

계수(癸水)는 샘의 물이며 흐르는 냇물로 활발하게 움직이는 생수다. 여기에 적극적인 도움을 주는 유금(酉金)이 받치고 있으니 수질이 좋고 수량 또한 풍부하며 늘 윤기 흐르는 싱그러운 물빛으로 고혹적 매력을 뿜는다. 신살의 '나체도화'에 해당하여 이성과의 부적절한 정분 때문에 문제를 일으키며 새로운 신화를 쓰게 한다. 심금을 울리는 신화도 세월이 가면 퇴색하고 변할 터이니 그 점이 아쉽다.

수리학적 쓰임

'10'은 완성의 수이자 창조의 수다. 진행 중인 것의 일단락이다. 손가락이 열 개인 것과 십진법은 그것만으로도 충족할 수 있기 때문이다. 『설문해자』에서 십(十)은 사방과 중앙이 제대로 갖춰진 완성된 수라 하였으며, 로마자 십[X]은 비밀이 교차하는 신비로움이 담겨있다고 본 것이다. 휴식이 필요한 때다. 재충전하며 새것을 지향한다.

품성과 기질

호기심과 모험심이 넘치고 집념이 강하다. 자신의 능력 이상을 욕망하며 맹목적으로 집착하는 경향이 있다. 꾸밈없는 천진함으로 사람들의 주목과 사랑을 받지만 명분보다 실리에 쉽게 움직이며 선망의 정도가 심하여 비현실적인 요행을 꿈꾼다. 색정이 왕성하고 이성교제가 넓다.

운명의 길 닦기

초년기의 맑은 삶이 색다른 것에 대한 강렬한 희구로 인해 자극적 욕망으로 변한다. 뜻밖의 인연으로 안정을 구가하지만 허영의 곁눈질이 발목을 잡을 수 있다. 가장 자신 있는 소질을 집중적으로 발전시켜 삶의 방향을 새롭게 정립해야 한다.

계유
(癸酉)

≈ 갑술(甲戌)

자미(목)

11

공부만 열심히 하고
깊이 생각하지 않으면
맹목적이고 사리에
어둡게 된다.
[學而不思則罔]
-『논어』

이미지 요소분석

등용문을 향해 정진한다. 도덕적 삶과 학문적 성취를 향한 결연한 의지의 선비정신을 동창으로 비껴든 해가 격려한다.

공부하는 선비, 서책과 문방구, 청아한 난분, 아침 해, 열린 창, 도약하는 잉어.

상징 풀이

학문은 완벽함을 이루는 것이 아니다. 쉼 없이 연마하며 불완전함을 수용하고, 지속적으로 성장할 수 있는 힘을 기르고, 세상을 통찰하여 배우며 자신을 발전시켜가는 과정이다. 태양의 불꽃같은 집념과 의지로 마침내 성취를 거머쥔다.

상징의 의미

성공은 세운 목표에 도달하는 것이지만 근본적으로 과거의 자신을 넘어서는 것이다. 이론과 실천, 아는 것과 행하는 것의 간극을 좁혀 이상을 펼치는 것이다.

학문에 전념, 웅혼한 포부, 약속된 미래, 치밀한 준비, 중심과 절제, 집념과 끈기, 진인사대천명, 이상주의자, 명예욕, 고루한 보수성, 현실성 결여, 출세지향, 야심, 심모원려, 냉철한 이성, 몰입, 자존감, 집중력.

理 이치

명리학적 통유성

'갑술(甲戌)'은 가을철의 나무다. 혈기와 투지를 마음껏 불태워보기도 하고, 왕성한 추진력으로 좌충우돌 시행착오를 겪으며 화려한 전성기를 겪은 후의 원숙한 관록이 결집된 단단한 심지의 나무다. 그러나 술토(戌土)가 불[火]의 저장창고로 조열한 불기를 머금고 있어 편향되어 경도되면 즉각 발화하고 만다. 무리하지 않고 정도를 밟으면 갈고 닦은 풍부한 내면의 지혜로 축복을 얻게 된다.

數 수리

수리학적 쓰임

'11'은 곁다리의 수다. '10'으로 완성되고 나서 곁가지로 뻗어나는 수로 다음의 '12'가 또 다른 구성을 만들고자 공작하는 사이에 낀 과정의 수다. 어떻게 보면 '10'과 '12'사이에 낀 어정쩡한 입장의 수이지만 그렇기 때문에 가능성을 가진 수다. 모든 규격과 경계를 벗어나 원점에서 자유롭게 이상을 헤아리고, 다듬어서 정립하는 기회다.

象 상형

품성과 기질

자부심이 강하고 자기관리가 철저하다. 집중력과 스스로 깨닫고, 스스로 고민하고, 스스로 자기에 맞는 생존법을 찾아내고 실천하는 지성을 소유했으나 자신의 지식을 과신하는 오류를 범하기 쉽다. 목표를 향한 집념과 보이지 않는 열정 때문에 인간적인 감성의 결핍을 안고 있다.

占 점복

운명의 길 닦기

등용문 앞에서 서성댄다. 넓은 바다를 휘저으며 꿈을 좇던 물고기가 용으로 도약하기 위해 몸부림치지만 쉬이 뜻이 이루어지지 않는다. 몇 차례 힘든 고비를 넘겨야 한다. 중도에 포기하면 영원히 이룰 수 없다. 끈질기게 한 우물을 파야 한다.

갑술
(甲戌)

≈ 을해(乙亥)

자미(목)

12

선하지 않으면
사람이 아니고,
효성스럽지 않으면
자식이 아니다.
〔不善非人,不孝非人子〕
- 위백규,『존재집』중

이미지 요소분석

피붙이로 만나서 살붙이로 살아가며 영원히 천륜을 잇는다. 내리사랑, 치사랑 모두 참사랑의 발로로 아름다운 도리다.

햇빛 쏟아지는 창가의 젖을 물린 엄마와 아기, 탁자 위의 오색 보따리와 효(孝).

상징 풀이

삶이 짜증내고 응석할수록 더욱 확고한 가족의 가치가 요구된다. 인본의 효는 과거의 헌신에 대한 단순한 현재의 보상이 아니라 모든 이해를 초월한 이타심이다. 어버이와 전통에 대한 경배며 인의로 덕성을 확장하는 숭고한 빛줄기다.

상징의 의미

결국 나그네의 외투를 벗긴 건 세찬 바람이 아니라 따뜻한 햇볕이었듯이 사랑의 보살핌은 엄중한 훈육보다 심성을 알차게 돋운다. '효'는 그윽하고 아름답다.

아름다운 희생, 출산과 육아, 지극정성, 돈독한 유대, 애정과 신뢰, 숭고한 책임, 천륜, 효도, 노후의 안정, 자손영달, 애지중지, 과잉보호, 포용, 편애, 대물림, 뒷바라지, 헌신, 혈연의 결속, 신뢰, 책무, 가정교육.

理 이치

명리학적 통유성

천간의 을목(乙木)을 지지의 해수(亥水)가 수생목(水生木)으로 든든하게 후원하니 삶을 영위하는 데는 큰 문제가 없다. 그러나 '해수'는 외음내양(外陰內陽)의 물[水]로 습한 기운이 강하여 과도한 도움은 오히려 엇나감을 부추기고 독립성을 저해하는 의타심으로 작용할 가능성이 있다. 지나치면 모자람만 못할 수도 있으니 스스로 틀을 잡고 열매를 맺어갈 수 있을 정도의 알맞은 보살핌이 중요하다.

數 수리

수리학적 쓰임

'12'는 믿음의 수다. 고대문화에서 '12'는 속계와 신적인 것을 연결하는 영향력을 발휘하는 수였다. 태양의 경로를 12개로 나눠 한해를 12월로 정하고, 12지로 상을 채택하는 식으로 현상을 확정하고 실행을 준비한다. 더 큰 그림을 그리기 위해 현상을 확고히 다지면 동참자가 자연스럽게 모여지고, 그 결속의 힘으로 기회를 선취해야 한다.

象 상형

품성과 기질

반듯한 정신자세로 품위가 있으며 윤리의식이 철저하고 정도를 지향한다. 눈치가 빠르고 재치가 뛰어나며 대인관계도 원만하다. 어려움 없는 성장과정으로 인해 의타심이 많고 인내심과 지속성이 부족한 편이다. 이성보다 감정을 우선하는 성정으로 순혈주의를 고집하는 아집을 보인다.

占 점복

운명의 길 닦기

가정의 화목이 최우선이다. 조상과 육친의 덕이 운을 크게 좌우하므로 가족과 친족의 일을 우선한 연후에 대외활동에 임해야 순조롭게 자신의 포부를 펼칠 수 있다. 일을 추진할 때도 소극적 행동은 불리하니 적극적으로 밀어붙여야 한다.

을해
(乙亥)

≈ 병자(丙子)

자미(화)

13

당신 자신이
이 세상에 바라는 변화의
중심이 되어야 한다.
- 마하트마 간디

이미지 요소분석

영원할 것 같던 것들도 사라지고 만다. 끝내 남는 것은 향기가 된 기억이며 진실이다. 천상의 꿈을 삼족오가 속삭인다.

청사초롱이 걸린 연리지의 소나무, 삼족오(三足烏), 백제금동대향로[국보 제287호]

상징 풀이

평생을 두고 지켜야할 약속이 있다는 건 그 인생이 무의미하지는 않다는 것이다. 하늘에 맹세하고, 사랑을 언약하고, 자신에 다짐하며 삶의 가치를 되새기며 그 실천을 위해 불태우는 열정이 있기 때문이다. 믿음의 결실이 향기로 타오른다.

상징의 의미

인연은 인간세상의 사소한 우연이 아니다. 인간이 감히 범접할 수 없는 영역에서 이루어지는 신성의 현현이다. 경건한 마음으로 겸허히 받들어 승화해야 한다.

언약, 천혜의 조건, 긍정적 변화, 예술적 성취, 창의적 영감, 미래지향, 이심전심, 뜻밖의 감동, 영광의 길, 조화, 경사, 합격, 신용, 교감, 계약, 특별한 관계, 축복, 동경, 상서로운 기운, 영원한 약속, 합환, 열망.

명리학적 통유성

태양이 이글거리는 정오의 한낮에 시원한 다락방에서 편히 쉬며 밤이 오기를 기다리는 쥐. 병자(丙子)의 형상이다. 영리한 쥐는 뜨거운 난로 속의 감자를 탐하지 않는다. 앉을자리를 보고 다리를 펴라고 했다. 현재의 상황을 잘 판단하여 결정적인 순간에 기회를 거머쥘 때를 노린다. 전설 속 삼족오가 천지인의 삼재를 과거, 현재, 미래[전생, 현생, 내세]로 연계하며 파천황의 조화를 낳는다.

수리학적 쓰임

'13'은 화합이 필요한 숫자다. 땅의 모든 것인 열두 가지 것들[12지지]을 벗어나면 필시 갈등과 혼란이 발생하므로 조화와 단합이 절대 필요하다. 한자에서 화합을 의미하는 '화(龢)'는 13개의 긴 대롱모양의 악기에서 유래하며 불협화의 음통을 조화시킨다. 성경의 배신과 불길함도 화합하지 못해 생긴 저주스런 감정 때문이다. 화합하라.

품성과 기질

생기가 충만하고 발랄하며 활동적이다. 정열적이며 지성에 의한 정확한 판단력으로 사람들을 사로잡는 지도자의 기질이 있다. 조화와 화합을 중시하여 차별하지 않고 상하를 골고루 챙기며 솔선수범한다. 청결에 대한 결벽증에 더해 불균형이나 부족을 용납 못하는 완벽성이 단점이다.

운명의 길 닦기

병자(丙子)

신중한 것은 좋지만 장고하며 지나치게 따지지 말라. 시동을 걸고 일단 출발부터 하라. 완벽추구 습성 때문에 기회를 잃는 수가 있다. 육감과 상황판단은 출중하지만 여러 사정을 감안하는 사이 여건이 바뀐다. 복덕은 제때 잡아 묶어둬야 내 것이 된다.

≈ 정축(丁丑)

자미(화)

14

재물을 스스로
만들지 않은 사람에게는
그것을
쓸 권리가 없다.
- 버나드 쇼

이미지 요소분석

모으고 갈무리만 하는 것은 피곤한 일이다. 축적도 좋지만 변화와 역동성을 불어넣고 날개를 펴야 하늘을 날 수 있다.

도르래를 이용한 수확, 녹(祿)이 새겨진 곡식가마, 소나무, 학(鶴) 세 마리, 옹벽

상징 풀이

물질적 풍요는 사람의 긴장을 풀리게 한다. 지위가 상승하고 경제적 이해관계에서 자유롭게 되면 현실에 만족하여 복록의 근원을 망각하기 쉽다. 정신적 안정과 조화하지 못하면 불완전한 행복일 뿐이다. 나눔으로 미완성을 채워가야 한다.

상징의 의미

과잉은 결핍보다 해로울 수 있다. 당연하다고 생각하는 이면의 전혀 다른 생활을 볼 수 없기 때문이다. 그러나 자원을 잘 활용하면 그럴싸한 세상들이 보인다.

빛나는 성과, 실적과 이득, 풍요와 안락, 자급자족, 연봉상승, 과잉축적, 재테크, 재물복, 기술력, 은닉, 튼실한 재정, 정당한 보상, 창업, 나눔, 배분, 재력과시, 성공과 안정, 새로운 도약, 보람, 기반구축.

명리학적 통유성

'정축(丁丑)'은 질그릇 속에 은은한 불길을 내뿜는 숯불 화로의 형상이다. 뚜렷이 돋보이거나 내세우지 않으면서도 강인한 의지를 숨기고 있다. 신살의 백호대살을 부여한 것은 그런 의미에서도 적절한 표상이다. 지지의 '축'이 재물의 창고에 해당하므로 평생을 두고 생계걱정은 없을 정도로 기본적인 재복을 타고난다. 다만 천간의 '정'이 상당히 유약하여 복록이 두터워질수록 자만심이 자라난다.

수리학적 쓰임

'14'는 조용한 열정의 수다. 불[火]의 수인 2와 7을 곱해서 만들어진 수이지만 직접 나서서 밝히기보다 폭발을 준비하고 유도한다. 보름[음력 15일] 직전일의 벅찬 열망을 완전히 내뿜지 않고 내면으로 고요히 갈무리하며 내일을 위해 대비한다. 기회의 수인 7을 거듭한 수로 이루고자 하는 성취목표가 무르익어 결행을 앞둔 숨고르기의 단계다.

품성과 기질

퍼즐조각을 하나씩 맞춰나가듯이 삶을 계획적이고 순리적으로 풀어가는 근면성실형이다. 인간관계에서 발생하는 불리한 상황도 직접적으로 맞대응하기보다 이성적인 논리로 설득한다. 하지만 해명과 성의에 불응하면 이유 여하와 이해득실을 떠나 맹렬히 폭발하는 극단의 성향도 보인다.

운명의 길 닦기

곳간을 열고, 마음을 열고, 눈을 열어야 한다. 현재의 풍요에 안주하면 그 정도에서 끝난다. 생산과 효율만 초점을 맞추지 말고 폭넓게 범위를 넓혀 과감하게 투자하여 새로운 영역에 도전해도 충분히 승산이 있다. 대신 인맥을 잘 관리하라.

무인(戊寅)

자미(토)

15

편안한 이후에야
능히
깊이 생각할 수 있다.
〔安而后能慮〕
-『대학』

이미지 요소분석

무위자연. 스스로 낮춰 살며, 다투지 않으며, 욕심내지 아니하면서 주어진 현실에 감사하며 자연에 순응하며 살아간다.

커다란 고목의 가지 사이로 쏟아지는 양광, 두 마리 새끼에게 젖을 물린 호랑이

상징 풀이

부와 권력 같은 세속적인 가치들이 숭상되는 세상이지만 우주의 광막한 세상 속에서 인간의 시간은 찰나요, 존재는 티끌일 뿐이다. 모든 것 내려놓고 본분을 지키면서 순리를 따른다. 생명의 희망은 자기내면의 평화를 이룸으로 시작된다.

상징의 의미

속도와 경쟁의 정신없는 세상에서 느긋함은 그야말로 축복이다. 뉘라서 여유롭고, 편안하고, 오붓한 삶을 원치 않으랴마는 현실은 사람을 복잡하게 잡아끈다.

소임의 완수, 가족애, 외유내강, 심리적 안정, 은신, 재충전, 안분지족, 정체, 권태, 현실안주, 허점노출, 매너리즘, 이완, 무료한 일상, 천하태평, 무력감, 소외감, 의욕상실, 무골호인, 무욕의 경지, 속도조절.

명리학적 통유성

산중 호랑이는 백수의 제왕이다. '무인(戊寅)'의 천간이 지지로부터 극함을 받는 형상이나, 지지 '인(寅)'의 지장간에 있는 병화(丙火)로 인해 천간과 지지가 화토공존의 협력관계를 이루어 만물에게 광명을 주며 하늘과 땅의 가치를 돋보이면서 평화스럽다. 풍습에서 호랑이는 산신령의 심부름꾼으로 악귀를 물리치고 나쁜 기운을 쫓아준다는 믿음이 용맹과 의협심과 결부하여 오합을 발현시킨다.

수리학적 쓰임

'15'는 원만함이다. 넘치지 않으면서 풍족하고, 화려하지 않으면서 온화하다. '더도 덜도 말고 보름날만큼만 되라'는 말이 그대로 15의 덕목이다. 결합과 만남을 완성하는 단계[5]를 세 번씩 거치면서 특별한 포용력을 가진 수가 된 것이다. 또, 1에서 5까지를 합한 [1+2+3+4+5] 총합[15]으로 오행의 기본수를 모두 품는다. 크게 아우른다.

품성과 기질

적극적이고 모험적인 기본 성정을 내면에 간직하면서 어질고 인자한 덕망으로 유연하다. 지성과 교양으로 내면의 강성을 순치하며 자기관리에 철저하다. 낙천성으로 인망이 높지만 원칙에 반하거나 대의를 벗어나는 경우는 단호히 맹렬함을 폭발하며 걷잡을 수 없는 야성을 토해낸다.

운명의 길 닦기

강해야할 때 강하고, 약해야할 때는 약해야 한다. 그 경계가 모호하고 인정에 치우치다보면 손실이 자꾸 쌓여 결국은 가까운 사람들까지 피해를 준다. 인생을 실패로 마무리하고 싶지 않다면 맺고 끊는 결단력과 능동적 적극성을 발휘해야 한다.

무인
(戊寅)

기묘(己卯)

자미(토)

16

만 리 길 나서는 길,
처자를 내 맡기며 맘 놓고
갈만한 사람
그대는 가졌는가.
– 함석헌

이미지 요소분석

행복은 본질적으로 인간관계의 문제다. 복잡하고 이기적인 인간사회에 온기를 불어넣는 공감과 신뢰는 호혜관계로 싹튼다.

팔짱을 낀 토끼와 거북이, 풀잎을 문 제비, 동산의 풀밭과 꽃들, 민들레 씨방

상징 풀이

슬픔은 나누면 반으로 줄고, 기쁨을 함께하면 몇 배로 늘어난다. 우정과 사랑은 건강한 삶을 충동하며, 상생으로 빚어지는 신뢰는 세상을 밝게 한다. 낙관의 기별이 훈풍 속에 민들레 포자에 담겨 화합과 공영의 가치를 퍼지게 한다.

상징의 의미

세상이 변해도 우정과 사랑의 본질은 변함없다. 믿음은 인간관계의 척도다. 사회의 질서는 서로를 믿으며 함께 걸으며, 함께 만들고, 함께 꿈꾸면서 이뤄진다.

영원한 약속, 협력과 공존, 암묵적 동의, 화해와 상생, 동병상련, 희망의 씨앗, 동성연애, 신뢰회복, 동상이몽, 기쁜 소식, 신뢰, 타협, 시너지, 연대, 불안한 동거, 부화뇌동, 인맥 쌓기, 천생연분, 동질감.

명리학적 통유성

지지의 '묘목(卯木)'이 천간의 '기토(己土)'를 외형상 목극토로 극하는 듯 보이지만 '묘목'의 지장간 속에 든 '갑'이 '기'와 적절한 긴장관계 속에서도 은근한 연정으로 뭉쳐 '갑기'로 합을 이루기 때문에 이상적인 유대관계다. 화사하고 온화한 봄날의 땅기운에 만화방창한 언덕에서 토끼가 특유의 재치와 천진함으로 포용을 과시하며 약간은 달뜬 듯 주어진 지복을 만끽한다. 오합의 패로 상서롭다.

수리학적 쓰임

'16'은 지지 '묘'의 수[8]를 거듭 중복하여 나타난 수로 현실[땅]에서의 실천을 강력하게 요구하는 수다. 그 동안 여러 사정으로 미뤄왔거나 시도하지 못한 일을 추진하는 적기다. 방위의 사방을 팔방으로 다시 16방을 세분함으로써 구체적으로 나아갈 방향설정을 완료했으면 거침없이 밀어붙여야 한다. '기토'의 덕망도 큰 뒷받침으로 돕는다.

품성과 기질

타고난 지략에 풍부한 현실감으로 눈치가 빠르다. 스스로에게 이익이 된다면 무리를 마다하지 않으며 소신과 입장을 쉽게 바꾸기도 한다. 경제생활에 여유는 있지만 더 많은 것을 추구한다. 원만한 친화력으로 사회관계 적응능력은 좋지만 편향적인 면이 있어 친소가 극명하게 갈린다.

운명의 길 닦기

친하다고 지나치게 가까워져 속내를 모두 드러내면 어느 땐가는 크게 후회하게 된다. 또한 금전대차는 가까운 관계일수록 삼가라. 문제가 생기면 서로의 탓으로 돌리는 악연으로 끝나는 정도가 아니라 인생의 치명적인 상처가 될 수 있다.

기묘 (己卯)

경진(庚辰)

자미[금]

17

가장 큰 욕망에서
가장 큰 증오가
일어난다.

– 소크라테스

이미지 요소분석

밤의 역사는 늘 수상쩍다. 음침함과 불안과 공포를 일으키지만 세상의 아픈 부분을 쓰다듬고 매듭을 풀어주기도 한다.

어두운 밤의 주택가 돌담길, 몰래 만나는 남녀, 검은 고양이, 꾸무럭한 밤하늘

상징 풀이

애증과 욕망, 배신과 음모의 추악하고 비열한 모순투성이 세상의 단면이 펼쳐진다. 오직 눈앞의 열망을 위해 잠시 이성과 정의를 접어둔다. 그러나 삶에 대한 진실한 태도를 지켜보는 절대자의 눈을 피할 수는 없다. 불순하면 불안하다.

상징의 의미

욕망의 파편들은 반드시 어둠 속에서만 피어나는 것은 아니다. 암흑은 치부를 가려주고, 무모함을 부추기고, 부끄러움을 덮어주며, 광명을 지워버리기도 한다.

권모술수, 흥정, 은밀한 진행, 위험한 사랑, 결탁, 스캔들, 물밑협상, 비밀, 감시, 짬짜미, 수상한 행보, 유혹, 술책, 공모, 입발림, 불륜, 뒷거래, 공동작전, 부도덕, 치졸한 배신, 불장난, 유언비어, 은폐, 외도.

명리학적 통유성

'경진(庚辰)'은 진토(辰土)의 전폭적인 지지로 경금(庚金)이 강력한 카리스마를 가지며 신살의 괴강(魁罡)에 해당한다. 괴강살은 음양이 절멸하는 강포한 위력으로 에너지가 긍정적으로 발현되면 적극적이고 용감한 힘으로 발복이 빨리 이뤄지지만, 부정적으로 흐르면 안하무인의 독단적 맹목성으로 파괴의 독기를 내뿜는다. 십악대패까지 해당하여 강기를 화급하게 순화하여 재난을 막아야 한다.

수리학적 쓰임

진토는 10이다. 여기에 병화의 7이 붙어 '17'을 이루니 자존심 세고 자의식 강한 경금[9]이 질시와 분노를 주체하지 못하고 폭발하기 직전이다. 여기서 17은 분노와 불만이 쌓인 형태다. 그래서 음모와 불온한 계략으로 전복을 꿈꾸지만 승산이 희박하다. 세상에 비밀은 없다. 늦기 전에 양지를 지향하며 선덕의 인과를 맺어나가야 한다.

품성과 기질

일을 꾸미기를 좋아한다. 남들과 함께 하기보다는 독자적으로 요모조모 짜 맞추며 기발한 궁리를 잘한다. 상상력은 풍부하지만 너무 앞서가는 경향이 있어 현실감각과 유리되어 사람들의 즉각적인 지지를 얻지 못하지만 아랑곳하지 않는다. 세상을 크게 보며 큰 지혜를 쌓아야 한다.

운명의 길 닦기

스스로의 선택으로 인해 큰 회오리의 어려운 고난의 시기를 빚는다. 문제해결은 자신의 힘만으로는 역부족이다. 삼자의 도움이 절대적이므로 가용할 수 있는 인적자원을 총동원해야 한다. 재복은 있으나 믿는 도끼에 발등 찍힐까 걱정된다.

경진
(庚辰)

신사(辛巳)

자미(금)

18

얼굴이 다양한
표정을 짓는 것만큼이나
마음도 다양한
감정을 띤다.

- 오비디우스

이미지 요소분석

세상을 온통 불신하며 무표정과 무관심한 위악의 가면을 쓰고 막무가내로 덤빈다. 과연, 진실이 발붙일 곳은 어디인가.

무령과 가면, 무복에 칼 신을 신고 춤추는 여인, 헐은 담장에 솟을대문의 금줄

상징 풀이

음흉하고 비열하게 보이는 표정 속에 고뇌가 있다. 본래의 모습으로는 감당할 수 없는 세상을 원망하며 자기비하로 세상을 휘저으며 스스로를 학대한다. 아름다움과 선을 부정하고 조롱하면서도 한편으로는 그것을 선망하며 목말라한다.

상징의 의미

세상이 눈꼴사납더라도 제멋대로 흘기거나 할퀴어서는 안 된다. 세상이 돌아가는 이치는 나름대로 규칙에 따라 움직이기 때문이다. 분란은 내면에서 생겨난다.

능수능란, 기회주의, 금기의 현혹, 불순한 의도, 변태적 욕망, 애매모호, 거짓과 억지, 얄팍한 술수, 무지와 광신, 위선, 다중인격, 사리사욕, 의부(처)증, 사이비, 앙심, 감시와 억압, 비밀의 폭로, 거짓말, 비열, 과장.

명리학적 통유성

신금(辛金)에 사화(巳火)는 극함을 받는 정관에 해당한다. 상극의 입장에서 합체를 이루어 잘 제련되어 가공된 금속이 센 불에 그 형질의 변형을 일으켜 본질을 잃어버리는 형상이다. 지리멸렬하여 혼란을 겪으며 쉽게 중심을 잡을 수 없게 되어 있다. 더구나 십악대패에도 들어, 모든 일에 조금만 뒤틀려도 큰 폐해를 입을 소지가 있다. 긍정적인 면은 타고난 예리함과 유연함으로 기회포착에 능하다.

수리학적 쓰임

'18'은 변신의 수다. 음의 수인 6을 3번 변형[6×3]하거나, 양의 수인 9를 2번 변형[9×2]하면 생성되는 수로 상황과 입장에 따라 처신과 소견을 자유자재로 바꾼다. 36계의 18계는 '적을 칠 때 적장을 사로잡는 계책'으로 적의 주력을 격파할 때 그 우두머리를 잡아 적의 전력을 와해시키는 계책으로 형세에 민감해야 성공할 수 있다.

품성과 기질

자기중심의 아집이 주변의 배제를 불러온다. 타자를 비판하고 우월감을 내세우며 굴절된 자기만족의 카타르시스를 통해 쾌감을 얻으며 타인을 의식하지 않는 독단적 기질이 있다. 원하는 것을 위해서는 수단과 방법을 가리지 않으나, 내면에서는 스스로의 저열함에 환멸하며 괴로워한다.

운명의 길 닦기

마음 속 근원에 불만과 분노가 일렁인다. 세상이 불편하고 사람이 고까운 뒤틀린 심사가 내면에 잠재하여 인간관계를 원만히 풀지 못한다. 자신을 압도하는 불순감정을 순화하고 타인의 관점을 수용하는 '사랑하고, 사랑받는 법'을 배워야 한다.

임오(壬午)

자미(수)

19

사랑하라.
한 번도 상처받지
않은 것처럼!

- 알프레드 디 수자

이미지 요소분석

잡힐 듯 잡히지 않는 사랑과 희망. 다만, 한 순간이라도 구원의 시간을 통해 원 없이 빠져보고 싶지만 운명은 인색하다.

무지개로 이뤄진 오작교, 애틋한 연모의 몸짓으로 서로를 갈망하는 견우와 직녀

상징 풀이

무지개 빛 하늘에 걸린 까막까치의 오체투공은 애달픈 사랑을 아름답게 떠받친다. 연모, 슬픔, 진실, 사랑의 전설은 애련과 격정의 안타까움 속에서 영원하다. 약속의 힘은 흔들리는 마음을 다잡는 불멸의 꽃향기다. 기억만의 향내는 슬프다.

상징의 의미

"끊으려 해도 끊을 수 없고, 다잡을수록 혼란스러운 이것은 이별을 슬퍼하는 마음의 시름이라네." 애모의 눈물이 은하수를 만들고 슬픔이 뭉쳐 무지개가 된다.

장밋빛 약속, 영원한 사랑, 애절한 소망, 상실의 계절, 프러포즈, 달콤한 유혹, 기구한 운명, 상사병, 아쉬운 여운, 일장춘몽, 고백, 메별, 불장난, 동상이몽, 밀애, 밀고 당기기, 사랑의 선물, 숙명의 사슬, 비련, 풋사랑.

명리학적 통유성

천간의 임수(壬水)가 지지의 오화(午火)를 극제하면서 서로 균형을 맞추기 위해 노력하는 상이다. 그러나 어차피 물[水]과 불[火]은 상극의 관계로 겉으로는 평온한 듯 보이지만 항상 긴장 속에서 심리적 부담을 안고 있다. 심리적으로 불안정한 흑마의 상이니 힘껏 질주하지 못하고 주춤거릴 수밖에 없어, 큰 발전의 저해요소로 작용한다. 상대방을 있는 그대로 인정하고 맞추는 노력이 필요하다.

수리학적 쓰임

'19'는 미지의 정신세계를 향한 탐색과 도전의 수다. 동양에서 신선의 놀이로 여기는 도예(道藝)이자 기예(技藝)의 바둑판은 가로와 세로가 19줄로 이루어져 있다. 승부를 넘어 정신수양의 좌표로써 자신과의 대결을 펼치는 혼신의 무대이기도 하다. 현실을 초월한 우주와 자연의 신비한 시공간에 몰입하여 꿈과 상상력을 펼치는 영역이다.

품성과 기질

솔직하고 담백한 직선적 성격으로 일단 결정이 되면 좌고우면하지 않고 실행에 옮기는 실천가의 성향이다. 감정을 잘 다스려서 분노나 갈등을 직선적으로 폭발하지 않고 합리적으로 처리하여 사람들의 신뢰를 받는다. 강한 불길을 적절한 수압으로 잘 단련하고 조련하여 인내심도 강하다.

운명의 길 닦기

평온과 안정을 추구하지만 번번이 얽히는 인연으로 인해 상처받고 좌절을 겪는다. 아니다 싶으면 과감히 미련을 거두는 용기가 필요하다. 학연, 지연 등의 연고에 기대기보다 확실한 자기신념과 능력으로 독자적인 정체성을 살려나가야 한다.

임오
(壬午)

≈ 계미(癸未)

자미(수)

20

우주의 영혼은
결코 눈에 보이지 않는다.
오직 그 목소리만
들릴 뿐이다.

– 나즈넥 『알레스카 샤먼』

이미지 요소분석

영혼이나 신령과 교감하고 소통하는 영매는 천기를 읽고 감응하며 살아있는 사람의 언어로 죽은 자의 말을 통역한다.

참을 '인(忍)'자가 새겨진 작두를 타고 굿하는 무복차림의 무당, 부채, 칼, 솟대

상징 풀이

직관적 통찰은 영혼을 때린다. 삼라만상은 서로 연결되어 있다. 그 고리를 찾아내 변화의 단서를 읽어내는 것은 엄청난 인내를 승화시켜서 영적 계시나 부름을 받아 이뤄진다. 영성의 칼날은 물질세계의 위선을 척결하는 날선 날카로움이다.

상징의 의미

이승과 저승, 천국과 지옥, 조상신이나 영혼의 문제는 영원히 인간의 외경심 속에 똬리를 틀고 초월적 염력을 불러일으키며 존재의 불안과 나약성을 자극한다.

원혼을 달래다, 강인한 생명력, 경이로운 체험, 특별한 용기, 양다리 걸치기, 액막이, 심령정화, 선동, 미신숭배, 혹세무민, 전략적 인내, 현혹, 살풀이, 예단, 빙의, 금기에 도전, 새로운 징조, 탐색, 신통력.

理
이
치

명리학적 통유성

천간의 '계(癸)'는 지지의 미토(未土)의 극제를 받으나 건조한 부스러기 흙이 맑은 물을 얻음으로써 생기를 찾게 되므로 천간에 감사히 여기면서 지극하게 여긴다. 그런 연유로 항상 땅[지지]의 일을 하늘[천간]에 의뢰하고 지침을 받아 무리하지 않게 진행한다. 미토가 나무[목]의 수장고로 재목을 미래에 쓰일 용도에 맞도록 감별하고 다듬고, 계수는 용수를 공급하며 최상의 역할분담을 한다.

數
수
리

수리학적 쓰임

'20'은 완벽한 홀로서기의 수다. 마침내 자력으로 세상을 경영해 갈 자격을 얻고 스스로의 세계를 열어가는 수다. 사람의 나이 20세는 약관(弱冠), 약령(弱齡), 약년(弱年), 방년(芳年), 방령(芳齡), 묘령(妙齡), 묘년(妙年) 등으로 미숙함을 털고 일어서는 가장 아름답고 풋풋한 열정의 시기로 표현된다. 두려움을 투지로 날려버리고 당당히 선다.

象
상
형

품성과 기질

세상이 어떻게 돌아가는지는 도무지 관심이 없다. 대신에 자기가 좋아하고 잘하는 일에 한번 몰입하면 끝없이 집중한다. 자기주장이 강한 반면 원칙을 중시하고 전통과 관습적인 예법을 숭상한다. 합리적 판단보다는 신앙이나 점술 같은 초월적 방법에 기대고 의지하려는 경향이 많다.

占
점
복

운명의 길 닦기

인내는 생명력이다. 미움과 원망을 준 대상을 오히려 포용하고 관용하라. 세상의 질서는 자신의 성향과 상관없이 움직이며 굴러간다. 나와 다른 것을 수용하고 인정하는 것이 인내며 삶을 슬기롭게 하는 힘이다. 참으면서 웃을 날을 도모하라.

계미
(癸未)

갑신(甲申)

자미 (목)

21

성공적인 결혼이란
매일같이 개축해야 하는
건물과 같은 것이다.

- 모로아

이미지 요소분석

사랑은 꼭 결실을 맺을 필요는 없지만, 혼례는 인류의 대사로 인간의 도리를 바로 세우는 기초며, 공동 삶의 출발이다.

사모관대 차림의 신랑, 원삼족두리를 한 신부, 꽃가마, 박 넝쿨의 지붕과 초가집

상징 풀이

여러 난관을 이겨내고 이뤄냈다. 달콤한 시간은 짧다. 바야흐로 새로운 관계를 형성하는 때가 왔다. 과정의 혼란을 정리하고, 단점과 약점을 인정하는 유연한 사고방식으로 서로의 위치를 설정해야 한다. 사랑이 흘러 행복의 강에 이른다.

상징의 의미

사랑에 흠뻑 취한 설렘과 행복감이 향기가 되어 세상을 감돈다. 행복은 실체가 보이지 않지만 삶에서 가장 아름답고 풍요로운 느낌이며, 달콤한 마음의 상태다.

아름다운 결실, 사랑의 성공, 연애와 결혼, 맹세와 혼약, 새로운 도전, 환상의 짝꿍, 가화만사성, 가족애, 의기투합, 유종의 미, 전략적 선택, 현실안주, 결합, 성취, 축복의 선물, 완결, 공동운명, 특별한 인연.

명리학적 통유성

이른 봄의 화창한 날, 큰 나무에서 즐겁게 뛰노는 원숭이의 상이다. 천간의 '갑(甲)'은 든든한 방어벽이자 보호막을 뜻한다. 반면 지지의 '신(申)'은 금극목으로 외형상으로 천간을 극제하고 있지만 장간에 천간을 적극 상생하는 물[임수(壬水)]을 품어 화합을 증진한다. 간지가 서로의 역할에 맞춰 소임을 다하는 소위 찰떡궁합으로 금슬이 좋을뿐더러 지지가 내조를 넘어 적당히 견제하니 이상적이다.

수리학적 쓰임

'21'은 성큼성큼 발길을 내디디며 앞을 향해 나아간다. 단계의 과정을 성실히 이행하며 거침없이 행보하는 수가 '21'이다. [1+2+3+4+5+6=21] 막연한 추정이나 우연이 아닌 확신에 찬 의지를 품는다. 나라의 중요행사나 의식에서 예포(禮砲)를 21발 쏘는 것도 엄숙함을 강조하면서 강렬한 인상을 각인시키는 의도적 연출의 일환인 것이다.

품성과 기질

소박하면서도 검소한 생활방식으로 단출한 삶을 즐긴다. 삶에 대한 환상이나 큰 기대는 없지만 원만한 인간관계에 대한 신념은 남다르다. 신심과 신용이 깊어서 작은 일에도 신뢰의 추락을 걱정하며 초조해하는 성향이 있다. 순수한 만큼 사랑에도 오로지 일편단심으로 열정을 쏟는다.

운명의 길 닦기

내 생각을 공감하지 않는다고 탓하지 말라. 감정은 사람마다 다르다. 공감을 얻으려 하기 보다는 남을 이해하고 약간의 손해를 감수하며 먼저 다가가야 한다. 화합과 소통의 능력을 살려 혼자보다 함께하는 일로 승부를 걸어야 승산이 높다.

갑신 (甲申)

≈ 을유(乙酉)

자미(목)

22

앉은
자리가 꽃자리니라.
네가 시방 가시방석처럼
여기는 너의 앉은 그
자리가 꽃자리니라.
- 고은, 「꽃자리」중

이미지 요소분석

안도와 설렘 속에 회한과 가슴앓이가 교차한다. 새 출발에 약간의 흔들림이 일렁이지만 굳은 마음으로 희망을 다진다.

원삼족두리와 활옷 차림의 새색시, 초야의 침구, 달항아리, 나무기러기 한 쌍.

상징 풀이

운명을 따를 것인가, 현실을 따를 것인가. 삶의 기로에서 중대한 질문을 던진다. 지난 세월을 떠올리고, 남은 생애를 저울질한다. 그러나 인생의 저울추는 언제나 평행을 허락하지 않는다. 기다림의 막연함 속에서 애써 행복을 설계한다.

상징의 의미

단단한 껍질 속에 속내를 감추고 묵묵히 현실을 받아들인다. 가보지 못한 길에는 늘 미련이 있다. 감당할 수 없는 복잡한 심사는 어떤 길이어도 있기 마련이다.

사랑의 포로, 기대와 설렘, 심리적 압박, 불안한 관계, 흔들리는 마음, 동요, 푸대접, 남모를 슬픔, 오해, 흠모, 냉전, 짝사랑, 가시방석, 걱정, 독수공방, 꿍꿍이 속, 새 출발, 욕구불만, 뒤틀린 심사, 초조감.

명리학적 통유성

귀금속[유(酉)]으로 만들어진 화분에 가녀린 새싹[을(乙)]이 함초롬히 담겨 있다. 값비싼 용기에 여리지만 푸르른 화초가 겉보기는 좋아 보인다. 그러나 화분은 적당히 수분을 품고 호흡할 수 있는 공기가 유통되어야 화초가 뿌리로 힘을 얻어 건강히 꽃을 피우고 열매를 맺는 법이다. 천간[을]이 지지[유]에게 기대하는 바는 평범한 행복인데 지지는 품위와 가치를 생각하니 서로의 차이가 안타깝다.

수리학적 쓰임

'22'는 음의 영을 갈무리하는 수이다. 내면으로의 침잠이요 비축이다. 내면에서 자가발전을 가동하며 언젠가 맞이할 절호의 기회를 노린다. 때가 영글기를 기다리다 지치면 불안에 빠진다. 양이 부재한 상태에서 애착을 주고받을 대상이 필요하기 때문이다. 양과의 조화를 통해 자신의 가치를 인식시키고 존재를 확인받을 기회가 필요하다.

품성과 기질

숫기가 없고 내성적인 성격으로 자기의사를 온전히 내보이지 못함으로써 매사에 소극적인 사람으로 여겨진다. 애착을 품은 대상에 대해서 내심의 감정을 정확히 전달하지 못하지만 순수하고 진실하다. 자신감을 찾아야 본성의 총명함을 살리고 소극적인 삶을 벗어난다. 시야를 넓혀라.

운명의 길 닦기

결단에 앞서 많이 망설이며 우유부단하여 결정적일 때 사람들의 기대를 저버리고 실망시킨다. 결정 장애의 경향을 극복하기 위해서는 세상 속으로 적극적으로 파고들어 인간관계를 개선해야 한다. 사랑하면서 우물쭈물하면 사랑하지 못한다.

을유
(乙酉)

≋ 병술(丙戌)

자미(화)

23

이 넓은 우주에 오직
지구에만 생명체가
존재한다면 그것은 엄청난
공간의 낭비다.
– 칼 세이건

이미지 요소분석

간직해야할 소중한 가치들이 하나둘 사라져 간다. 힘겹게 타오르지만 봉화는 세상을 소통시키며 책무와 역할을 다한다.

천상열차분야지도〔국보 제228호〕, 다섯 개의 화구가 있는 봉수대, 간신히 하나 남은 불꽃 신호.

상징 풀이

별들은 끊임없이 새로운 비전을 속삭이지만 인간의 불완전성으로는 이를 모두 알아들을 수 없다. 어딘가 평행우주에는 삶의 모순이 없는 세계가 있으려나. 그러나 인간의 호기심은 또 다른 불가사의를 만들어 영원히 혼돈을 헤맬 것이다.

상징의 의미

우주의 수많은 별들은 이미 스러져간 별과도 연결된 인타라망의 그물을 이룬다. 또한, 우주는 신기루를 만들어내는 무대이며 상상의 극이 펼쳐지는 극장이다.

시야를 넓혀라, 희망과 끈기, 새로운 기획, 빅 데이터, 모니터링, 환상과 분열, 경계태세, 미지에의 도전, 구원요청, 신앙 귀의, 재점화, 불장난, 불씨, 잠재력, 소통의 노력, 이상조짐, 실적부진, 원대한 구상, 윤회.

명리학적 통유성

온통 대지가 불길에 휩싸여 있다. 화약고 위에 시뻘건 화염이 혀를 날름거리며 세상을 태워버릴 기세다. 양으로만 이루어진 간지가 물기라고는 전혀 없어 메마르고 답답하다. 우주의 시작을 여는 대폭발은 이런 상태가 영글어 촉발하였으리라. 뭔가 심상치는 않은 것 같다. 백호대살의 살기를 품고 날카로운 발톱을 감추고 도사리고 있는 위험을 간과해서는 안 된다. 만일의 사태에 항상 대비하라.

수리학적 쓰임

'23'은 무관심의 수다. 한통속일지라도 융화할 일도, 맞설 일도 별로 없는 평범함 속에서 외부의 시선으로부터도 별달리 주목받지 못하는 수다. 그러나 겉으로는 표 나게 티를 내지 않더라도 속으로는 멀리 바라보며 내심을 다져야 한다. '삼십육계'의 23계도 '원교근공(遠交近攻)'이다. 가까운 쪽보다 먼 나중을 중시하며 실리를 도모해야 한다고 했다.

품성과 기질

계산적이고 정확한 판단을 통해 결정을 내리는 능력이 있지만 지나친 신중함과 경계심으로 실기하는 경우가 많다. 불편과 두려움에 대한 관리가 빈약하기 때문이다. 긍정적인 생각보다는 부정적인 생각을 앞세우는 악습을 개선해야 한다. 원칙이 정해지면 속전속결로 밀고 나가야 한다.

운명의 길 닦기

어지간히 망설이고 머뭇거렸으면 이젠 과감히 실행해야 한다. 자신이 주도하며 이끌어야 한다. 주변의 시선과 평가에 연연하지 말라. 시간은 결코 내 편이 아니다. 면밀하고 구체적인 구상보다 명분과 실질적 이해가 충족하면 바로 덤벼도 된다.

 정해(丁亥)

자미(화)

24

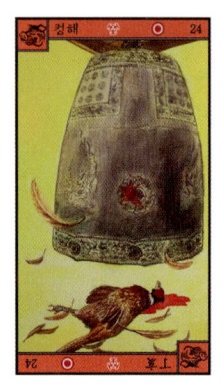

선비는 자기를 알아주는
자를 위하여
목숨을 바친다.
〔士爲知己者死〕
-『사기』

이미지 요소분석

부당함에 저항한다. 진정한 자유를 위하여 무작정 직진하며 용기를 증명한다. 그러나 신념은 가슴 속 응혈만으로 풀 수 없다.

성덕대왕 신종〔에밀레종, 국보 제29호〕, 온몸으로 투신하여 피투성이가 된 장끼.

상징 풀이

장렬한 투혼, 혁파를 위한 불굴의 의지, 그러나 한편으로 무모한 치기와 극단의 선택도 마다 않는 치열함은 재난을 자초하기도 한다. 죽음만으로는 결코 목적을 달성할 수 없다. 도전과 응전, 그 과정을 아름답게 승화하는 것이 성과며 의의다.

상징의 의미

'진실의 힘'은 죽고 사는 문제를 초월한다. 살아남은 자들과 남아서 싸우는 자들에게 결기를 보이며 신념과 목표를 위해 생을 불사르는 희생정신이 숭고하다.

양심선언, 살신성인, 위험한 본능, 승산 없는 투쟁, 사생결단, 항거, 오판, 자업자득, 폭로, 중과부적, 희생, 유혈사태, 극단적 행동, 맹목적 만용, 경각심, 제물, 자책, 명예사수, 결백, 자기 환멸, 좌절, 무소득.

명리학적 통유성

북풍한설이 몰아치는 한파 속에서 호롱불을 들고 길을 찾으니 막연하기만 하다. '빙탄불상용(氷炭不相容)' 물과 불이 서로를 믿지 못하고 나름의 실속만 챙기고자 하니 하는 일이 어긋나기 쉽다. 몸과 마음이 따로 노는 격으로 십악대패의 흉함이 늘 감돌아 정신적 불균형이 염려된다. 다행히 천을귀인에 해당하여 사람들의 지지를 잃지 않음으로써 전화위복의 여지가 있다는 점이 그나마 안심이다.

수리학적 쓰임

숫자의 '24'는 무형의 것을 시각화하고 증명한다. 1년 24절기, 하루 24시간으로 시각의 단위를 포괄하여 나타내 보여준다. 또한 '12'가 믿음의 수이듯이 그 배수를 이룸으로서 공식적인 공신력을 배가시킨다. 순도가 가장 높은 99.99%의 순금을 24K[karat]라고 표시하는 바 24K로 표시되는 순수한 금은 영원불변의 믿음과 가치를 보장한다.

품성과 기질

사적 이익보다는 공익을 앞세우는 대의명분을 가지고 있지만 관념적인 면이 크다. 자신이 옳다고 생각하는 가치에 모든 것을 거는 치열함보다는 분위기나 즉흥적 결기에 폭발하는 무모성을 보인다. 자기감정을 잘 조절하면 따뜻한 동료애와 의협심으로 신뢰와 명성을 모두 얻게 된다.

운명의 길 닦기

여러 갈래의 길이 마구 얽혀있는 것과 같은 상태다. 단순하게 생각하라. 너무 복잡하게 생각하면 일이 더욱 꼬여 걷잡을 수 없게 된다. 인생을 복잡하게 만드는 괜한 걱정은 접어라. 가만 내버려두어도 운명은 당신을 옳은 길로 데려갈 것이다.

정해
(丁亥)

≈ 무자(戊子)

자미(토)

25

뜨거운 아랫도리 억센
주먹의 이 팔팔한 나이에
형제여, 산다는 것은
괴로운 일이다.

– 김남주, 「형제여」 중

이미지 요소분석

하늘과 땅의 기운이 서로 교합하여 만물이 생성된다. 생식은 단순한 배설의 행위가 아니다. 숭고한 창조의 전위행위다.

거대한 남근석과 여근석, 서기어린 운무, 빨간 열매의 풀 넝쿨, 놀이하는 다람쥐.

상징 풀이

전설의 고향에는 원초적 본능이 작용한다. 번식의 짝짓기와 생존욕구의 적대감 속에서도 종족번영의 호혜적 관계는 동물의 생존 전략이다. 사람도 동물이다. 인간성은 자연을 대하는 상식의 수준을 보면 알 수 있다. 동물은 자연 그대로다.

상징의 의미

본능적 욕구는 자연의 법칙이다. 제약을 뿌리치고, 관념에 얽매이지 않고, 다채로운 삶을 즐기면서 변화에 기꺼이 순응하면서 순수하고 온전한 자유를 향유한다.

자유로운 영혼, 역할분담, 원초적 욕망, 간통, 번식, 금지된 장난, 질투, 폭로, 솔직성, 섹슈얼리티, 자연의 섭리, 왕성한 활력, 자만과 과시, 불온한 집착, 잠재력, 세속주의, 치정, 야성의 발동, 본능, 정체성 혼란, 소통.

理 이치

명리학적 통유성

천간의 무토(戊土)는 정중앙으로 모든 것의 중심을 잡게 하고 균형을 도모하는 토대다. 지지의 자수(子水)는 시간상으로 시초의 단계로 세상[땅]의 이치를 정립하고 실행하는 기준의 역할을 한다. 큰 산과 넓은 바다가 함께 어우러진 천지합덕으로 자연의 기본을 이루는 기초를 제공한다. 원시적이고 본능적이며 사실적인 무작위의 세계다. 천지음양의 조합이 생식을 이뤄 세상사 생태를 만든다.

數 수리

수리학적 쓰임

'25'는 '24'의 범위를 벗어난 가외의 수이면서 결정적 변화의 작용을 일으키는 수다. 양의 수[천수]를 모두 합하여[1+3+5+7+9=25] 이뤄진 수로 결기와 투지가 넘치는 화려한 달성의 수다. 은혼식(Silver Wedding)은 결혼 25주년을 기념하는 행사로 간난신고를 이겨내고 4반세기를 함께 거두고 쌓아온 아름다운 과정에 대한 헌사다.

象 상형

품성과 기질

삶의 의미를 자기 기분에 의해 수시로 바꾸며 가급적 긍정적으로 살아가려고 노력한다. 슬픔에 크게 상처받지 않고, 기쁜 일에도 절제력을 발휘한다. 사랑에 있어서는 무척 개방적이며 관능에 취약하다. 성적자극에 민감하여 직선적이고 노골적인 공격성을 드러내 물의를 빚기도 한다.

占 점복

운명의 길 닦기

이상하고 야릇한 상상 속에서 깨어나라. 지금 가지고 있는 것으로 삶을 꾸려가야 한다. 구차하게 애걸하거나 거창하게 화려한 것도 바라지 말라. 약간의 치장과 허영으로 달라질 건 없다. 지금의 적나라하고 순수함 그대로 원하는 것을 얻어라.

무자
(戊子)

기축(己丑)

자미(토)

26

화는 우리의 적이 아니라
우리의 아기다.
그윽한 마음으로
화를 끌어안아야 한다.

– 틱낫한

이미지 요소분석

분노를 인정해야 감정을 통제할 수 있다. 피해의식과 열등감의 부정적인 생각들이 야만성을 충동한다. 내면을 살펴라.

고삐 풀린 난폭한 황소, 무심한 허수아비, 부셔지는 원두막, 짓밟히는 채마밭.

상징 풀이

'자신의 본성대로 살지 못하는 것이야 말로 타락'이라고 했다. 지칠 대로 지친 불안정한 영혼에 대한 반발로 타락을 택했다. 원망과 증오의 막연한 몸부림은 위험하다. 그러나 때론 분노는 일상을 살아가는 중요한 에너지가 되기도 한다.

상징의 의미

극단적 분노는 이성을 마비시켜 동물적 본능을 충동한다. 무책임한 폭력과 물리력에 의한 실력행사로는 아무 것도 얻을 수 없다. 짓밟으려 하면 짓밟히게 된다.

창조적인 혼돈, 혁명과 반동, 엉뚱한 피해, 부적응, 불복, 일탈, 헛발질, 급진적, 권리투쟁, 불만폭발, 깽판, 야만과 광기, 피해망상, 적반하장, 이판사판, 경거망동, 하극상, 파계, 투쟁의식, 분노조절장애.

명리학적 통유성

황소가 꽁꽁 언 한겨울의 맨땅을 갈아엎으려니 짜증나고 힘겹고 능률은 오르지 않는다. 불만이 최고조에 이르러 공격성이 폭발하기 직전이다. 가뜩이나 십악대패의 마성이 내면에 꿈틀대는 판에 편견과 혐오의 화근이 터지면 걷잡을 수 없게 된다. 천간[기(己)]에 힘을 북돋고, 지지[축(丑)]에 온기를 불어넣어 순화시키는 일이 시급하다. 음기가 강해 이성의 자극에 즉각 격정적 반응을 보인다.

수리학적 쓰임

'26'의 수는 '2'의 면밀한 탐색의 의미에 '6'의 전환을 위한 모색의 의미를 덧붙인 수로 주변상황을 이용하여 유리한 국면을 이끌어내는 실천적인 수이다. '삼십육계'에서 26번째 계략은 우회적인 방법으로 상대를 제압하는 '지상매괴(指桑罵槐)'로 뽕나무를 가리키며 느티나무를 꾸짖는 식으로 직접 행하지 않고 목적하는 의도를 관철시킨다.

품성과 기질

급진적 변화를 꿈꾸며, 생각은 많이 하지만 구체적 계획과 차분한 실천력이 부족하다. 작은 일에는 적극적인 능동성이 힘을 발해 일정한 성과를 보이지만 큰일에는 시행착오가 돌출한다. 자기주장이 강하고 반골기질이 있으며, 상황에 따라 국면전환을 위해 비이성적 행위도 구사한다.

운명의 길 닦기

설익은 혈기의 남발을 경계해야 한다. 협업이나 공동 작업은 적합하지 않다. 타인의 도움이나 혜택은 아예 접고, 독특하고 창의적인 자기만의 세상을 펼쳐야 한다. 적극적 성격을 살려 혼자서도 즐거운 색다른 일을 벌여야 남다른 성취를 이룬다.

기축 (己丑)

경인(庚寅)

자미(금)

27

돈은 만능은 아니지만
돈을 다루는 방법을
바꾸면 인생도
바꿀 수 있다.
― 이즈미 마사토

이미지 요소분석

질리고 싫증이 날 때까지 즐겨보라. 터득하는 것이 있을 것이다. 그 깨달음에 집중하면 원하는 것이 저절로 굴러온다.

상모 돌리는 풍물놀이패, 하트모양의 줄, '기쁠 흠(鑫)'자가 새겨진 벙거지와 엽전.

상징 풀이

부와 명성은 외부로부터 얻어지는 것이다. 절정의 순간과 미래의 행복은 반드시 연결되는 것은 아니지만 당장의 환호와 열광은 자연스럽게 부를 쌓게 한다. 사람들에게 신명과 행복감을 줌으로써 자기존재를 인정받으며 기쁨을 얻는다.

상징의 의미

신명은 본능이 비축한 불가사의한 힘을 솟아나게 한다. 자신뿐만 아니라 그 파장을 함께하는 모든 것들이 공감하여 활력이 넘쳐, 하는 일들이 술술 잘 풀린다.

인생역전, 행운의 축제, 화합의 잔치, 경제적 성공, 이익의 거래, 재테크, 골든타임, 번영과 대박, 인기몰이, 사랑과 풍요의 일거양득, 돈의 유혹, 황금만능주의, 불로소득, 흥행성공, 인센티브, 호조건, 길조만발.

理 이치 — 명리학적 통유성

천간이 지지를 극제하며 엄격하게 단속하고자하나 지지의 자존심도 만만치 않아 굽힘없이 자기의지를 꿋꿋이 지켜나간다. 서로는 견제와 협력을 통해 결속을 이루면서 인고와 절제를 익히며 세상을 유리하게 경영해 나간다. 특히나 지지는 강한 편재로 재화를 축적하는데 특별함을 발휘한다. 오합의 간지에 해당하여 실행하는 일들에 보이지 않는 은총이 끼쳐 진행이 순조로우며 성과도 창대하다.

數 수리 — 수리학적 쓰임

'27'은 양의 대표 수이자 마무리의 수인 '9'를 세 번에 걸쳐 거듭 확인하고 증명하여 완성[9×3]한 수확과 획득의 수이다. 양의 기운을 집중하여 거두고, 축적하며, 불리어 증식시키는 수이기도 하다. 금맥을 찾아내 튼튼한 나무기둥을 세우고 안전하게 채굴하여 부를 쌓는다. 기왕에 판을 벌인다면 크게 펼쳐 큰 승부를 걸어야 승산이 높다.

象 상형 — 품성과 기질

신중하고 전략적인 상황판단보다는 경험에 의한 직관 위주로 물정을 헤아린다. 낙관주의적 성향을 가지며 적극적인 면모로 호기심이 많으며 사교적이다. 어지간한 충격은 자체 소화하며 회복탄력성이 크지만 문제의 본질을 파고들어 잘못을 되풀이하지 않는 정교함이 부족한 편이다.

占 점복 — 운명의 길 닦기

돈이 우상이 되고 인성이 무관심하게 된 세상이라고 함께 휩쓸려 이것저것 기웃거리면 공연히 시간과 노력만 낭비한다. 기회다 싶으면 회심의 진검승부로 한꺼번에 거머쥐어야 한다. 주변의 도움과 타고난 축복의 은혜는 자주 오지 않는다.

경인 (庚寅)

신묘(辛卯)

자미(금)

28

착한 일을 하는
사람에게는 하늘이 복을
내려 보답한다.
〔爲善者天報之以福〕
- 『명심보감』

이미지 요소분석

베푸는 손길도 아름답지만, 비루하지만 당장의 생존을 위해 잠시 굽히는 처신도 지혜롭다. 자비는 힘든 세상의 윤활유다.

'대길'이 써진 솟을대문, 복조리, 열쇠꾸러미를 쥔 여인, 동냥하는 아이, 토끼.

상징 풀이

자애와 사랑의 손길은 세상을 빛낸다. 선행도 학습이 필요하다. 형편껏 정성과 자선을 베풀면 세상과 자신이 풍요로워진다. 비루함에도 격이 있다. 불가피한 처지를 의연하게 승화해 감사의 마음으로 보답의 길을 찾으면 존귀한 결여다.

상징의 의미

돕기보다는 경쟁하거나 배제하는 세상에서 나눔은 희망이다. 궁핍한 사람에게는 얼마의 물질도 필요하지만 진정한 위로와 용기를 불어넣어주는 것이 중요하다.

운수대통, 자비와 박애, 염치없는 부탁, 귀인 도움, 은혜와 인연, 자존심 보류, 미래투자, 격차, 눈가림, 길들이다, 불평등, 합당한 보상, 부익부 빈익빈, 배려, 생색, 인간적 도리, 아름다운 나눔, 사회복지, 분배.

명리학적 통유성

간지가 금목상쟁(金木相爭)하는 상으로 부조화를 이룬다. 허나, 어차피 한 몸으로 생사의 고락을 함께하며 길흉을 감당해야 될 형편으로서 서로의 단점은 가려주고 장점은 살려나가며 일체감을 형성한다. 꾀 많은 토끼가 안락하고 잘 치장된 보금자리에서 한 없이 여유로운 모습이다. 오합의 복록이 그대로 스며있지만 쌓아만 놓으면 단순한 치장물에 불과해진다. 베풀고 나누며 더불어 발전해야 한다.

수리학적 쓰임

'28'은 인연과 관계의 수다. 세상은 돌고 돌아 만남과 헤어짐을 반복하며 삶의 행로를 융합하고 해체한다. 달은 하늘의 적도를 동서남북으로 각각 7개의 별로 이뤄진 4구역의 별자리인 '28수(宿)'를 차례로 돌아가며 운명을 만드는 시간을 제공한다. 4구역의 일곱 별들이 순차적으로 엮어가며[1+2+3+4+5+6+7=28] 인연을 만들어낸다.

품성과 기질

따뜻한 심성으로 친절하고 관대하다. 나누고 베푸는 연민과 동정의 마음은 충만하나 이해타산에 대한 개념도 철저하여 도를 넘는 지출에 대해서는 단호히 경계한다. 강인한 자립정신을 가지고 물질적인 창출의 일에는 몸소 부딪치며 무리를 해서라도 목적을 이뤄내는 적극성을 보인다.

운명의 길 닦기

가까운 사람을 소홀하지 말라. 목표만 바라보고 전력 질주하다 정작 중요한 사람을 잃을까 두렵다. 사람이 먼저다. 이익보다 인연을 잘 챙겨야 길게 편안함을 누린다. 처음 대하는 낯선 이에게는 더욱 친절하라. 그는 변장한 천사일지 모른다.

신묘
(辛卯)

≈ 임진(壬辰)

자미(수)

29

가장 깊은 감정은
항상 침묵 속에 있다.
- 토마스 모어

이미지 요소분석

마음을 쓰다듬는다. 고뇌와 욕망을 단절한 절대고독 속에서 자아를 부드럽게 포용하며 설득한다. 멈추면 비로소 보인다.

폭포 위 '유선각' 정자의 명상하는 선인, 주위를 부유하는 세 선녀, 소나무, 구름.

상징 풀이

정체성을 찾는다. 나는 누구인지 자문한다. 삶속의 미묘한 문제를 질문하며 존재의 의미를 궁구한다. 단순히 생존하는 것이 아니라 진정한 나의 존재를 찾기 위해, 영적 수양과 자기탐험으로 현실의 유혹과 탐심을 다스리며 정도를 좇는다.

상징의 의미

인간은 늘 이상세계를 찾지만 설령 그 이상이 실현되어도 그 안에서 신선이 될 수 없다. 인간은 오직 인간일 수밖에 없고 인간이어야만 한다. 문제는 마음이다.

위대한 깨달음, 명상과 수양, 고독, 영혼의 정화, 심기일전, 은인자중, 성찰, 인격도야, 금욕과 절제, 자기관리, 깊은 통찰, 절치부심, 신앙생활, 공염불, 외톨이, 대도무문, 영적 각성, 자중자애, 심사숙고.

명리학적 통유성

넓은 바다에서 흑룡이 용트림하여 파란만장 풍파의 마음을 항복받으니, 고요한 무념무상의 세계가 펼쳐진다. 대양의 내면은 용이 조화를 부리며 무쌍한 변화를 모색하며 소용돌이치지만 만만찮은 수압으로 적절하게 제어하며 평온을 지킨다. 천지간 알맞은 세력균형으로 영적 교감을 이루고 '괴강(魁罡)'에 해당하여 웬만한 내외부적 충격이나 자극에 초연하다. 잠룡이 뜻을 벼르며 때를 기다린다.

수리학적 쓰임

'29'는 사색과 경계의 수이다. 각 달의 세 번째 맞는 아홉수로 앞서 두 번에 걸친 숨은 고비를 무사히 넘긴 안도감으로 잠시 방심한 사이 재난이 끼어들기도 한다. 또한, 4년마다 오는 윤년의 윤일인 2월 29일은 특별히 더해진 뜻깊은 하루로 사색을 통하여 심신을 위무하여 자신의 진실한 내면과 접촉하는 영적 수련의 기회로 삼아야 한다.

품성과 기질

내성적인 성격으로 감정을 발산하며, 세속적 성취를 위해 분발하기보다는 내면의 평화를 찾기 위해 묵묵히 정진한다. 이성적 억지력이 높아 급격한 감정의 회오리를 잘 갈무리하여 심리적 평정을 쉽게 찾는다. 자기생각에 집중하면 외부와 소통을 끊으며 고립과 단절을 부르기도 한다.

운명의 길 닦기

삶의 우선순위를 정해서 행하라. 자신의 그릇을 먼저 인식하고 용도와 크기와 재질에 따라 적당한 내용물을 채워야 한다. 시대착오적인 자기중심의 생각을 털어버리고 현실적인 입장과 처지에서 쉽고 편안한 방법을 택해 포부를 펴나가야 한다.

임진
(壬辰)

≈ 계사(癸巳)

자미(수)

30

무언가를 간절히 원하면
우주는
그 소망이 실현되도록
도와준다.
- 파울로 코엘료

이미지 요소분석

소박하지만 신성에 대한 예의를 갖춰 기구한다. 참사랑의 간절한 뜻은 하늘도 감동하여 너그러이 음즐하며 화답한다.

밝은 달, 개다리소반, 흰쌀 위의 실로 감긴 북어, 정화수, 호롱불, 정성들이는 여인.

상징 풀이

무언가의 보이지 않는 도움 없이는 인간은 존립이 불가능한 존재다. 나를 부축하는 누군가의 음덕의 힘이 나를 나로서 살게 한다. 세상살이의 애환의 탑은 진실한 마음이 통해야 아름답게 완성된다. 지극한 마음은 하늘과도 통하는 힘이다.

상징의 의미

삶은 의지와 상관없이 변형되고 굴절되어 흐른다. 변고 없이, 무탈하게, 원하는 것을 바라며 비는 소원과 기적은 소박하고 정성스러운 진심의 당당한 힘이다.

지극정성, 고백, 간절한 소망, 신앙과 기복, 경배, 정화와 벽사, 반성, 갈망, 인간적 도리, 맹세, 회임염원, 공염불, 축복, 구조요청, SOS, 관습의 벽, 용서를 빌다, 진실은 통한다, 파사현정, 퇴마, 미망.

명리학적 통유성

영악한 뱀의 머리에 옥로가 영롱하게 빛난다. 수정같이 맑은 옥로를 통해 인간세의 애환을 투명하게 비추어 보여주니 옥로를 먹은 뱀은 불(火)의 기운으로 인간의 염원을 분별하여 영험하게 처리한다. 천을귀인에 해당하여 순수하고 넓은 덕으로 말미암아 정서적으로 안정되어 언제나 복록이 가까이 맴돈다. '수화기제'의 상으로 부부간에 이상적인 조화를 이루어 가정의 경영이 순조롭고 화목하다.

수리학적 쓰임

'30'은 방황과 탐색을 마치고 방향을 정하는 기준의 수다. 공자는 30세를 이립(而立)이라고 하여 분명한 인생 성찰의 시기로 봤다. 입신(立身)의 구체적인 설정의 단계로 본 것이다. '30'의 다른 의미로 결혼 30주년을 진주혼식(Pearl Wedding)이라하며, 음수의 순정하고 정연한 결합[2+4+6+8+10=30]으로 음기(陰氣)의 완성을 의미한다.

품성과 기질

깨끗하고 담백한 성정으로 천도를 따르는 순응주의자적인 성향이다. 도덕과 악덕, 순결과 타락, 선과 악의 이분법적인 사고의 경향이 커서 세상을 절대적인 시선에 맞추는 신앙인의 자질을 품었다. 욕망이나 욕구를 스스로 해결하기보다 제삼자가 대신 처리해주기를 바라는 의타심이 있다.

운명의 길 닦기

계사
(癸巳)

간절하다고 빌고만 있어서는 아무런 변화도 만들 수 없다. 실천적 행동이 필요하다. 진심을 다한다는 것은 하늘을 감동시키는 것이 아니라 만족한 성과를 거둬 축복을 받는 일이다. 자신의 힘으로 부딪쳐라. 그 용기에 은총이 내려져 도울 것이다.

갑오(甲午)

자미(목)

31

시대가 영웅을 만들고
영웅은 시대를 만든다.
〔時造英雄兮 英雄造時〕

- 안중근, 「장부가」 중

이미지 요소분석

게으름이나 무지는 더 이상 발붙일 곳이 없다. 정열을 앞세우고 종횡무진의 맹활약을 펼치며 자유로운 영혼이 작열한다.

꽃상여, 적중한 화살이 꽂힌 과녁, 질주하는 말위에서 활시위를 당기는 청년.

상징 풀이

삶은 끊임없이 움직이는 과녁과도 같다. 집중력을 발휘하여 주어진 삶을 최상의 상태에서 명중시킨다. 결코 영웅을 꿈꾸지 않는다. 죽음을 생각할 겨를도 없다. 하늘을 우러러, 땅을 굽어 부끄럽지 않게 자유로운 삶을 지향하며 전진한다.

상징의 의미

용기와 의지력을 앞세워 꿈과 야망을 불태우며 사람들이 가지 않는 길을 대담하게 헤쳐 나간다. 오르지 못할 나무도 감히 쳐다본다. 그리고 도끼를 들이댄다.

선택의 기회, 결정적 찬스, 야망실현, 도전과 응전, 권력쟁취, 절차탁마, 승부수, 목표달성, 속전속결, 당첨, 당선, 사랑의 쟁취, 도박, 임관, 취업, 영웅주의, 개척, 벼슬하다, 합격, 쐐기를 박다, 맹활약, 웅혼.

명리학적 통유성

청룡의 기상을 품은 청마가 창공을 누빈다. 거침없는 돌진을 가로막는 그 어떤 것도 가차 없이 날려버릴 것이다. 천간의 첫 머리인 '갑(甲)'의 호연지기와 지지 '오(午)'의 불같은 열정이 만나 웅비한다. 천사대길간지로 발군의 기량을 뽐내며 꿈을 향해 전진하며 승승장구 맹활약을 펼쳐나가게 될 것이다. 다만, 천간에 수기(水氣)의 공급이 여의치 않으면 모든 야심이 용두사미로 끝날까봐 염려된다.

수리학적 쓰임

'30'으로 방황과 탐색을 마치고 방향을 정하였으면 '31'은 목표를 향해 혼신의 힘을 다해 전진하여 성과를 올리는 수이다. 성명학에서 대체적으로 활용하는 일본의 구마사키 겐오우(熊崎健翁)의 수리이론에는 '31획'은 융창격(隆昌格)으로 고난을 극복하여 영예를 얻어 대성하는 운이며, 자수성가하여 가문의 명성도 얻는다고 추리했다.

품성과 기질

진취적 기상으로 집중력과 실행력까지 갖추고 있어 지도자적인 재목이다. 확신과 자신감에 차있으며 무언가에 꽂히면 기어이 끝장을 보고야마는 집념도 가지고 있다. 거친듯하지만 담대한 소탈함으로 신뢰성이 높다. 다만 적극성이 집요함으로 변질하면 다른 의견을 용납하지 못한다.

운명의 길 닦기

목표가 눈앞에 있다. 나머지 모두를 완전히 장악할 때까지 온 힘을 쏟아 부어라. 움츠리면 오히려 위축되어 몇 배의 노고를 들여야 한다. 정면돌파만을 고집하지 말고 필요하다면 우회하되 시간을 지체해서는 안 된다. 그리고 방심하지 말라.

갑오
(甲午)

 ≈ **을미(乙未)**

자미(목)

32

만남이 있으면
헤어짐은 정해진 이치이고,
산 자는
반드시 죽음에 이른다.
〔會者定離 生者必滅〕

이미지 요소분석

과거는 사람을 쉽게 놓아주지 않는다. 슬픔을 거두고, 인간다운 삶을 실현하려면 용기와 결기로 변화를 꾀해야 한다.

묘소를 향해 큰 절하는 여인, 보따리, 꽃신, 갈등과 고난의 회오리와 물방울 상징.

상징 풀이

꽃신을 신고 꽃길을 걷던 시절은 끝났다. 거친 신발로 울퉁불퉁 험한 자갈길로 나선다. 새로운 세상에 대한 기대와 희망으로 상실도, 고통도, 과거에의 미련도 망각 저편으로 흘려보내고, 소중한 새 삶을 찾고자 이별의 예의를 차린다.

상징의 의미

내일은 내일의 삶을 살자. 슬퍼하되 상처로 남기지 말자. 기억은 추억으로 새기고, 진정한 나의 삶을 찾고자 두려움을 떨치고 낯선 새 길로 의연히 나선다.

눈물 속에 피는 꽃, 자유선언, 새로운 미래, 과거와 단절, 홀로서기, 전화위복, 변절, 대전환, 은폐, 굴레 탈피, 독립선언, 감행, 화려한 외도, 불행 중 다행, 혁신, 이별의 고뇌, 자아회복, 상실의 승화, 청산.

명리학적 통유성

천간 을목(乙木)은 여린 화초의 형상에다 지지의 미토(未土)까지 염천지기의 조토(燥土)로 조열하여 더위와 양광이 달갑잖다. 여기서 주목할 점은 을목이 큰 나무를 휘감고 올라가는 넝쿨 초목이기 때문에 직사광선의 직접적인 영향을 받지 않고 안정되게 피어난다는 점이다. 그러나 기생하는 나무에 문제가 생기면 당장 생존의 위협을 받는다. 독립적으로 살아갈 생존법을 익힐 필요가 절실하다.

수리학적 쓰임

'32'는 익숙하고 관행적인 것들의 특별함을 비로소 깨달아 자각하는 '환기'의 수이다. 어느 날 불현듯 '어! 이런 건가' 혹은 '사실은 이게 아닌데'하고 의문을 던지며 회오와 자각의 계기를 맞는다. 나이의 '32세'도 이모지년(二毛之年)이라 하여 검은 머리에 백발이 도는 시기로 인생의 좌표를 다시 확인하고 단단히 추슬러 다지는 때이다.

품성과 기질

온순하고 긍정적이며 타협적이다. 원칙과 인습에 따라 행동하며 삶의 다양한 관계를 자신의 의지보다는 영향력 있는 자에 기대여 가급적 편하게 살아가고자 한다. 순종적이지만 비굴하거나 이기적이지는 않고 나름의 처세방법으로 친화력을 발휘하여 공감을 이끌어내 안위를 유지한다.

운명의 길 닦기

꽃길만 걸을 것으로 생각하지 말라. 졸지에 타의에 의하여 고되고 험한 시련의 고비를 맞을 수 있다. 나태와 안일에서 벗어나라. 기존의 틀을 과감히 깨뜨리는 환골탈태의 혁신만이 재도약의 기회를 약속한다. 잠시 어려움을 견디면 웃게 된다.

을미
(乙未)

 ☣ # 병신(丙申)

자미(화)

33

몸에 병이 없기를
바라지 말라.
병이 없으면 탐욕이
생긴다. 병고를 약으로
삼으라.
『보왕삼매론』

이미지 요소분석

삶의 고빗길에서 쓰러질 듯 위태롭고 힘겨운 처지를 인내와 끈기로 균형을 잡으며, 돌파구를 찾기 위해 안간힘을 쓴다.

자격루(국보 제229호), 영약(인삼)을 물고 다가오는 사슴, 다급히 우는 까마귀.

상징 풀이

불치이거나 난치인 삶은 없다. 치명적인 것은 삶의 의미를 잃는 일이다. 세상은 자신의 성취로 살아가는 것 같지만 삶에 심각한 균열이 발생할 때 외부의 도움은 존재의미를 되짚어 희망을 심어준다. 늘 자각(자격루)의 수위조절에 힘써야 한다.

상징의 의미

화해와 치유가 필요하다. 과거와 현재, 선과 악, 운명과 욕망의 사이사이에 낀 그림자와 환각을 걷어내기 위해서는 맑고 밝은 성찰로 어둠을 씻어내야 한다.

분쟁의 씨앗, 척박한 현실, 심각한 병폐, 기사회생, 무능한 변명, 사후 약방문, 정체와 답보, 타성에 젖다, 해독제, 소생의 기미, 만성 매너리즘, 의타심, 어두운 꿈, 경각심, 상당한 후유증, 건강취약, 면역증진, 갈망.

명리학적 통유성

강한 태양열에 무쇠가 물러진다. 차라리 완전히 녹으면 새롭게 빚어낼 수 있으련만 어설프게 녹는 바람에 쇠의 기능을 다하지 못한 채 어정쩡한 상태가 되고 말았으니 병중에서도 큰 질환을 앓는 셈이다. 천간의 병화로서도 지지의 받침이 확고해야 역량을 제대로 발휘할 수 있는데 영 물러터지니 지지의 상태에 잔뜩 신경을 곤두세우지만 뾰쪽한 방법이 없다. 더구나 십악대패로 첩첩산중이다.

수리학적 쓰임

'33'은 절망 속에 희미한 불빛을 발견하는 수이다. '3'은 음[2]과 양[1]이 결합하여 결속, 안정을 기하는 것이라고 했다. 그러나 '33'은 음양의 한 쌍[3] 외에 또 다른 음과 양[1+2]이 끼어들어 풍파를 일으키지만 '3'의 또 다른 덕목인 결속과 안정을 바탕으로 반목과 혼란을 해소한다. 보신각 제야의 타종은 33회로 평화를 염원하는 소망이 담겨 있다.

품성과 기질

선천적으로 병약하고 신경질적인 성향이 있다. 어떤 일이든 자발적으로 행동하기보다는 추이를 봐가며 자신에게 유리하지 않으면 지탄받지 않을 범위에서 소극적으로 임하는 경향이 있다. 겉으로는 애써 태연하지만 내면으로는 불안정한 두려움을 품고 있어 사교적인 것에 뒷걸음친다.

운명의 길 닦기

불행 중 다행이다. 융통성 없고 편협한 사고방식을 탈피하여 사교의 폭을 넓히며 다양한 활동을 하면, 오래 묵어 백약이 무효인 병질을 다스릴 희망의 끈을 잡게 된다. 다만, 이것저것 좋다는 것을 마구잡이로 취하기보다 정선하여 취해야 한다.

≈ 정유(丁酉)

자미(화)

34

별을 노래하는 마음으로
모든 죽어가는 것을
사랑해야지. 그리고
나한테 주어진 길을
걸어가야겠다.

- 윤동주, 「서시」 중

이미지 요소분석

별이 반짝이는 건 영원하지 않기 때문에 일생을 찬란히 보내기 위함이다. 붙박이 별도 흐르는 별도 언젠가는 사라진다.

허름해진 첨성대(국보 제31호), 북두칠성, 빛의 궤적을 그리며 움직이는 살별.

상징 풀이

고정불변을 주장하지 말라. 삶에 지치고 관계에 상처받는 인생들아. 너무 상심마라. 모든 살아있는 것은 죽게 되는 것이 정한 이치다. 별의 잔해로 이뤄져, 별의 후손인 인간의 삶도 별처럼 빛나다가 스러지지만, 위대한 삶은 여운을 남긴다.

상징의 의미

밤하늘의 영롱한 기라성도 언젠가 사라질 과정을 조용히 진행하고 있다. 공든 탑도 영원하지 않다. 모든 것의 종말은 갑자기, 놀랍게, 불현듯 닥쳐오고 만다.

암울한 현실, 유종의 미, 암중모색, 이상신호, 허황한 욕망, 전환의 징후, 한 가닥 희망, 용도폐기, 존망의 위기, 유명무실, 사필귀정, 퇴장, 길잡이, 상실, 흔적, 가뭄 끝의 단비, 세대교체, 상황의 반전, 인생무상.

명리학적 통유성

천간의 정화(丁火)는 촛불처럼 미약하고 은은한 빛이다. 지지의 유금(酉金)인 닭이 희미하고 어스름한 빛의 여명을 미처 감지하지 못하고 새벽을 알림으로써 세상이 깨어나 채 활성화하지 못한 질서가 흔들리고 혼란이 초래된다. 부드러운 천간과 숙살지기 지지의 결합에 따른 필연적 현상이지만, 이해와 배려로 소통하면 '천을귀인'이 작용하여 이질적 역량이 오히려 순기능의 상승효과를 낸다.

수리학적 쓰임

'34'는 어둠속에서 새로운 길을 모색하는 수이다. 미망의 상태나 불우한 입장에서 빛을 지향하며 존재의 의미를 찾는다. 중국의 병법 '36계' 중 34번째 계책은 고육계(苦肉計)로 자신을 희생하여 적의 안심을 유도하고 기만하여 원하는 성과를 거둔다. 주기율표의 원자번호 34[se, 셀레늄]는 사람 건강을 유지하는 필수 영양소로 꿈의 원소다.

품성과 기질

내성적이고 과묵한 편이지만 소심하기보다는 내면에 뜨거운 열정을 품고 있다. 무지나 열등에 대한 거부반응이 커서 남에게 뒤지지 않기 위해 보이지 않는 노력을 쏟으며 자기를 함양한다. 활동범위는 넓지 않지만, 전문분야에 집중하며 특히 신비하고 불가해한 현상에 관심이 많다.

운명의 길 닦기

돌연한 변화에 적절히 대응하지 못함으로써 한동안 암울한 현실을 헤어나지 못하고 침체를 겪지만 굳은 의지와 의외의 조력자를 만나 활로를 찾게 된다. 운명의 기운이 시간을 타고 흐른다. 일단 길이 뚫리면 서둘러 결단하고 붙들어야 한다.

정유
(丁酉)

무술(戊戌)

자미(토)

35

불러도
그대 다시 불러도
그냥 소리되어 떠나야
한다.

- 홍일선, 「쑥 꽃」 중

이미지 요소분석

웃음을 잃었고, 기쁨을 잃었고, 사랑을 잃었다. 처절한 비명소리의 잔향이 깊은 상처로 남아 절망과 분노를 충동질한다.

칠흑 같은 야밤에 올가미에서 발버둥치는 늑대, 안타까워 울부짖는 다른 늑대.

상징 풀이

탈출구가 없다. 도울 방법도 없다. 극도의 절망 속에서 회한을 넘어 복받치는 증오가 공격성의 본능을 자극한다. 상처로 생긴 분노의 격정을 다른 방향으로 승화시키지 않으면 더 큰 비극을 낳는다. 위기탈출의 묘안은 과연 무엇인가.

상징의 의미

왜, 뒤늦게 깨달을까? 왜, 잃고 나서 소중함이 사무칠까? 어두운 절망이 온통 에워싸도 절박함의 핵심을 찾아 해답을 찾아본다. 하지만 운명에는 답이 없다.

내면갈등, 계략의 덫, 트라우마, 돌발상황, 치명적 과오, 꼬인 운명, 약육강식, 진퇴양난, 강제격리, 암투, 불이익, 원한, 인질, 부주의, 임무태만, 배은망덕, 자책, 정당한 분노, 후회, 운명의 굴레, 자승자박.

명리학적 통유성

넓은 지역을 자기 세력권으로 한 늑대가 먹잇감을 찾아 헤매지만 깊은 가을에 마땅히 요기를 채우지 못하여 날카롭다. 술토(戌土)는 내면에 불길[火]를 머금고 있어 조열하여 성급하게 덤비는 성격 때문에 화를 자초한다. 더구나 무술은 간지가 토성의 간여지동에다 '괴강살'까지 가지고 있어 길흉의 발현이 극단적으로 나타날 수 있으므로 무모하게 시비나 분쟁에 휘말리는 것을 경계해야 한다.

수리학적 쓰임

'35'는 자만과 방심의 수이다. 30의 중반에 접어들며 서서히 피로감과 함께 타성에 젖어 느슨해지는 이완의 시기다. 제대로 자각을 이룬 사람은 자기의지를 확고히 다지며 도약을 설계하지만, 대체로 설익은 자신감으로 방만함에 젖는다. 서양풍속에서는 결혼 35주년을 기려 산호혼식(Coral Wedding)을 치르며 관계를 공고하게 다진다.

품성과 기질

매사에 적극적이며 자기역할 이상의 임무를 찾아 동분서주하며 교제의 범위가 넓다. 자존감이 강하여 무슨 일이든 앞장서야 직성이 풀리는 과시성이 있다. 모험심과 승부욕이 넘치지만 면밀한 계획성과 준비성이 부족하여 마무리가 쉽지 않다. 무뚝뚝하지만 속정이 깊고 담대하다.

운명의 길 닦기

무술
(戊戌)

가까운 관계의 과잉친절을 경계해야 한다. 터무니없는 손해를 입을 수 있다. 혹여 심각한 상황에 처하더라도 즉각 맞대응하기보다는 시간을 두고 급소를 파악하여 일거에 격파하라. 승기를 잡았다싶으면 확실히 제압해야지 방심하면 물린다.

≈ 기해(己亥)

자미(토)

36

유기체의 한 개체는
오늘을 살고 있는 것에
그치는 것이 아니라, 바로
오늘 속에 과거를 숨 쉬며
살고 있는 것이다.
- 화이트헤드

이미지 요소분석

천지와 사람과 만물은 한 뿌리다. 불가사의한 신비와 마법은 분명히 자연에 있다. '도'는 자연에서 습득하는 학업이다.

'천지음양신'과 '육십갑자도'의 장승, 돼지머리, 술단지, 호롱불과 간단한 제수.

상징 풀이

현실을 직시코자 하면 과거를 돌아봐야 하며, 미래도 그려볼 수 있어야 한다. 자연이 야만이 된 세상. 심신은 여전히 자연을 기억하기 때문에 정화의 제의가 늘 필요하다. 천지와 육갑의 조화를 통해 전통과 현대를 갈무리하며 진보시킨다.

상징의 의미

자신의 신념과 철학에 맞는 신앙이 진정한 믿음이다. 장엄한 자연은 불가사의한 신비한 힘을 가진 모든 신앙의 근본이며 경건하고 소박한 우주의 질서를 품는다.

의례, 이변과 기적, 신비한 마력, 정화, 불가사의한 경험, 본질추구, 자연의 순리, 영적활동, 신의 계시, 온고지신, 퇴마, 치성, 천우신조, 우상숭배, 토테미즘, 구태의연, 구닥다리, 금기, 초자연 현상, 생태주의.

理 (이치) 명리학적 통유성

돼지가 아담한 초원에서 원하는 만큼 배를 채우며 자유로운 일상을 영위한다. 가꾸는 채마밭이나 인위의 공간에서는 금지되고 제약된 행동을 마음껏 누리고 있는 형상이다. 자연에서 이루어지는 일이기 때문에 가능한 일이다. 어찌됐든 흙에서 뒹구는 돼지의 모습만으로도 충분히 자연스럽다. "사람은 땅을 본받고, 땅은 하늘을 본받고, 하늘은 도를 본받으며, 도는 자연을 본받는다."[도덕경]

數 (수리) 수리학적 쓰임

'36'은 6의 제곱수로 자연의 순리에 감응하여 초월적 생명의 힘을 얻는 수이다. 숫자 6의 완전한 자연 결정체인 벌집과 눈송이 같은 육각구조를 거듭 시현하여 입체적으로 자연현상의 신비를 지득할 수 있도록 해준다. 또한 양의 3과 음의 6이 합작함으로써 음양의 운행질서와 그 상생의 의미를 통하여 협력과 응집의 순기능을 발현한다.

象 (상형) 품성과 기질

나보다는 우리를 생각하는 밝고 명랑한 박애주의의 실현자. 붙임성이 좋고 사교적인 행동과 차별하지 않는 포용력을 갖추어 전반적으로 신뢰와 사랑을 받는다. 고전주의적 시각과 보수적인 경향이 강하며 관습과 풍속을 중시한다. 신앙적 신념을 넘어 편향과 맹목성을 보이기도 한다.

占 (점복) 운명의 길 닦기

자연을 통해 정화하고 지혜를 얻는다. 일상의 압박과 고뇌로 인한 염증을 생명의 근원인 자연으로부터 생명의 근기를 충전하여 본연을 되찾아야 한다. 잠시 모든 것을 내려놓아라. 복잡한 현실을 세속의 이치로만 풀려고 하면 바뀌는 것은 없다.

기해 (己亥)

≈ 경자(庚子)

자미(금)

37

만족함을 알면
욕된 일을 당하지 않고,
그칠 때를 알면
위태롭지 않다.
〔知足不辱 知止不殆〕
- 『도덕경』

이미지 요소분석

편법과 악취가 만연한 세상에서 유혹과 탐욕이 만나면 휩쓸림의 소용돌이에 휘말린다. 헛된 욕망은 희망마저 짓밟는다.

풍랑에 난파된 배, 놀란 고기, 휩쓸리는 재물, 돈을 움켜쥐고 허우적대는 남자.

상징 풀이

절박한 상황이다. 무엇에든 매달려야할 처지다. 세상의 가치를 돈으로 따져 마구잡이로 살아오며 자초한 결과다. 선뜻 잡아줄 구원의 손길도 없다. 후회는 이미 늦었다. 파국의 늪을 빠져나올 방법은 외부에서 뻗치는 구원의 손길뿐이다.

상징의 의미

굴절된 욕망의 지나친 탐닉과 쾌락은 결국 자기를 희생의 제물로 만들고 만다. 서서히 의도하지 않은 방향으로 틀어지기 시작하면 추락과 파멸은 시간문제다.

불가항력의 역풍, 경제적 타격, 물거품, 신용불량, 타락, 상실과 파탄, 망가진 현실, 자충수, 비싼 대가, 탐욕의 종말, 몰락, 품위훼손, 설상가상, 실책, 자업자득, 뒤틀린 계획, 물질중독, 무절제, 횡령, 집착, 실직.

理 이치

명리학적 통유성

지지의 자수(子水)는 외양내음(外陽內陰)의 성질을 가지고 체용변화로 천간에 응함으로써 경금(庚金)이 심한 혼란에 휩싸인다. 즉, 내막을 알 수 없이 소용돌이치는 혼돈의 물속에 쇳덩어리가 빠져 끝모를 바닥으로 가라앉고 있는 형상이다. 경금은 나름 중요한 금속으로 자부하며 한때의 영화도 누리겠지만, 쉼 없이 변화를 일으키며 흘러가는 왕성한 수기의 기세로 파헤쳐진 함정을 경계해야 한다.

數 수리

수리학적 쓰임

'37'은 평지풍파의 바람을 일으킨다. '3'으로 완성된 안정과 평온이 '7'의 왕성한 추진력으로 인해 문제를 야기할 수 있다. 새로운 기회를 잡기 위해 동분서주하는 과정에서 뜻밖의 복병을 만나 허둥지둥할 가능성이 있는 것이다. '가만히 있으면 중간이라도 간다'고 했다. 관여하지 않아도 될 일에 끼어들기보다 현재를 더욱 다져야 한다.

象 상형

품성과 기질

매우 열정적이며 성공에 대한 집착이 높은 야심가이다. 주위 사람과 융통성 있게 발전시켜나가기 위해서는 가진 권력의 일부는 양보해야 되는 법인데 자기 것은 모두 지키려는 속성이 있다. 정해진 조건 속에서는 너그럽지만 자신만의 아집에 매몰되어 큰 그림을 놓치는 수가 많다.

占 점복

운명의 길 닦기

금융과 재무적인 일에서 문제가 생기지 않도록 각별한 주의를 기울여야 한다. 상황이 바뀜을 태도로 연결하여 현실에 대응해야 하는데 결단의 시점이 느리다. 자신의 원칙이 맞지 않다고 판단되면 주저 없이 인정하고 타협의 길을 택하라.

경자
(庚子)

≈ 신축(辛丑)

자미〔금〕

38

자존심은 건강한
정신이다. 그것은 흙탕물
속에 존재하는 신성한
마음이자 구제받기 위한
긍정적인 방도이다.

― 로맹 롤랑

이미지 요소분석

억압이 클수록 꿈꾸는 세상에 대한 욕구는 더 커진다. 갈망을 풀고자 날린 작은 발길질이 자신을 겨누는 칼날이 됐다.

피 묻은 은장도, 뇌옥 속의 여인, 황소 등 위에서 피리 부는 동자, 푸른 대나무.

상징 풀이

날카로운 비수가 삶을 정통으로 관통해도 자신을 신뢰하고 희망을 갖고 긍정한다. 자신의 완전한 가치를 실현하지 못하는 비애에 좌절하지만 끝없이 고투하며 최악의 사태까지 감수한다. 인습과 편견에 맞서며 정체성을 끝까지 지킨다.

상징의 의미

가슴을 짓누르는 울화와 억압을 감당할 길이 없다. 그 무엇으로도 채울 수 없고, 풀어낼 수 없는 원망만 가득하다. '회한'은 사무친 상처만 남기고 아무 일 없다.

갈등과 분노, 완강한 거부, 누명, 마음의 감옥살이, 일편단심, 부당한 간섭, 질투의 화신, 절개, 통한, 괘씸죄, 따돌림, 양심선언, 희생, 죄책감, 좌절, 실연, 감금, 수치심, 자기비하, 불편한 풍류, 멍에, 자폐증.

명리학적 통유성

천간과 지지가 모두 음기로 습기를 머금어 맑은듯하면서도 음습한 기운에 싸였다. 지지의 지장간의 토성인 '기(己)'가 천간의 신금을 잘 보육해야하나 예리하고 맑은 면을 차갑게 얼어붙게 하여 축토의 진면목을 제대로 발휘하지 못하고 있어 안타깝다. '효신살'이 이런 상황을 잘 설명해 주고 있는바, 가깝고 믿는 관계의 부당한 행위로 뜻밖의 횡액을 당할 수 있으니 각별히 조심하여야 한다.

수리학적 쓰임

'38'은 열정과 패기의 속도조절이 필요하다는 절제와 신중의 가르침을 주는 수다. 3과 8은 오행으로 갑(甲)과 을(乙)을 상징하는 숫자로 봄의 기운을 업고 혈기방장의 천둥벌거숭이로 좌충우돌하는 치솟는 성질을 가졌으나 두 수가 짝하여 음양의 균형을 이루면서 분출하며 전진하는 무모성을 순화하고 절제를 통해 내면에 지혜를 축적한다.

품성과 기질

용솟음치는 열정을 내면에 품고 있다. 상상력이 풍부하고 독창적인 사고가 남다르다. 창조력을 발휘하여 새로운 것을 성취하려는 욕구가 강하지만 현실성을 감안하지 못함으로써 실천성이 떨어진다. 자기관리는 잘하지만 싫고 좋은 감정이 분명하여 불필요한 오해와 갈등을 유발한다.

운명의 길 닦기

앙심이나 질시를 살 일이 없었는가. 의도치 않은 작은 행동이 사람들에게 상처를 주고 위해를 입힐 수 있다. 주변 사람들에 더 깊은 관심과 포용이 절실하다. 목표가 모호한 신념을 지키는 일은 차후로 미뤄라. 명분보다 실리를 따라 처신하라.

신축 (辛丑)

임인(壬寅)

자미(수)

39

눈앞에 미운 사람이 없고,
마음에
불평할 일이 없는 것이
평생의 지극한 행복이다.

- 성대중, 「질언」 중

이미지 요소분석

시간과 속도가 이익이고 돈이 되는 가치전도의 시대가 되었다. 자연과 만물의 심금을 울리며 생명의 리듬을 더듬는다.

혈은 거문고를 타는 선인, 편안히 휴식하는 호랑이, 새순 돋는 지팡이, 벌, 나비.

상징 풀이

내면의 평화와 행복에 이르는 수단은 단순하다. 마음을 비우고, 세상을 있는 그대로 인정하면서 순수하게 살면 된다. 맹수도, 세월도 두려움이 사라진 자리에서는 장애가 아니다. 미물과도 동고동락 소통하며 생명의 신비를 몸소 체현한다.

상징의 의미

깨끗한 세상 살기는 공연히 들쑤시기보다 아무것도 하지 않고 천천히 생을 비우는 것이 낫다. 세상의 깨우침을 위해 무한대역의 참요를 읊으며 뜻을 다진다.

성찰과 단련, 자유로운 영혼, 변화의 조짐, 평범한 안정, 재충전, 은퇴, 무사안일, 달관, 무관심, 침묵의 웅변, 우아한 노년, 수수방관, 권태, 침체기, 현실도피, 자아도취, 대인기피증, 탈속, 오불관언, 초연, 정중동.

理 이치

명리학적 통유성

호랑이는 민속신앙에서 산신이나 산신의 사자를 상징하는 신수다. 수량이 풍부한 삼림의 호랑이가 산수의 혜택으로 풍족함과 평온을 만끽한다. 병액이나 삿된 것을 물리치는 힘을 가진 호랑이가 벽사진경의 임무를 다하고 평화를 즐기니 천사대길의 축복을 그대로 드러낸다. 원활한 수기의 유동으로 재물의 순환이 용이하고 지혜로운 처신까지 더해 만인의 지지와 존경을 받으며 길조의 복덕을 누린다.

數 수리

수리학적 쓰임

'39'는 복덕을 향유하되 그 축복을 나누어 더불어 안정을 꾀하는 이상주의의 수이다. 성명학에서 구마사키 겐오우(熊崎健翁)의 수리이론[數理理論]에 따르면 '39획'은 안락격(安樂格)으로 현명한 인격과 재능으로 만사를 다스리며 만인을 인애로 지휘하여 대업을 순조롭게 이루고 자손을 번창시켜 두루 길하다고 한 것과 맥락을 같이 한다.

象 상형

품성과 기질

과묵하며 책임감이 강하다. 타인과의 관계를 갈망하지만 괜한 자존심으로 선뜻 나서지 못하는 성향이 있다. 적극적으로 삶을 개척해나가기보다는 주어진 과제에 성실히 임하며 무탈하고 조용한 생활을 즐긴다. 얽매이는 일보다 독자적으로 즐기며 새로운 것을 창조하는 예술성이 높다.

占 점복

운명의 길 닦기

자신이 편하다고 세상사를 가볍게 여기지 말라. 힘들고 아파하는 사람들도 많다. 정신적인 이상에만 몰두하지 말고 소통하며 힘과 재능을 발휘해 그들의 손을 잡아준다면 자신의 가치를 올리고 행운의 지복까지 함께 누릴 수 있을 것이다.

임인
(壬寅)

계묘(癸卯)

자미(수)

40

온 세상은
음악으로 채워져 있다.
우리는 그저
귀를 기울이기만 하면
된다.
- 영화 〈어거스트 러쉬〉 중

이미지 요소분석

행복한 사람은 행복에 대해 고민하지 않는다. 만족하고, 껴안고, 사랑한다. 꿈을 꾸며, 꿈에 젖어 목표와 이상을 좇는다.

피리 불며 화락하는 선녀, 화평한 만물과 만상, 상서로운 구름, 메꽃과 사다리.

상징 풀이

진정한 건강과 행복은 편안함과 즐거움만으로 가득한 삶을 사는 것이 아니다. 필연적으로 마주칠 수밖에 없는 고난과 역경들까지도 삶에 적극 수용하여 즐기며 승화시켜야 한다. 행복의 사다리는 희망을 나눌 수 있는 가교가 돼야 한다.

상징의 의미

사다리는 높은 곳을 지향할 때 쓰인다. 목표를 지나치게 높이 잡아 곤추세우면 중심잡기가 힘들다. 오르다 추락하면 오르지 않음만 못하다. 경사도를 맞춰라.

안락과 풍요, 행복한 시절, 기쁨과 환희, 새로운 환경, 상서로운 조짐, 미몽, 축제와 잔치, 희소식, 화해, 치유, 동경과 환상, 예술적 소양, 도취, 터무니없는 공상, 화려한 허세, 몽롱한 최면, 충만감, 힐링, 향락.

명리학적 통유성

천지가 서로 부드럽게 화통함으로써 온화하고 화평하다. 음의 지향성을 서로 교감하며 적극적인 동반자로서 원활히 보조를 맞춘다. 어떤 주제든 합심하며 변주할 능력이 있어 늘 새롭고 색다른 것에 호기심을 투사한다. 오합의 영세대길간지로 상서로운 운기가 작용하여 운세가 전반적으로 화통하게 펼쳐진다. 다만 음기가 충만하여 한 분야에 몰입하면 질펀하게 젖어 더 큰 가치를 놓칠 수 있다.

수리학적 쓰임

'40'은 완숙함이다. 어느 정도 관록이 쌓이면서 약간의 허영심도 생기고 겉멋도 부리지만 내면을 채우는 자각심으로 삶의 지향성도 확고히 한다. 나이의 마흔은 '불혹(不惑)'이다. 미혹에 휩쓸리거나 부당한 행위를 자제할 수 있는 시기를 뜻한다. 결혼생활의 40주년은 행복한 결합의 부부애를 기리어 벽옥혼식(Emerald Wedding)이라 한다.

품성과 기질

밝고 반짝이는 깨끗한 개성으로 사교적이며 관능적인 성향을 가지고 있다. 친근하고 활기차며 약간은 수다스러운 면도 가지고 있다. 사람을 끌어당기는 따뜻한 매력으로 분위기를 살리며 화합을 주도하는 역할에 적임이다. 내적으로 유약하고 사랑에 목말라하는 외로움도 가지고 있다.

운명의 길 닦기

인생의 꽃을 피울 절호의 기회다. 분위기가 무르익었으니 확신과 용기를 가지고 전력을 쏟아 부어라. 되도록 여러 사람과 함께 큰 성취를 추구하되, 완벽한 균형을 맞추려하기보다 적절히 양보하며 성과를 공정히 배분해야 오래 지속한다.

계묘
(癸卯)

갑진(甲辰)

자미(목)

41

결국,
나의 천적은
나였던 거다.

– 조병화 『천적』

이미지 요소분석

"이방인으로 왔다가 이방인으로 떠나네."
인생의 겨울을 맞는 심정이다. 세월은 모든 것을 변화시키고 노인은 늙어간다.

헤진 갓과 도포차림의 추레한 노인, 낡은 돛배, 해골, 까마귀, 갈매기와 풍경.

상징 풀이

덧없는 인생이 서글프다. 어찌할거나. 영달에 전전긍긍하고, 스스로에 취해 숱하게 사람을 아프게도 했던 세월들이 한낱 물거품이었구나. 허욕과 허세의 흙먼지 속에서 실망과 근심의 씨앗들을 뿌렸던 지난날이 참으로 가뭇없고 속절없도다.

상징의 의미

더 이상 성취할 것도, 잃어버릴 것도, 나아갈 곳도, 돌아갈 곳도 없는 흔들리고 휘날리는 황혼길. 희망 없는 구차한 현실에 부질없이 처연한 서글픔만 쌓인다.

슬픈 뒤안길, 불우한 종말, 우울한 미래, 쇠락과 퇴출, 좌절된 희망, 때늦은 후회, 영향력 상실, 노후불안, 만고풍상, 후유증, 고독, 인생무상, 방황, 역마살(방랑), 고난의 행군, 상실의 시대, 갈무리, 탈진, 향수.

명리학적 통유성

기름진 옥토에 커다란 말뚝을 박아놓아 활용할 가치를 떨어뜨리니 아쉽기 짝이 없다. 하늘을 찌를듯 하던 청룡의 기상이 현실의 벽에 가로막혀 좌절하며 편재의 토성을 궁박하여 목극토의 흉조를 백호살의 변덕과 방자함으로 드러낸다. 운기도 이에 따라 순조롭던 기세가 끝까지 이어지지 못하고 단절되는 현상을 보인다. 십악대패의 간지로 어렵사리 쌓은 공적도 외부충격에 취약해 무너지기 쉽다.

수리학적 쓰임

'41'은 수동적인 방어에 급급하는 위축의 수이다. 적극적인 활력보다는 주변의 상황에 떠밀려 표류하면서 조용히 뒷전에 머무르며 주어진 여건에 순응한다. 직접 나서거나 도발하지 않고 단순하게 세상을 받아들이며 자신의 위치를 가늠하며 신중히 행동한다. 축적된 경륜과 통찰을 갈무리하며 실용적 토대가 마련될 때를 움츠리며 기다린다.

품성과 기질

새로운 것과 모르는 것에 대한 호기심이 많아 자기 성향에 맞다싶으면 앞뒤 가리지 않고 덤벼든다. 뚜렷한 목적이나 보상보다는 즉흥적이고 과시적으로 준비가 덜된 일을 밀고나가다 뒤늦게 후회한다. 독특한 개성과 도전성은 있으나 정확성과 면밀함이 결여되어 마무리가 시원찮다.

운명의 길 닦기

지금 가는 길을 차근히 돌아보라. 자기 방식만을 고집하며 맹목적으로 앞만 보고 달려가고 있지 않는지. 더 밀리가기 전에 문제를 찾아 개선하지 않으면 나중에 후회해도 소용없다. 여러 여건이 불리하니 손해를 감수하더라도 멈춰서 재고하라.

갑진
(甲辰)

을사(乙巳)

자미(목)

42

사람은
혼자 나서
혼자 죽고,
혼자 가고 혼자 운다.
「무량수경」

이미지 요소분석

아무도 누구를 죽일 수 없다. 스스로 죽어갈 뿐이다. 죽음은 숙명이다. 죽음이 없는 삶은 환상이다. 부질없는 꿈이다.

화려한 금침 속의 병든 여인, 허물어져가는 세간과 열악한 환경, 엎어진 약탕기.

상징 풀이

죽음 앞의 삶, 삶 속의 인생을 돌아본다. 모든 것을 빼앗기고 상실한 사람이 마음의 위안까지 받을 수 없을 때 느끼는 감정은 슬픔을 넘어 절망이다. 한바탕 유희 같은 인생단막극을 그리도 그악스럽게 아등바등 몸부림치며 애를 태웠을까.

상징의 의미

언제 어떻게 죽을지 선택할 수는 없다. 할 수 있는 최선의 것은 지금 어떻게 열심히 사는가이다. 절망은 죽음에 이르는 병이다. 병의 원인은 잘못 살아온 죄다.

잘못된 처방, 절대고독, 한계상황, 투병, 치명적 부작용, 존망의 위기, 골머리, 액운, 고질적 병폐, 악전고투, 탕진, 곤궁, 후유증, 만사포기, 자기학대, 절망, 불치, 건강염려증, 중독, 신경쇠약, 체념, 악몽.

명리학적 통유성

음의 성질을 가진 목성의 '을(乙)'이 양의 성질을 가지고 체용변화로 만난 화성의 '사(巳)'와 결합하며 의도하지 않은 괴변의 부정적인 에너지가 생성되어 곤액의 발호가 등등하다. 공망에 따른 암류가 흐르고 있는 십악대패의 간지로 매사를 조심하지 않으면 순식간에 사달이 붙는다. 신체적으로 병질이 끊이지 않으며, 정신적으로 신경이 예민하여 좋은 협력자의 조력 없이는 운세전환이 힘들다.

수리학적 쓰임

'42'는 혼돈과 갈등이 한계에 이른 체념의 수이다. 작은 충격에도 산산이 부숴져 자멸해 버릴 만큼 힘들고 어려운 극단의 처지에서 자신을 지나치게 혹사하기보다 차라리 자신을 통째로 내맡길 든든한 보호자를 만나야 회생을 도모할 수 있다. 체온계의 표시는 섭씨 42도까지다. 42도가 되면 사람 몸의 단백질이 삶은 달걀처럼 굳어 죽고 만다.

품성과 기질

좋고 나쁨에 대한 의사가 불분명하여 오해를 많이 산다. 매사에 수동적이며 은둔의 속성을 가진 소극적 성향이다. 자기주장이 뚜렷하지 않으면서 무비판적으로 시류를 따르다보니 세상과 진정한 소통을 이루지 못하여 자괴감을 가진다. 심리적 압박은 정서적 취약을 불러와 병질이 많다.

운명의 길 닦기

자신을 사랑하는 법을 배워야 한다. 못나고 보잘것없고 능력이 떨어질지라도 스스로를 존중하면 아무도 함부로 대하지 않는다. 그리고 자신의 약점을 가려줄 협력자를 찾아라. 굳이 대등한 관계가 아니어도 좋다. 홀로서기까지 꾹 참아야 한다.

을사
(乙巳)

병오(丙午)

자미(화)

43

불휘 기픈 남간
바라매 아니 뮐쎄,
곶 됴코 여름하나니

「용비어천가」

이미지 요소분석

인간이 도달해야 할 가장 성스러운 목표는 생각을 잘 정리하여 표현하고 전달하는 것이다. 말과 글, 삶은 다르지 않다.

세종대왕상, 후광으로 비치는 훈민정음 상징, 한글 관련 글자, 붓(聿), 잉괘인장.

상징 풀이

시대를 건너 마음으로 통한다. 독심술을 부린다. 사람들의 불편함을 챙기고, 필요를 채운다. 말씀을 생활과 연결시켜 그 힘으로 운명과 통하게 한다. '붓'은 펴고, 구부러지고 막힌 곳을 뚫어 세상의 만물 만사를 소통시킨다.

상징의 의미

말과 앎과 삶은 하나의 연속체로 사람들의 존재양식을 결정한다. '잉괘'는 삶을 명리의 신비와 결합시켜 핵심적 지향점을 찍어 새로운 행동지침으로 심어준다.

창조적 발상, 빛나는 업적, 신규개발, 획기적 전환, 공헌, 원활한 소통, 아름다운 베풂, 대업달성, 표현의 자유, 위대한 리더십, 여론, 소신발언, 감언이설, 말잔치, 보증하다, 교육하다, 언행일치, 만인사랑.

명리학적 통유성

불과 불의 향연. 찬란한 태양의 양광이 온 세상을 밝게 비추니 천하가 훈훈하다. 명리로 따질 수 있는 극단의 정열을 품은 간지다. 일심동체의 한 마음으로 일로정진하면 가히 대적할 상대가 없다. 허나 너무 뜨겁고 강하다. 적절한 수양과 이성적 판단이 없으면 치열함이 넘쳐 광분에 이른다. 알맞은 수[물]기를 수용하여 발열의 강도를 잘 조절하면 총기를 촉발해 혁신적인 창조물을 고안해 낸다.

수리학적 쓰임

'43'은 내면에 축적된 동력을 발산하여 분출하는 수이다. 성명학자 구마사키 겐오우(熊崎健翁)의 수리이론(數理理論)에 의하면 43획을 성쇠격(成衰格)으로 분류하여 강인하고 재능과 지혜가 뛰어나 모든 일을 적극적이고 공격적으로 완수하는 것으로 봤다. 다만, 직선적인 행동이 쇠퇴를 낳을 수 있다고 부언하며 협력의 중요성도 강조한다.

품성과 기질

외향적이고 사교적이며 열광 받기를 원하는 성향이다. 잠재적 비범함을 가지고 있지만 자신의 능력을 과신하여 다른 사람의 지혜를 소홀히 하는 경향도 있다. 영원히 기억될만한 기념비적인 성과를 기대하는 과대한 이상의 열정이 있다. 독창적이며 예술적인 독특한 취향을 내뿜는다.

운명의 길 닦기

명예로움만 좇지 말라. 현실적이고 실용적인 것을 추구하다 보면 자연히 원하는 것도 얻게 된다. 협조자의 의견을 존중하되, 모든 상황을 자기주장이나 신념을 중심으로 이끌어야 한다. 불필요한 언설에 좌고우면하면 대사를 그르칠 수 있다.

병오
(丙午)

정미(丁未)

자미(화)

44

죽기를 각오하면
살 것이요,
살고자 하면 죽을 것이다.
〔必死則生 必生則死〕

–이순신, 『난중일기』 중

이미지 요소분석

막강한 적에 과감히 맞서는 최전방의 첨병이자 최후의 보루로써 필승의 기치를 휘날린다. 윤슬의 바다도 함께 포효한다.

용머리로 화염 뿜는 거북선, '솔(率)'자가 새겨진 지휘기, 선단으로 맞선 적함.

상징 풀이

난세를 한탄하지 않고 끝끝내 돌파하는 강한 의지로 합심하여 전의를 불태운다. 적의 허점을 파고들며 의표를 찌르는 탁월한 지휘와 적절한 작전이 합작하여 결정적인 일격을 가한다. 패하면 살아있음이 의미가 없다. 승리를 위해 진군한다.

상징의 의미

"병사들이여, 힘을 내라! 결전의 때가 왔다." 고독한 영웅의 처절한 외침이 쟁쟁하다. 열악한 군비조건을 일사불란한 전략으로 적을 제압하며 전세를 바꾼다.

숙명의 대결, 난관 극복, 기선제압, 정면돌파, 무한경쟁, 밀고 당기기, 일당백, 탁월한 지도력, 이해충돌, 반목과 분쟁, 승부수, 사생결단, 치열한 공방, 총공격, 알력과 갈등, 지략과 전략, 솔선수범.

명리학적 통유성

온화한 불길이 은근하며 뜨끈하게 온돌을 덥히는 형상의 다정한 짝의 간지다. 오순도순하고 차분한 상호존중의 이상적인 배필로 합심하여 방향을 잡고 함께 개척해 나간다. 무슨 일이든 치밀한 계획을 바탕으로 신중하게 접근하고 결정적이다싶을 때는 무섭게 몰아붙이기도 한다. 이는 미토(未土)의 전폭적인 지원을 받는 정화(丁火)의 깔끔하고 투명한 매력이다. 포용성과 깊은 지략을 갖췄다.

수리학적 쓰임

'44'는 건곤일척의 명운을 가르는 승부를 결정하는 수이다. '죽느냐, 사느냐' '이기느냐, 지느냐' '갖느냐, 잃느냐'의 기로에서 비장한 결단을 내려야할 처지다. 일생일대의 도박일 수 있고, 최후의 주사위 놀음일 수도 있는 피할 수 없는 숙명이다. 기사회생을 위한 발판을 마련할 절호의 기회이자 모든 것을 날려버릴 수 있는 극적인 전환수다.

품성과 기질

강인하고 옹골차며 신념이 깊은 사람이다. 주체의식이 뚜렷하여 따르는 사람이 많고 인애의 통솔력으로 주어진 과제 이상을 실현한다. 협동적이며 외교적인 성격으로 어려운 상황에서도 이해당사자들의 힘을 모으고, 능력을 최대한 끌어올려 유리한 방향으로 전환시키는 지도력을 가지고 있다.

운명의 길 닦기

운신의 폭이 좁은 협소한 골목에서 답답해하지만 안달하지 말라. 머지않아 높은 누대에 우뚝 서게 될 것이다. 묵묵히 주변관리에 집중하다보면 주위의 성원과 지지로 자연스럽게 기회를 얻게 된다. 협동과 유대가 우선임을 깊이 명심해야 한다.

정미
(丁未)

무신(戊申)

자미(토)

45

포기하는 자는
결코 승리하지 못하며
승리하는 자는
결코 포기하지 않는다.
- 나폴레온 힐, 『부의 비밀』 중

이미지 요소분석

훼손을 복원하기 위해서는 원래의 모습에서 답을 유추해 치유해 나가야 하고, 원상태 이상의 것을 이루어야 완성이다.

낡은 물레방아, 원숭이 두 마리, 마패, 은은한 태양, 바람에 날리는 나무와 풀.

상징 풀이

갖은 역경에도 불구하고 지속적 개선과 성능향상을 위해 도전하며 의지의 승리[마패]를 일구어 운명의 물길을 바꾼다. 협력과 창의를 통해 물레방아에 활력을 불어넣어 변화를 만들고, 푸른 바다에서 펼쳐질 모험을 위해 물을 흘려보낸다.

상징의 의미

일시적인 미봉이나 잠시간 현상의 땜질은 미완성이다. 본래대로 되돌리는 것은 쉽다. 한계를 뛰어넘는 착상을 펼쳐 창조적인 가치를 높여야 진정한 완성이다.

숙명의 윤회, 새로운 도전, 고진감래, 고난극복, 방향전환, 공훈, 포상, 신속한 조치, 응집력 발휘, 협동과 합작, 문제해결, 부단한 노력, 재활, 개량, 전화위복, 문제점 파악, 분발, 치유, 의외의 성과, 끈기, 책임감.

명리학적 통유성

평화롭고 넓은 영역에서 원숭이가 맘껏 재주를 부리며 다재다능한 기량을 펼치며 살아간다. 천간의 무토(戊土)는 물기가 없으면 쓸모없는 박토가 되고 마는데 다행히 지지의 지장간에 임수(壬水)가 있어 무성한 숲[재성]을 만드니 만물이 조화로운 환경이다. 천사대길간지로 토성의 적극적인 도움을 입은 금성이 그 예리함을 다재다능한 영감과 연결시켜 성공적인 결과를 맺게 하여 재복을 부른다.

수리학적 쓰임

'45'는 성실한 집중과 각고의 노력 뒤에 거두는 환희의 수이다. '천리길도 한 걸음부터 시작'하여 마침내 전화위복의 결과를 빚어내는 숫자다. '1'부터 '9'까지를 합한 수[1+2+3+4+5+6+7+8+9=45]를 보면 알 수 있다. 결혼생활 45주년기념 의식은 홍옥혼식(Ruby Wedding)으로 불과 핏빛의 정열로 혼인생활을 동고동락했음을 뜻한다.

품성과 기질

천재적인 재능보다 성실하고 진지하게 노력하며 주어진 과제를 무리하지 않고 차근차근 풀어가는 성향이다. 실용주의적 사고방식으로 불필요한 치장이나 과장을 거부하지만 창조적이며 혁신적인 면이 있다. 성취결과를 물질적으로 평가받기보다 명예로 여기며 이해관계에 무관심하다.

운명의 길 닦기

뜻하지 않은 암초가 앞길을 가로막지만 크게 걱정할 일은 아니다. 약간의 시간은 걸리지만 원래 가지고 있던 재능과 주변의 호의적인 도움으로 무난히 해결할 수 있게 된다. 변화에 잘 대처하면 확신과 자신감을 얻고 세간의 인정도 받는다.

무신
(戊申)

기유(己酉)

자미(토)

46

네가 공격해도 반격하지
않는 자를 조심하라.
그는 너를 용서하지 않을
뿐만 아니라 너 스스로를
용서할 수 없게 만들
것이다.

- 버나드 쇼

이미지 요소분석

동물에게는 싸움의 유전자가 있다. 문제는 언제 싸움을 걸어야하고 어떻게 끝내느냐다. 극한쟁투의 종말은 공멸뿐이다.

족자에 그려진 피 튀기며 싸우는 장닭, 방 안에 널브러진 파손된 경대와 파편들.

상징 풀이

긴장과 갈등 속에서 명예와 이익을 지키기 위해 사투를 벌인다. 생존경쟁과 승자독식의 세계에서 스스로를 벼리고 경쟁에서 무릎 꿇지 않으려 처절하게 몸부림친다. 반칙과 암수도 서슴지 않으면서 오직 살아남기 위해 파국도 불사한다.

상징의 의미

다툼은 어쩔 수 없는 일이지만, 용서와 화해가 없으면 재앙이다. 적개심보다 절제심이 있어야 승패의 결과를 평화롭게 받아들이며 발전적 에너지로 전환한다.

욕망의 대립, 무질서와 혼돈, 권력투쟁, 질투와 시기, 끝장 충돌, 사생결단, 가정폭력, 파탄, 자중지란, 중상모략, 창조적 갈등, 불협화, 골육상쟁, 증오, 유혈사태, 비극적 결말, 망가진 관계, 자아파괴, 악착.

명리학적 통유성

토성의 천간[기(己)]이 금성의 지지[유(酉)]를 생하여 기운이 차고 넘치나 처리할 대상이 마땅치 않아 분주하게 이것저것 집적거린다. 신살의 귀인[천주, 학당, 문창]에 속하여 총명하고 날카로운 예기를 지니고 있지만 까다롭고 충동적인 에너지가 발동하면 산만한 모험심이 발동하여 위험한 도박을 거는 경향이 있다. 문견의 한계를 넘는 지적 호기심은 논쟁을 유발하여 문제를 일으키기도 한다.

수리학적 쓰임

'46'은 생각과 행동에 있어서 자유로움을 추구하는 변신의 수이다. 낡은 관념을 깨고, 변화의 기운을 좇아 마음껏 이상을 펴고자 열렬히 약동한다. 정해진 길이 아닌 제한 없는 세계로의 여정을 찾는다. 막아서는 것이나 강요하는 것은 가차없이 깨부순다. 원하는 변화를 만들고자 두렵기도 한 생경한 길을 혼신의 힘을 다해 헤쳐나간다.

품성과 기질

자기애가 강하며 자기희생 없이 성과를 얻고자 하는 이기적인 성향이 있다. 성취감과 독립심이 강하여 협력적인 작업보다 정체성을 드러내는 일을 선호한다. 속도와 열광에 감정이 쉽게 움직이며, 자존심과 관련되면 물러서지 않는 호전성과 공격성을 드러내어 친애하는 사람이 적다.

운명의 길 닦기

반복과 갈등의 고리를 끊어라. 승패에 상관없이 오래도록 굴레가 되어 삶을 괴롭힐 것이다. 자긍심만 고수하면 책임과 의무를 포기해야 하는 결과를 빚을 수 있다. 통 크게 양보하고 접어주면 다른 기회로 만회하고 설욕할 수 있을 것이다.

기유
(己酉)

≈ 경술(庚戌)

자미(금)

47

인간들아,
인간들을 욕되게
하지 마라.

- 장 자크 루소

이미지 요소분석

욕망은 한때의 즐거움이기도 하지만 도를 넘으면 파멸을 몰아온다. 지탄과 비웃음은 절망의 막다른 골목까지 몰아세운다.

바가지를 쓰고 허둥대는 남자, 뒷박에 수북하고 사방에 흩뿌려진 엽전, 강아지.

상징 풀이

탐욕을 다스리지 못하고 휘둘리다가는 어느 땐가 냉엄한 원초적 공포에 직면한다. 가졌던 것을 한 순간에 모두 잃고 사회적으로는 물론 물질적, 정신적 상실감을 겪게 된다. 맹목적으로 돈에 목매며 달려온 인생은 돈을 따라 부침한다.

상징의 의미

세속적이고 속물적인 것은 모든 인간의 모습이다. 영원할 것만 같은 시절도 어느 날 불현듯 망가지기 시작한다. 생각 없이 날뛰면 그 덫에 빠지게 마련이다.

탐욕의 종말, 소탐대실, 작전상 후퇴, 신용불량, 불명예와 치욕, 모멸, 흥행부진, 부패와 횡령, 파산과 빚잔치, 조롱과 야유, 탄로, 패가망신, 자승자박, 신뢰상실, 토사구팽, 갈팡질팡, 책임회피, 도피, 왕따.

명리학적 통유성

가을의 경금(庚金)이 만물을 영글게 하여 그 성과를 알차게 거두지만 불의 화약고인 술토(戌土)로 인해 수확물의 장기 보존이 힘든 형상이다. 금광의 매장량이 풍부하지만 채굴할 때 사소한 실수에도 큰 사고를 일으킬 토질이다. 여간 조심하지 않으면 있으나마나한 '그림의 떡'을 쥐고 입맛만 다시는 입장이다. '괴강'에 해당하여 일의 영향을 즉각 받으면서 융성과 몰락의 변화가 극심하게 교차된다.

수리학적 쓰임

'47'은 안정되고 견고한 체제나 상황이 미세한 균열로 인해 돌연한 반전을 불러일으키는 발작의 수이다. 편향되어 탐닉하면 익숙하고 화친하던 것들에서도 피로감으로 인해 문제를 야기한다. 주기율표의 원자번호 47은 은[Ag]으로 공기나 물과 쉽게 반응하지 않고 빛을 쉽게 반사하여 광채를 낸다. 그러나 비상이 섞인 독에 즉각적으로 변한다.

품성과 기질

자기 주관이 확립되지 않아 주변을 크게 의식하는 기회주의적 성향이 있다. 상대의 기분이나 상황파악이 빨라서 대외교섭이 뛰어나고 이재에 밝다. 감정의 편차가 심하며 깊은 사려보다 직관에 따라 행동한다. 즉흥적이고 편리성을 좇으며 좋아하는 것에 열광하여 유혹에 빠지기 쉽다.

운명의 길 닦기

당장의 행동과 모습을 돌아보라. 자신이 원하는 것만 막무가내로 쫓아가고 있지 않는지. 우선은 주변과 직접적인 충돌이 없지만 원망과 불신의 싹이 자라 큰 화로 번질 수 있다. 구설수를 넘어 쟁송까지 이를 수 있으니 미연에 다스려야 한다.

≈ 신해(辛亥)

자미〔금〕

48

그대 앞에서는
그 어떤 슬픈 모습,
그 어떤 아픈 마음,
보이지 않도록
그대를 위한
어릿광대가 되리라.

–김성돈, 「어릿광대의 사랑」 중

이미지 요소분석

무시와 냉소의 고단함을 딛고 묵묵히 자신의 길을 걷는다. 세상을 미워하기보다 보듬으며 한 발짝씩 미래로 나아간다.

합죽선과 꽃을 들고 줄타기 하는 가녀린 어름사니, 낡아서 위험한 줄과 고임목.

상징 풀이

순결을 잃었을지 모른다. 그러나 고결한 순정은 누구도 범하지 못하는 자존의 생명줄이다. 천신만고의 역경을 딛고 용기를 내어 발걸음을 뗀다. 앞으로! 세상의 본류를 향해 미로를 벗어나 불확실한 두려움을 떨치고, 희망의 꽃을 길잡이삼아.

상징의 의미

아무리 흔들리고 깨진 삶이라도 생명은 끈질기게 자기의 생을 이어간다. 차별과 모멸의 멍에를 지고 허공에서 줄을 타는 광대의 꿈은 땅에서의 평범한 삶이다.

아름다운 인내, 어설픈 도전, 순수 열정, 균형감각, 진퇴 갈림길, 소박한 희망, 전화위복, 과도한 책임감, 고빗사위, 호구지책, 위험한 길, 소심, 외길인생, 꼭두각시, 위험천만, 신데렐라 콤플렉스, 첫 경험.

명리학적 통유성

참 맑고 영롱하고 순수하다. '금수쌍청'이라. 천간과 지지가 공히 청빈하니 천만금의 부자가 어찌 정신의 풍요를 따라오겠는가. 하지만 물질적인 결핍이 삶을 위축시킨다. 보화의 가치를 알아줄 태극귀인이 언젠가 나타나 보살핌을 받게 되니 입신양명의 날을 기대해도 좋다. 간지가 모두 수기를 머금은 음성을 띠고 있어 지적이고 냉철한 것에 더해 온화한 포용성을 키워야 재능을 살릴 수 있다.

수리학적 쓰임

'48'은 현재의 위치에서 최선을 다하며 나중의 목적을 위해 대비하며 착수하는 수이다. 당장의 욕구를 제어하고 타자를 사랑하는 법을 터득하고 진중하게 베풂을 실행한다. 나이의 48세를 상년(桑年)이라고 하는데, 글자형태를 파자하여 네 개의 '십(十)'에다 여덟 '팔(八)'을 더한 것이지만 누에를 먹이는 뽕나무의 희생정신을 기리기도 한다.

품성과 기질

내향적인 성격으로 다른 사람의 시선이나 생각에 신경을 많이 쓰지만 스스로 옳다고 믿는 일은 꼭 해내고야 마는 강한 의지가 있다. 천성이 남의 말을 똑 부러지게 거절하지 못함으로써 무의미한 손실을 많이 입는다. 사색을 즐기며 자신의 고유영역을 지키려는 유별난 취향을 가진다.

운명의 길 닦기

꼬드김이나 부추김에 현혹되어서는 안 된다. 남을 너무 믿거나 의식하지 말고 독자적인 판단을 밀고나가야 한다. 대담해야 하고, 분명해야 하고, 솔직해야 한다. 사람을 너무 믿지 말고, 자신의 힘으로 자립의 행보를 이어가는 것이 최선이다.

신해 (辛亥)

≈ 임자(壬子)

자미(수)

49

현인은
높은 산과 같으니,
그 높음을 지킬 따름이다.
〔賢人如山嶽 守其高而已〕

- 왕수인, 「전습록」 중

이미지 요소분석

야수 같은 물질의 힘이 지배하는 세상에서 인간계와 천상계를 잇는 도덕과 윤리의 모범을 바탕으로 인성을 회복시킨다.

세상의 모든 것을 주관하고, 자연의 섭리에 따라 그 운명을 주재하는 절대신.

상징 풀이

세상을 올바르게 판단하고 시대의 아픔을 끌어안는다. 외로운 자, 상처받은 자, 소외된 자들에게 안식의 공간을 제공한다. 구원의 과정을 통해 영생과 지복의 삶을 추구하는 인생들에게 현실에 적응하는 지혜를 심어주며 삶을 북돋운다.

상징의 의미

인생의 고통과 불안을 어루만지고 고달픈 삶을 기댈 절대존재. 인간이 인간다워지려면 성스러움, 신비함, 숭고함 등의 오만한 환상을 털고 자연스러워야 한다.

지혜와 통찰, 화해, 신성한 사명, 윤리적 삶, 통 큰 결단, 영혼의 구도자, 최고의 존엄, 용서와 관용, 협상, 신앙심, 극락왕생, 베풂, 과대망상, 양보, 구원, 총애, 오지랖이 넓다, 인본주의, 보이지 않는 힘, 위안, 은인.

명리학적 통유성

'간여지동'의 간지 중에서도 가장 조화로운 짝으로 오행의 의미를 그대로 발현한다. 큰 강이나 바다는 어떤 종류의 물길도 거부하지 않고 모두 기꺼이 받아들이기 때문에 이루어지는 것이다. 강력한 결속에다 간지가 지향하는 목표도 뚜렷하여 물의 정신을 구현하기 위해 합심한다. 순리를 거스르지 않고 합류하는 모든 물길을 아우르며 정화하여 평등으로 융화한다. 최고의 선을 실현하는 것이다.

수리학적 쓰임

'49'는 최고의 이상을 실현하고자 하는 '영적인 수업'의 수이다. 만유가 평등하고 똑같은 기회가 주어져 기쁨을 느낄 수 있도록 조정하고 활동하는 정신적 소명을 띤다. 신령한 북두칠성이 겹치며 [7×7=49] 수명과 운명을 관장하며 사람이 죽은 뒤에는 49일간 중음(中陰)의 기간을 거치며 다음 생을 결정하기에 49재(齋)를 지내며 업보를 닦는다.

품성과 기질

영성에 민감하며 영적 상상력이 풍부하다. 낙관적인 성격이지만 인간의 존재성에 대한 호기심으로 깊은 사색에 몰두하기도 한다. 근본적인 인간의 성정과 내면의 감정에 대한 학습을 선호하여 신앙적인 사상에 심취돼 경도된다. 자아도취성이 있어 남을 선도하고 계몽하는 경향이 있다.

운명의 길 닦기

설교하지 말라. 설득해야 한다. 선의를 베푼다고 생각하지만 상대는 부당한 간섭이나 귀찮은 참견이라고 여긴다. 진정한 도움은 상대가 필요할 때 필요한 만큼 손을 잡아주는 것이다. 지금은, 당신의 책임과 역할을 먼저 돌아보는 것이 시급하다.

임자
(壬子)

≈ 계축(癸丑)

자미(수)

50

실패로 인해
좌절할 수도 있고,
실수를 통해
배울 수도 있다.

-T.J. 왓슨

이미지 요소분석

불운은 굳이 선택하지 않아도 돌연히 찾아온다. 인생행로의 갖가지 장애는 삶의 과정에 맛깔을 내는 양념이기도 하다.

맷돌의 손잡이가 끊어져 당황해하는 선녀, 흩어진 알곡, 엎질러진 그릇, 개미들.

상징 풀이

판도라의 상자가 열렸다. 심장이 방망이질 하고 마음이 격해진다. 뜻밖의 낭패는 삶의 곳곳에 잠복했다가 느닷없이 불쑥 고개를 내밀어 당황하게 한다. 어려운 때일수록 전말을 면밀히 분석하여 올바른 방법으로 상황을 돌파해나가야 한다.

상징의 의미

얻기는커녕 쓸데없는 불청객만 불러들였다. 부주의와 방심은 실수를 낳지만, 때로는 엉뚱한 쪽에게 뜻하지 않은 이익을 안기기도 한다. 그것이 세상의 이치다.

미숙한 행동, 유명무실, 무언의 반발, 오판, 준비부족, 손실발생, 낭패, 시행착오, 돌발상황, 파행, 좌절, 사보타주, 방심, 뒷감당, 발등의 불, 불청객, 불안한 과정, 속수무책, 동시다발, 난처한 입장, 징크스.

명리학적 통유성

한겨울의 황소가 책임을 다하고 느긋이 편안함을 즐겨야하나 천성이 부지런하여 무료하기만 하다. 백호대살에 해당하여 목표에 대한 집념이 강하고 자부심은 매우 높다. 끊임없이 자신을 인정받고자 동분서주하며 욕구를 충족시키고자 이것저것 일을 벌이지만 간지가 처한 태생적 한계인 음기만의 열정으로는 성과가 미미할 뿐이다. 따뜻한 불의 기운과 온화한 땅의 넉넉함이 받쳐주어야 성장한다.

수리학적 쓰임

'50'은 산전수전 다 겪은 원숙하고 노련한 경륜과 긍정의 수이다. 일상적 타성에 젖어 당연한 것을 대수롭지 않게 여기다가 실수나 화를 부르기도 하지만 그 시행착오를 통해 깊이를 더해간다. 50세를 지천명(知天命)이라고 하는 것도 천명을 어렴풋이 알긴 알지만, 완전한 실천에는 이르지 못하는 한계를 은유하며 더욱 정진하라는 의미도 갖는다.

품성과 기질

자유와 제약이 없는 상황을 선호하며, 다양한 것을 경험하기 위해 과감히 결행하는 적극성이 있다. 지혜롭고 총명함을 좀 더 부각시키고자 독특한 행보를 시도하기를 즐긴다. 고정관념이나 선입견에 얽매지 않고 변화를 추구한다. 겉으로 유연해 보이지만 날카롭고 까다로운 편이다.

운명의 길 닦기

계축
(癸丑)

예상치 못한 암초에 부딪치고 자꾸만 겉돌아 심신이 피곤하다. 나약하고 부족하다는 생각에 좌절할 필요는 없다. 능력이 모자라서가 아니다. 조급히 성과를 기대하기 때문이다. 조금 늦더라도 찬찬이 세심하게 밀고 나가면 문제는 해결된다.

갑인(甲寅)

자미(목)

51

군자는 진리와 더불어
벗이 되고,
소인은 이익과 더불어
벗이 된다.
〔君子以同道爲朋
小人以同利爲朋〕
- 구양수, 「붕당론」

이미지 요소분석

모두가 성공하고 아무도 실패하지 않을 수는 없다. 치열한 경쟁 속에서 진면목을 잘 벼리고 다듬어야 목표에 이른다.

과장의 선비, 어사화와 기폭의 '문(文)자', 하늘의 구름과 해, 붓글씨 '영(榮)'.

상징 풀이

이론과 실천을 조화하여 행동하고자 하는 지성. 시대적 소명을 깨달아 앞장서 선도하며 마침내 열매를 맺는다. 그러나 복잡한 세상을 조화롭게 모으는 방편의 전략이 아직은 부족하다. 자신의 신념체계에 도전하는 적극적 용기가 필요하다.

상징의 의미

출세와 치부가 지상과제인 시대가 되었다. 세속의 욕망에 한 걸음 비켜서 삶의 진정한 가치를 찾아 학문을 닦고 정진한다. 무릇 성공의 비결은 노력과 끈기다.

배움의 기쁨, 눈부신 미래, 학문적 성취, 출세와 영달, 합격과 통과, 실력발휘, 영광의 길, 자수성가, 시험을 치르다, 탄탄대로, 도약의 발판, 엘리트주의, 문약, 행동하는 지성, 과도한 자의식, 현실감결여, 자아실현.

명리학적 통유성

혹한의 겨울을 견디어 내고 따뜻한 봄날을 맞은 건강한 동량지목(棟樑之木)이 위풍당당하다. 갑목(甲木)이 인목(寅木)을 만나면 '정록'으로 관궁(官宮)이요, 녹궁(祿宮)에 뿌리를 내리니 더할 나위 없이 상서롭다. 자립심이 강하고 주관이 뚜렷하며 사사로이 행동하지 않는다. 오합의 영세대길간지로 운로가 두루 대길하고 길신이 항상 부조한 만큼 사회적 책임과 의무가 부여됨을 명심해야 한다.

수리학적 쓰임

'51'은 일단 안정권에 접어들어 한숨 돌리기는 하지만, 경륜과 지성을 토대로 신중하게 판단하여 새로운 모색을 시도해야 하는 수이다. 완고함과 독단을 벗어던지고 치우치지 않는 진실의 균형을 추구해야 한다. 나이의 51세는 망륙(望六)이라 하여 투쟁이나 더 이상의 성장보다 영혼의 진동을 들으며 진지하게 인생의 사명을 찾아야 한다.

품성과 기질

침착하고 학구적이지만 타인을 의식한 인정욕구가 강하다. 뚜렷한 목표의식과 확고한 신념으로 방향이 정해지면 부단히 노력하여 기필코 이루어내는 열정을 갖고 있다. 새롭고 진취적인 기상으로 위험을 불사하며 타고난 재능을 최대로 발휘하지만 경제적인 관념이 희박한 편이다.

운명의 길 닦기

'훌륭하고 가치 있는 삶이란 무엇인가' 자문하라. 꿈을 이루려는 욕망에 사로잡혀 생활 속의 인간적인 즐거움과 행복을 놓칠 수 있다. 천천히 주위를 아우르며 나아가도 원하는 성취는 이루어진다. 진실한 인간관계에서 기쁨과 보람을 찾아라.

갑인 (甲寅)

을묘(乙卯)

자미(목)

52

다른 사람의
죄악을 용인하고
반대하지 않는 것은
결국, 죄를 부추기는 것과
다름없다.
- 타고르

이미지 요소분석

도덕과 윤리를 바탕으로 모두가 만족하며 더불어 행복한 이상향을 만들기 위해서 엄격하고 완고하게 질서를 통어한다.

강력한 카리스마로 진실의 칼을 든 여왕, 여의주를 사이에 둔 봉황도, 옥좌.

상징 풀이

중심과 절제. 쾌락, 탐욕, 애착, 행복 등 세상의 애증을 냉정히 판정한다. 엄청난 후광과 빛나는 권좌에서 굳은 의지로 엄정의 칼을 움켜쥔 결연한 모습에서 고민의 깊이를 알 수 있다. 진짜와 가짜를 결단하며 권위로써 존재가치를 찾는다.

상징의 의미

개혁은 환골탈태의 대전환을 전제한다. 발본색원하여 척결함이 절대 필요하지만 지나치게 엄격하여 잔혹해진다면 오히려 폐해가 더 커진다. 인애가 필요하다.

행운의 여신, 최후통첩, 중책을 맡다, 중대한 결심, 중립, 정석 플레이, 확고한 신념, 권력과 텃세, 엄정대응, 완전무결, 프라이버시, 우월감, 공평무사, 고집불통, 초지일관, 명예로운 행동, 기강확립, 심판.

명리학적 통유성

봄의 푸른 새싹이 그 맑음과 싱그러움으로 향기를 만들어 태고의 순수함을 내뿜는다. 혼탁하여 악취가 만연한 어지러운 세상에 물들지 않고 청아하다. 융통과 신축성을 발휘하지 못하는 미진함은 있으나 고결한 마음으로 이상적인 세상을 낙관한다. 오합의 영세대길간지로 찬 기운이 가시지 않은 시절에 싹을 틔워 초년에는 외풍의 기복이 있으나 성년 이후는 서기가 발동되며 하는 일이 순조롭다.

수리학적 쓰임

'52'는 원칙을 좇아 정직한 성과를 올려 목적을 달성하는 성취의 수이다. 노력과 운기가 상승작용을 일으켜 기대 이상의 결과를 거양하는 충만을 나타낸다. 1년은 52주로 한 해를 꽉 채우며 확실한 마무리의 매듭을 짓는다. 피아노의 흰 건반의 수는 52개다. 36개의 검은 건반과 함께 음량의 세기를 미묘하게 조절해 세상의 소리를 표현한다.

품성과 기질

'나'를 기준으로 생각하고 느끼고 행동하는 편이다. 독특하고 뚜렷한 개성으로 냉철하고 주체적이다. 본인의 판단과 결정을 중시하며 외부의견을 제대로 수용하지 않아 이기적이고 까다롭다는 인상을 준다. 엄정한 중립과 균형을 강조하는 깐깐한 원칙주의자로 공명정대하고 보수적이다.

운명의 길 닦기

을묘
(乙卯)

불편부당과 편견이 만만치 않다고 낙심하지 말라. 힘들다고 쉽게 신념을 바꾸거나 변화에 휩쓸려선 안 된다. 눈 앞의 이해득실과 안락함은 나중의 큰 행보를 가로막고 소탐대실의 결과만 초래한다. 머잖아 길운의 운세가 작동하게 될 것이다.

# 寧 병진(丙辰)

자미(화)

53

자유가
들꽃처럼 만발하고,
정의가 강물처럼 흐르며,
희망이 무지개처럼
솟아오르는 세상.
- 김대중

이미지 요소분석

모두가 자유롭고 평등하고 행복한 세상은 격의없이 소통하고 공존공영하며 서로를 인정하며 소중히 여기는 세상이다.

숭례문(국보 제1호), 오색의 띠가 날리는 '만사형통'의 기, 대취타 연주, '강녕'의 복주머니.

상징 풀이

도성의 관문은 중심을 향한 통관이다. 무난히 입성하면 일단은 성취다. 출세와 신분상승의 꿈을 이룰 무대에 들어서는 것이다. 안녕과 지복에 대한 소망을 위해 억척스레 노력을 경주하며 언젠가는 이루겠다는 거창한 희망을 연주한다.

상징의 의미

만인이여 서로 껴안아라, 세상의 입맞춤을 받아라, … 모든 인간은 형제가 되노라. 〈합창 교향곡〉 기쁨의 노래가 울려 퍼진다. 아름다운 세상을 찬양하며.

대단한 성공, 안녕과 질서, 만사형통, 대동단결, 공존공영, 화해와 평화, 번창과 발전, 열렬한 응원, 인기상승, 금의환향, 순조로운 진행, 화합과 상생, 집단행동, 흥행성공, 성황, 태평성대, 이벤트, 환영.

명리학적 통유성

양의 기질이 넘치는 발화성을 띠고 있지만 내면으로 음의 성질과 물의 수기를 품으며 조화를 갖췄다. 천간의 병화를 지지의 지장간에 든 을목(乙木)은 직접 생조하고, 계수(癸水)는 지나치지 않게 견제하며, 무토(戊土)는 저돌성을 순화한다. 밝으며 너그럽고 위세가 당당하다. 오복의 '강녕(康寧)'에 해당하여 열심히 일군 재물과 명예를 편안하게 누리는 지복이 있으며, 그 덕이 자손대로 이어진다.

수리학적 쓰임

'53'은 지키며 안전하게 관리하며 향유하는 수이다. 5의 절반의 성취를 3이라는 완성의 수로 '결속', '안정', '합체'시킴으로써 축적을 끝내고 갈무리하는 수이다. 원소기호 53 요오드[아이오딘, Iodine]도 상온에서는 고체상태지만 휘발성이 있어 유기용매에 잘 녹는 반응성으로 합성이 쉽다. 합체되어 안정된 가공을 이룬다는 점에서 유사하다.

품성과 기질

수완이 뛰어나 자력으로 성공을 일구며 나아갈 때와 물러설 때를 결단하는 의지가 있다. 관대한 협동심과 책임감으로 공익을 우선하며 인도주의를 실천한다. 삶을 긍정하며 균형과 조화를 추구하지만 이상과 현실을 억지로 일치시키려다 개인적 안정과 평온이 멀어져 낙담하기도 한다.

운명의 길 닦기

현재를 마음껏 향유하라. 주변의 호응과 성원이 넘치는 더 없이 좋은 여건이다. 명분과 실리를 함께 살릴 수 있는 기회로 약간의 과욕도 자신의 능력으로 충분히 해결할 수 있다. 단, 부정한 비정상적인 방법은 많은 것을 잃는다는 점을 명심하라.

병진
(丙辰)

≈ 정사(丁巳)

자미(화)

54

선비도 권세에 탐닉하고
은총을 판다면 마침내
벼슬 있는 거지가 된다.
〔士夫徒貪權市寵
竟成有爵的乞人〕
— 『채근담』

이미지 요소분석

새로운 시대엔 새로운 규칙이 필요하다. 군림하고 지배하던 시대는 끝났다. 열린 대화로 소통하고 공존을 도모해야 한다.

빛나는 금령총 금관〔보물 제338호〕, 부복하여 최상의 예우로 경배하는 신하들.

상징 풀이

명령을 요구받지 않을지라도 사람들의 자발적 복종은 자연스럽게 권위를 갖는다. 무엇을 위해, 무엇에 대해 수그리고 무릎 꿇는 것인가. 세상에 절대적으로 명령을 내릴 수 있는 대상은 자기 자신뿐이다. 나머지 복종은 아첨의 처세다.

상징의 의미

세상을 보는 관점은 다양하다. 다른 의견도 있어야 하고, 다른 의견을 인정하고 존중해야 좋은 세상이다. 신성불가침의 성역이 설정되면 야합과 간계가 성한다.

금지된 욕망, 명예와 권력, 맹목적 신봉, 과대망상, 오만한 심성, 권한상승, 독선, 유아독존, 출세욕, 대세순응, 아부, 탄압, 의존성, 상명하복, 물질숭배, 그림의 떡, 주도권을 잡다, 전폭지지, 자의식 과잉.

理 이치

명리학적 통유성

왕관을 쓰려는 자는 그 무게를 견딜 수 있어야 한다. 왕관은 그 추종자들의 성원과 절대적인 지지가 뒷받침될 때 빛을 발하고 그 권위가 높아진다. 천간의 정화(丁火)는 어둠을 어스름한 빛으로 아우르고, 지지의 사화(巳火)는 태생이 양성으로 맹렬한 화력을 뿜으며 화끈한 돌파력으로 압도적인 자주권을 갖는다. 다만 곡각의 살을 갖고 있어 의외의 돌발변수가 치명적인 타격을 불러올 수 있다.

數 수리

수리학적 쓰임

'54'는 완벽하고 절대적인 권력을 의미하는 수이다. 권한이 집중되어 막강한 전권을 행사하며 무소불위의 힘을 발휘한다. 음의 대표수인 6과 양의 대표수인 9가 일심동체[6×9=54]가 되어 독보적 위상으로 세도를 누린다. 빛이 있으면 그늘이 있는 법. 군림하며 명성에 집착하는 사이, 어둠을 비집고 자라는 균열의 기미를 놓치는 수가 있다.

象 상형

품성과 기질

자존심이 강하고 우월성을 입증하고자 적극적으로 자신을 드러내는 성향이다. 야망과 목적의식이 투철하여 일단 방향이 정해지면 수단과 방법을 가리지 않고 성취해 내고야마는 집념이 있다. 매우 예민한 영혼의 소유자로 깊이 생각하거나 고차원적으로 분석하는 지적 탐구력을 지닌다.

占 점복

운명의 길 닦기

태양에 너무 가깝게 가지마라. 타 죽을 수 있다. 권력이나 이권에 지나치게 밀착하며 과잉추구하면 시기나 모함에 말려들기 쉽다. 완전히 장악하고 소유한 것들을 먼저 공고히 하라. 원하는 것은 사람에서 비롯되니 누구라도 소홀히 말라.

정사 (丁巳)

무오(戊午)

자미(토)

55

우리 모두
리얼리스트가 되자.
그러나
우리 가슴속엔 불가능한
꿈을 가지자.
– 체 게바라

이미지 요소분석

자유는 용기다. 온 세상에 발자국을 남겨라. 자유로워지기 위해 힘차게 나아가라. 세상을 말발굽 소리로 휘저으면서.

갈기를 휘날리며 광야를 질주하는 야생마(적마, 청마, 백마, 흑마), 흙 먼지.

상징 풀이

금기와 억압과 복종을 요구하는 현실의 굴레를 벗어던지고 마음껏 내달린다. 관념에만 머물던 모두의 꿈을 위해 발길을 함께한다. 균형을 맞추면서 함께 전진한다. 존재의 가치를 증명해 보이기 위해서 명예도, 욕망도, 집착도 안중에 없이.

상징의 의미

달린다. 어디로 달리느냐? 무엇을 얻고자 함이냐? 아무래도 좋다. 가만히 앉아 기다려서는 아무것도 얻을 수 없다. 열심히 달리다보면 그 이유를 알게 된다.

도약, 일취월장, 빨리빨리, 자유와 모험, 출사표를 던지다, 조급증, 솔선수범, 일사천리, 맹목적 전진, 정면돌파, 부화뇌동, 단체행동, 방향전환, 역마살, 적극성, 전력질주, 각자도생, 궁지탈출, 불모지 개척.

명리학적 통유성

광활한 대지를 준마가 질주한다. 지지의 오화(午火)에서 생성된 열기가 무토(戊土)로 치솟으며 열정의 화신이 되어 불굴의 기상을 내뿜는다. 저돌적인 개척정신과 단호한 목적의식으로 의지를 관철하는 투사적 위력을 발휘한다. 일인(日刃)의 특성을 갖고 있어 힘에 의한 극한적 추구를 꾀하여 속성속패의 결과를 낳는다. 그러나 달려야 얻는다. 작은 이해에 한눈팔지 말고 전력질주해야 도약한다.

수리학적 쓰임

'55'는 도약의 수이다. 이론과 상황분석은 마쳤다. 과감하게 실행에 옮겨 돌파해나가는 일만 남았다. 1부터 10까지를 모두 섭렵[1+2+3+4+5+6+7+8+9+10]하였으니 더 높으면서 먼곳을 지향해야 한다. 하도의 수[용도지수(龍圖之數)]이기도 하여 통합하고 배려하며 함께 보조를 맞추면서 도모해야 성취가 빠르다. 독단적이면 실패한다.

품성과 기질

역동적이며 진취적인 자유로운 영혼을 지녔다. 온건한 성정으로 개방적이며 도전적이다. 절제심이 부족하기는 하나 앙심을 품거나 원망하는 마음을 오래두지 않고 창조적 방향으로 전환하는 긍정성이 있다. 자유와 낭만을 추구하며, 남을 의식하지 않으며, 세속의 질서에 얽매이지 않는다.

운명의 길 닦기

일단 시작은 좋다. 패기와 열정의 낭만적인 감정만으로 속전속결을 서둘러선 안 된다. 제동장치를 점검하라. 제어가 필요하다. 상황의 맥락을 점검하여 쉽고 빠른 길만 보지 말고, 부정적 측면을 보완하고 주변의 협력을 얻어 완주해야 한다.

무오
(戊午)

 ≈ # 기미(己未)

자미(토)

56

생명은 생명을 먹고
살아간다.
-조지프 캠벨,
「블리스, 내 인생을 찾아서」 중

이미지 요소분석

사람을 베는 것 외에도 칼의 용도는 많다. 금전, 관계, 건강 따위 삶 속의 괴로움에도 날카롭게 날을 세운 칼이 있다.

자루달린 식칼, 산채로 묶여 통구이가 되기 직전의 양, 물동이, 불 지필 땔감.

상징 풀이

끔찍하다. 무언가 더 나쁜 일이 벌어질 것만 같다. 금방이라도 숨통이 끊어질 상황에서 인내의 극단을 견뎌낼 방법은 없는가. 생사의 기로에서 낡은 방식으로 설계된 기존의 일정은 아무런 소용이 없다. 인생계획표부터 완전히 바꿔야 한다.

상징의 의미

때가 되면 결정해야 한다. 순순히 받아들이거나 완강히 거역하여 새로운 길을 찾든지. 우물쭈물하다가는 힘들여 쌓아올린 모든 것을 송두리째 잃을 처지다.

엄혹한 현실, 절체절명, 극약처방, 하극상, 누명, 대수술, 척결, 해코지, 열등감, 봉변, 도태, 인신공격, 가정폭력, 과감한 결단, 음모희생, 자기비하, 응징, 엽기적, 용도폐기, 탄핵, 사회적 매장, 약육강식, 보복.

명리학적 통유성

지극히 평범하고 법 없이도 살아가는 사람의 형국이다. 속임과 이용을 당하면서도 딱히 원통함을 풀지 못하는 소극적인 무지렁이처럼 순박한 속성을 가졌다. 천간과 지지가 토성의 너그러움을 지녀 넓은 도량과 관유함을 갖췄다. 서로 뜻이 맞으니 내부적인 문제는 없으나 외적인 물정에 어두워 속수무책으로 손해를 감수하는 상이다. 토성 이외 다양한 관계를 통해 취약점을 보완할 필요가 있다.

수리학적 쓰임

'56'은 의지와 상관없이 느닷없이 맞닥뜨리는 통제할 수 없고 예측이 불가능한 혼돈의 수이다. 영문 모를 이상한 사태에 휩쓸려 강고하던 기존의 현상이 급변하는 불의의 교차가 일어난다. 다섯을 뜻하는 한자의 '오(五)'는 원래 교차의 모양을 나타내는 'ㄨ'로 표현하였으며, '육(六)'은 죽임을 나타내는 '육(戮)'의 뜻으로도 사용되고 있다.

품성과 기질

억지를 부리거나 무리하거나 분수 이상을 탐하지 않는 따뜻하고 친절한 현실주의자이다. 참을성 많고 자비심도 있어 사람들의 신뢰를 받는다. 물질적인 것보다 정신적인 것을 추구하며, 지나친 호인기질로 속임수에 쉽게 넘어가 늘 손해가 많은 편이다. 소극적이며 결단력이 부족하다.

운명의 길 닦기

욕망의 유희가 난무하는 세상에서 오해와 착오로 인해 난감한 처지에 몰릴 수 있다. 물러서기보다는 맞서야 한다. 어설프고 미지근하게 대응하면 화근만 키운다. 강력하고 결정적인 강수로 전력을 기울여 공략해야만 위기를 극복할 수 있다.

기미
(己未)

≈ 경신(庚申)

자미(금)

57

괴로움을 거치지 않고
쟁취한 승리는
영광이 아니다.

– 나폴레옹

이미지 요소분석

성숙한 인간으로 살아가려면 육체의 문제를 가볍게 여겨서는 안 된다. 건강한 육체에서 정신의 지혜도 튼튼하게 자란다.

황소의 등에 타고 양팔을 벌려 승리를 자축하는 씨름꾼, 휘날리는 연들, 승(勝).

상징 풀이

절치부심. 사회의 구조적 모순과 편견을 이겨내고 성취와 영예를 거머쥐었다. 패자의 설자리는 어디에도 보이지 않고 오직 승자를 위한 환호만 난무할 뿐이다. 패자를 아우르는 도량을 갖춰야 진정한 승리자라고 황소는 침묵으로 외친다.

상징의 의미

몸의 중심을 바로 세워야 에너지의 흐름이 바로 열리고 목표하는 승리도 쟁취할 수 있다. 명예는 최고가 되는 것이 아니라 최선을 다해 성취를 이루는 것이다.

성공과 영예, 목표달성, 화려한 부활, 혈기방장, 자수성가, 인내와 뚝심, 전성기, 투지, 영웅주의, 설욕, 인생역전, 승부욕, 승승장구, 흡족한 결과, 재기, 명예회복, 건강증진, 불굴의 의지, 정정당당.

명리학적 통유성

간지가 온통 강하고 밀도 높은 쇠로서 여물고 단단하다. 제대로 갈고 닦으면 빛나는 백금의 가치를 지니지만 방치하여 소홀하면 녹슬어 쓸모없는 고철이 되어버리는 양면성을 띤다. 극과 극을 치닫는 귀천의 극단성 때문에 인애와 사리분별의 소양을 쌓아야 양지에서 진면목을 발한다. 숙살의 품성이 잠재하여 돌연한 폭발성이 있으며, 원숭이 같은 얕은 지모로 궁지에 빠지는 것을 경계해야 한다.

수리학적 쓰임

'57'은 단련과 각고의 노력으로 이룬 땀의 결실을 의미하는 수이다. 성명학의 수리이론에서 57획은 노력격(努力格), 분발격(奮發格), 강건격(剛健格)으로 분류하며 인내와 굳은 의지로 끝내 원하는 것을 이루게 되는 성취의 수로 봤다. 성실하게 최선을 다하는 근면의 표상으로 어려운 시기를 슬기롭게 극복하여 번영하는 운수라 여겼다.

품성과 기질

초년의 성격형성기에 상당한 정신적 갈등을 겪지만 차츰 자신만의 정체성을 정립하면서 절제와 자신감을 얻는다. 고집이 세고 자기과시성이 있어 일단 승부처에 서면 타협하거나 배려함이 없이 승리에 집착한다. 활발하고 적극적인 기질로 의리를 중시하며 결벽주의적인 성향도 가진다.

운명의 길 닦기

작은 성과에 만족하기보다 더 높은 이상을 추구하라. 능력을 극대화할 수 있는 승승장구의 상승세를 활용할 적절한 시기다. 명성과 지위는 그 운기를 타는 것이다. 방심하거나 틈을 보이지 말라. 오늘의 승자가 내일의 패자가 될 수 있다.

경신 (庚申)

 ≈ 신유(辛酉)

자미(금)

58

물질적인 세계에서
무언가를 손에 넣기
위해서는 그것에 대한
집착을 버려야만 한다.

– 디팍 초프라

이미지 요소분석

시장에서 신뢰를 만난다. 공정한 거래로 생활을 돕는 상도의를 실현하여 자본을 축적하고, 부로써 운신의 자유를 누린다.

주판을 든 여인, 탁자 위의 엽전다발과 서류, 장롱 위에 겹겹이 쌓아올린 보따리.

상징 풀이

시장과 경제의 원리를 통달하고 현장실무를 진두지휘하여 실질적 성과를 거둔다. 공정과 신뢰, 합리를 바탕으로 빈틈없이 기회를 포착해 실리를 챙기며 부를 축적한다. 시장 변화를 선제적으로 진단, 전망하여 부가가치를 창출하는 전문가.

상징의 의미

재물과 친하려면 상업적 거래도 자연을 대하듯 순리를 따라야 한다. 장사수완은 바름을 행하는 것이다. 행운은 정직과 신용을 가려 둥지를 틀며 오래 머문다.

물질적 성공, 자수성가, 세속적 성취, 계약과 협상, 치밀한 전략, 경제활동, 성과배분, 철두철미, 조건이 좋다, 능력이 있다, 이해타산, 소유욕, 재테크, 이윤추구, 고부가가치 창출, 시장선점, 생애설계.

理 이치 — 명리학적 통유성

순백의 보석이 영롱하게 빛난다. 알차다는 말이 적확하게 어울리는 신유(辛酉)는 순수한 탄소로 이루어진 최고의 보석 화이트 다이아몬드처럼 강력한 공유결합을 하고 있다. 가냘프지만 차가운 듯 냉철하며 청아하다. 고집이 있다고 하지만 적절할 때 자기주장을 확실히 관철하는 것이야말로 자신감의 소산이다. 금성의 간여지동으로 금(金)의 본래 특성인 뭉침인 '금(鋅)'의 믿음과 의리를 지녔다.

數 수리 — 수리학적 쓰임

'58'은 정직한 생산에 대한 보상으로 소망을 달성하는 행운의 수이다. 중국에서는 58의 발음이 '나는 크게 부유해진다'는 뜻의 '워파(我發)'와 비슷해 58을 좋아한다. 크게 재물을 얻어 왕성하고 번창해진다는 의미에다 벼락부자가 된다고 믿으며 선호한다. 영어발음 오팔(opal)은 단백석(蛋白石)으로 셰익스피어도 '보석의 여왕'으로 찬양했다.

象 상형 — 품성과 기질

내성적이지만 합리적인 판단으로 소통을 중히 여긴다. 미래의 이상보다는 현실적 문제에 더 관심이 많으며 실용적 통찰력으로 기회를 잘 이용한다. 공정성과 신의를 바탕으로 신용이 높으며 알짜를 선별하는 예리한 직관이 있다. 전형적 외유내강으로 능수능란하게 이해관계를 조정한다.

占 점복 — 운명의 길 닦기

지나치게 숙고하고 망설이지 말라. 계약이건 중대한 결정이건 당장 결정해야 유리하다. 작은 것에 연연하다간 큰 기회를 놓치는 수가 있다. 명예나 지위를 따지기보다는 이익을 우선해야 한다. 재정이 넉넉해지면 자연스레 명성도 따른다.

신유 (辛酉)

德 임술(壬戌)

자미(수)

59

어리석을 데는 어리석고,
어리석지 않을 데는
어리석지 않아야 한다.
〔愚於其可愚
不可愚於不可愚〕
– 박팽년

이미지 요소분석

어리둥절하며 망설인다. 너무 착한 사람은 당연히 자신의 몫으로 찾아온 행운도 선뜻 받아들이지 못하며 늘 조심스럽다.

금도끼와 은도끼를 든 구름위 신선, 이 빠진 쇠도끼를 든 나무꾼, 지게, 덕(德).

상징 풀이

소박한 힘은 강력하다. 누구에게도 감동을 준다. 덕성은 마음의 청정한 소박함에서 우러난다. 이해를 떠난 솔직한 정직. 세상이 거칠고 험해도 '덕'이 흐르는 사회는 미래가 있다. 지혜로운 자는 어리숙해 보이지만 진실함으로 소통한다.

상징의 의미

때론 순진하고 아둔함이 재빠르고 그악스러움에 앞서 이익과 보상을 부여받는다. 하지만 언제나 그러지는 않는다. 그래도 착함은 신통한 기적을 일으킨다.

뜻밖의 행운, 자발적 선택, 밑져야 본전, 인생역전, 습득, 착각, 신뢰회복, 반대급부, 양수겸장, 진실과 정직, 지혜로운 처신, 고귀한 교감, 특혜, 보상, 불로소득, 일석이조, 은인의 도움, 정신의 승리, 겸양.

명리학적 통유성

튼실한 땅으로 둘러싸인 넉넉한 호수의 상이다. 풍부한 식생자원을 다양하게 갖추어 뭇 생물의 생존을 돕는다. 지지의 술토(戌土)에는 언제나 뒤를 봐주는 도움의 귀인[정인]과 재물의 창고[정재]가 있다. 천간의 임수(壬水)는 지지를 적절히 조정하며 균형과 화합을 이루며 보조를 맞춘다. 스스로의 재물과 능력을 축적하기보다 덕(德)으로 베풀며 태생적 성정인 백호대살의 흉포성을 순화한다.

수리학적 쓰임

'59'는 영혼의 정화를 꾀하고, 성찰하며 정리하는 수이다. 지혜는 사색과 함께 영혼을 울리는 진실한 갈망에서 우러나온다. 자기신뢰를 확립하는 주체적인 명상이 필요하다. 같은 발음의 '오구굿'은 죽은 사람이 생전에 이루지 못한 소원이나 원한을 풀어주고 죄업을 씻어 극락 천도를 기원하는 무속의식으로 '59'의 씻김의례를 그대로 상징한다.

품성과 기질

'곧이곧대로' 살아가는 고분고분한 현실주의자다. 불명확한 의사표현으로 오해를 받기도 하며 외부환경이나 사소한 자극에도 영향을 크게 받는다. 지적인 판단보다 관행과 습속을 중시하며 원칙을 따른다. 있건 없건, 나눔과 베풂을 생활 속에서 실천하며 보이지 않는 덕을 펼친다.

운명의 길 닦기

물들어 올 때 노 저어라. 도움의 기조가 사방에서 출렁인다. 완전히 물이 찰 때를 기다리면 늦는다. 안목을 넓혀 더 큰 세상을 지향하며, 옳음과 바름으로 정도를 따르면 원하는 것에 이르게 된다. 주목을 끌지 않게 조용히 겸손하게 임하라.

임술
(壬戌)

계해(癸亥)

자미(수)

60

빛이 세상에 왔으되
사람들은
자기 행위가 악하므로,
빛보다 어둠을
더 사랑한 것이니라.

요한복음, 3장19절

이미지 요소분석

혼돈의 시대다. 부, 성공, 행복 등 허망한 욕망이 얽히고설켜 악몽을 낳는다. 부화뇌동의 속물적 탐욕을 응징한다.

까만 수정구슬을 든 선녀, 구름 사이로 내리치는 번개, 파괴된 사물들의 혼돈.

상징 풀이

지구는 지금까지 다섯 번의 대멸종의 시기를 거쳤다. 탐욕과 질시로 한 치 앞을 내다볼 수 없는 디스토피아의 세계가 이어지면 다음의 여섯 번째 멸종의 시기를 재촉하는 결과를 낳을 것이다. 모든 것은 인류의 각성과 선택에 달려있다.

상징의 의미

인류는 끝모를 탐욕과 무자비한 환경파괴로 파멸 앞에 섰다. 극한의 혼돈과 무질서는 혁명이나 개혁으로 해결할 수 없다. 후천개벽의 정화로 말세를 정리한다.

불가항력, 파괴적 혁신, 대변혁, 암흑기, 신상변동, 천벌과 응징, 와해, 총체적 난국, 평지풍파, 역풍, 날벼락, 디스토피아, 환경재앙, 전복과 반전, 보복, 청천벽력, 파천황, 히스테리, 척결, 이변, 대혼란.

명리학적 통유성

한겨울의 꽁꽁 언 호수에 서릿발이 앉았다. 왕성한 음의 기운으로 똘똘 뭉쳐 냉엄한 결기를 머금고 있다. 계해는 천문(天門)이 있어 예리한 감각과 냉철한 혜안으로 시공을 넘나들며 만사의 시비를 가린다. 간지가 천간과 지지의 마지막 자리이자 새로운 시작의 발원으로서 독특한 신념을 품고 처신이 의연하고 당당하다. 음인(陰刃)의 성질로 공익에 반하면 단호하게 앞장서 악역을 맡기도 한다.

수리학적 쓰임

'60'은 모든 사안을 갈무리하며 정리하고 일소하는 육십갑자를 매듭짓는 수이다. 단순하게 끝맺음하는 것이 아닌 새로운 시공을 여는 창조적 마무리이다. 나이의 60세는 육순(六旬)과 이순(耳順)으로 세상이치를 바로 이해하는 때이며, 결혼 60주년의 회혼(回婚)[서양에서는 금강석혼식(Diamond Wedding)]은 동행의 큰 매듭을 기념한다.

품성과 기질

냉철하며 예리하다. 내면의 에너지를 잘 갈무리하여 쉽게 드러내지 않으며 침착하고 담대하다. 물질적인 욕망을 경원하며 거짓과 탐욕에 의한 불의를 혐오한다. 진실하고 청렴을 숭상하며 주관이 확실하고 추진력이 있으나 편집과 결벽증적인 성정으로 폐쇄적이고 몰입정한 면이 있다.

운명의 길 닦기

계해
(癸亥)

삐뚤어진 욕망은 절대 성공할 수 없다. 일이 뒤틀리고 곳곳에 암초가 막아선다. 불행을 피해갈 수는 없지만, 이겨내지 못할 불행도 없다. 세상에 대한 원망과 분노를 접고, 철저한 자기점검을 통해 신념과 용기로 혁신하면 새 길을 열 수 있다.

쾌적한 삶을 위한 '미리보기'

쾌도난마, 잉쾌!

과 거 ▪ 현 재 ▪ 미 래

길 을 찾 다